Ursula Hübler
Meine Vertreibung aus Prag

Biographische Quellen
zur deutschen Geschichte
nach 1945

Herausgegeben im Auftrag des Instituts für Zeitgeschichte
und in Verbindung mit dem Bundesarchiv
von Wolfgang Benz

Band 11

R. Oldenbourg Verlag München 1991

Ursula Hübler

Meine Vertreibung aus Prag

Erinnerungen an den
Prager Aufstand 1945 und seine Folgen

Herausgegeben von
Juliane Wetzel

R. Oldenbourg Verlag München 1991

Die Deutsche Bibliothek – CIP-Einheitsaufnahme

Hübler, Ursula:
Meine Vertreibung aus Prag : Erinnerungen an den
Prager Aufstand 1945 und seine Folgen / Ursula Hübler. Hrsg.
von Juliane Wetzel. – München : Oldenbourg, 1991
  (Biographische Quellen zur deutschen Geschichte nach 1945 ; Bd. 11)
  ISBN 3-486-55890-0
NE: GT

© 1991 R. Oldenbourg Verlag GmbH, München

Umschlaggestaltung: Dieter Vollendorf

Satz: Digital GmbH, Schrobenhausen

Druck und Bindung: R. Oldenbourg Graphische Betriebe GmbH, München

ISBN 3-486-55890-0

Inhalt

Einleitung

Die Vertreibung der Deutschen am Ende des Zweiten Weltkriegs aus der Tschechoslowakei hat eine lange Vorgeschichte. Im Jahre 1918 wurde die I. Tschechoslowakische Republik ohne Beteiligung der deutschstämmigen Bevölkerung gegründet. Schon bald begann sich ein nationalstaatlicher Zentralismus zu entwickeln, der die in der Tschechoslowakei lebenden Deutschen immer mehr zu einer nicht integrierten Minderheit werden ließ. Auf diese Tendenzen reagierte die deutsche Bevölkerung in Böhmen und Mährisch-Schlesien ihrerseits mit einem bis dahin kaum vorhandenen Gemeinschaftsbewußtsein. Erst jetzt setzte sich allmählich der bisher nur auf wissenschaftlicher und politisch-publizistischer Ebene verwendete Sammelbegriff „Sudetendeutsche" für die deutschstämmige Bevölkerung durch. Aus diesem neu entstandenen Zusammengehörigkeitsgefühl resultierte das Streben nach nationalem Selbstbestimmungsrecht und Autonomie, das aber innerhalb des nationalstaatlichen tschechoslowakischen Zentralismusdenken nicht zu verwirklichen war. Enttäuscht von der Unlösbarkeit ihrer Probleme, stimmten bei den Wahlen 1935 zwei Drittel der deutschen Bevölkerung für die Sudetendeutsche Partei Konrad Henleins, die 1933 als Sudetendeutsche Heimatfront anstelle der in der Tschechoslowakei verbotenen NSDAP und der Deutschnationalen Partei gegründet worden war. Henleins Forderungen nach voller kultureller Autonomie im Rahmen eines föderalistisch ausgerichteten tschechoslowakischen Staates traten allerdings schon bald immer mehr zugunsten Hitlers Streben nach Angliederung der böhmischen Randgebiete an das Reich und letztlich der Zerschlagung der Tschechoslowakei in den Hintergrund.[1] Bei der Zerstörung des tschechoslowakischen Staates spielte folglich die Sudetendeutsche Partei eine Schlüsselrolle, da sie durch die nach und nach erfolgte nationalsozialistische Infiltration sudetendeutscher Organisationen und Verbände die Saat gesät hatte, die die Nationalsozialisten schließlich ernten konnten.

Mit dem Münchner Abkommen vom 29. September 1938 erzwang Hitler die Abtretung der sudetendeutschen Randgebiete, d. h. das geschlossene deutsche Siedlungsgebiet in Böhmen und Mähren-Schlesien, an das deutsche Reich. Wenige Tage später, am 6. Oktober 1938 erhielt die Slowakei Autonomiestatus und am 21. Oktober gab Hitler den geheimen Befehl zur „Erledigung der Rest-Tschechei". Die Durchführung dieses Plans erfolgte Schlag auf Schlag. Zunächst verselbständigte sich die Slowakei auf Druck Hitlers am 14. März 1939

---

[1] Vgl. Dokumentation der Vertreibung der Deutschen aus Ost-Mitteleuropa, in Verbindung mit Werner Conze, Adolf Diestelkamp, Rudolf Laun, Peter Rassow und Hans Rothfels, bearb. v. Theodor Schieder, hg. v. Bundesministerium der Vertriebenen, Berlin 1957, Bd. IV, 1, S. 4.

mit der Ausrufung ihrer Unabhängigkeit, einen Tag später marschierten deutsche Truppen in der Tschechoslowakei ein. Nachdem nun die „Rest-Tschechei" zerfallen war, bemühten sich die neuen Machthaber, möglichst schnell vollendete Tatsachen zu schaffen. Noch am Abend des 14. März formulierten Hitler, Außenminister Ribbentrop und Staatssekretär Stuckart (Reichsministerium des Innern) den „Erlaß des Führers und Reichskanzlers vom 16. März 1939 über das Reichsprotektorat Böhmen und Mähren".[2] Nachdem das Protektorat zunächst unter Militärverwaltung gestellt worden war, ernannte Hitler am 18. März den ehemaligen Reichsaußenminister Konstantin Freiherr von Neurath zum „Reichsprotektor von Böhmen und Mähren". War die Einsetzung Neuraths noch eine Versöhnungsgeste an die angelsächsische Welt, so wurden Hitlers tatsächliche Intentionen deutlich, als er den Stellvertreter Konrad Henleins in der Sudetendeutschen Partei und stellvertretenden Gauleiter der NSDAP, Karl Hermann Frank, zum Polizeichef mit dem Titel eines Staatssekretärs beim Reichsprotektor und damit zum zweiten Mann im Protektorat ernannte.[3] Frank blieb kontinuierlich im Amt, während seine Chefs wechselten. Er fungierte nicht nur als rechte Hand Neuraths, sondern auch von dessen Nachfolgern Heydrich und Daluege. Dalueges Amtsgeschäfte übernahm er schließlich im August 1943 im Rang eines Reichsministers beim neuen Reichsprotektor Wilhelm Frick, der ihm nur nominell vorstand; die tatsächliche Macht lag in den Händen von Frank. Beide bekleideten ihre Ämter bis Kriegsende.

Mit der Errichtung des Protektorats, das nach Artikel 3, Absatz 1 des Führererlasses vom 16. März 1939 Autonomiestatus erhielt und sich selbst verwaltete, wurde gleichzeitig dessen Reichsprotektor direkt dem Führer unterstellt, erhielt also nur von ihm selbst Weisungen.[4] Die Selbstverwaltung unter deutscher Hoheit erforderte nun die Einrichtung zahlreicher deutscher Dienststellen im Protektorat, besonders in der Hauptstadt Prag. Ein starker Zustrom von Beamten und Angestellten aus dem Sudetenland und dem „Altreich" setzte ein, der im Verlauf des Krieges noch zunahm. Im Jahre 1930 lebten im Gebiet des Protektorats 249153 Personen mit deutscher Volkszugehörigkeit, 1939 war die Zahl bereits auf rund 260000 angestiegen. Für die folgenden Jahre seit Kriegsbeginn liegen keine statistischen Angaben vor. Schätzungen ergaben aber für die eingegliederten sudetendeutschen Gebiete (außer Reichsgau Sudetenland) und das Protektorat einen Bevölkerungszuwachs aus dem Altreich von insgesamt etwa 200000 Personen.[5]

---

[2] Erlaß des Führers und Reichskanzlers über das Protektorat Böhmen und Mähren, in: Das neue Recht in Böhmen und Mähren, hg. v. Helmut Krieser, Amsterdam-Berlin-Wien 1943, A I, 01; vgl. Detlef Brandes, Die Tschechen unter deutschem Protektorat, Teil I, Besatzungspolitik, Kollaboration und Widerstand im Protektorat Böhmen und Mähren bis Heydrichs Tod (1939–1942), München-Wien 1969, S. 20 f.
[3] Ebenda, S. 28 ff.
[4] Das neue Recht in Böhmen und Mähren, A I, 01; A I, 02–04.
[5] Dokumentation der Vertreibung, Bd. IV, 1, S. 15 und S. 17.

Unter den aus dem Altreich Zugezogenen befand sich auch Siegfried Hübler, der im Frühjahr 1939 nach Prag versetzt wurde. Im Juli 1939 heiratete er Ursula Stabroth. Sie stammte aus der Mark Brandenburg, hatte 1933 bei der jüdischen Firma Hirsch Kupfer- und Messingwerke in Eberswalde eine kaufmännische Lehre angetreten, war anschließend einige Jahre für die Firma zunächst in Eberswalde, dann in Berlin im Exportgeschäft und seit Ende 1935 im väterlichen Ziegeleibetrieb in Osterwieck im Harz tätig; 1939 folgte sie ihrem Mann nach Prag.

Nach der Einberufung ihres Mannes zur Wehrmacht, blieb Ursula Hübler in Prag und gehörte damit zu jenen rund 200000 Deutschen – in der Mehrheit Zivilisten –, die Ende des Krieges in der Stadt lebten und in die Wirren des Prager Aufstandes, der Internierung und Vertreibung gerieten.

Prag war auch während der nationalsozialistischen Herrschaft der Mittelpunkt der unterdrückten tschechischen Bevölkerung geblieben, hier fanden im Oktober 1939 die Demonstrationen der tschechischen Studenten statt und hier formierten sich die wichtigsten Zentren des Widerstandes. Aber trotz zahlreicher Appelle der tschechischen Exilpolitiker über den Londoner und Moskauer Rundfunk, die zum bewaffneten Widerstand gegen die Deutschen aufriefen, blieb bis zum Ausbruch des Aufstands am 5. Mai 1945 eine trügerische Ruhe in der Stadt und auch im übrigen Protektorat erhalten.[6] Um so stärker brachen dann Haß und Gewalt gegenüber allen Deutschen hervor, als sich Anfang Mai 1945 Unruhen in Mähren auch auf Böhmen ausdehnten und sich aus kleineren Streiks etwa in der Industriestadt Kladno ein Generalstreik entwickelte, die Sabotagetätigkeit der Partisanen zunahm und schließlich am 5. Mai 1945 – ein paar Tage früher als geplant – in Prag der Aufstand initiiert wurde. In kürzester Zeit waren die Straßen Prags voller Menschen, die zunächst nur deutsche Straßenschilder und Aufschriften entfernten oder mit tschechischen Namen übermalten und deutsche Soldaten entwaffneten, aber bald ihrem Haß freien Lauf ließen. Vorerst handelte es sich noch um Einzelaktionen. Erst als es den Aufständischen gelang, die Prager Rundfunkstation II zu nehmen, wurde der bewaffnete Widerstand aufgerufen. Schon bald befand sich der größte Teil der Stadt in den Händen der aus der Illegalität aufgetauchten Widerstandsgruppen, denen sich Soldaten der Regierungstruppen, einem von Hitler aufgestellten Sicherheits- und Ordnungsorgan, sowie Mitglieder der Protektoratspolizei angeschlossen hatten und die nun die sogenannte Revolutionsgarde (RG) bildeten.[7] Ausgelöst wurde der Aufstand durch die Widerstandsgruppe „Alex", einer Nachfolgeorganisation der Geheimarmee Obrana Národa (ON), die die militärische Leitung des Aufstands übernahm. Das Kommando „Alex" war am 30. April entstanden und bildete mit dem ihm unterstellten Kommando „Bartos" das sogenannte Militärkommando Groß-Prag. Mitglieder der Gruppe gaben über Rundfunk am 5. Mai das Aufstandssignal „Smrt Nemcum! Povstání!"

[6] Ebenda, S. 50 und 52.
[7] Ebenda, S. 56.

(Tod den Deutschen! Aufstand!) Die politische Führung lag zunächst in den Händen des Nationalrats Ceská Národní Rada (CNR), der sich aus verschiedenen revolutionären Gruppen, vor allem aus den Reihen der Gewerkschaftsbewegung zusammensetzte.[8] Am 11. Mai übergab der Nationalrat seine Macht an die neue tschechoslowakische Regierung der Nationalen Front unter Staatspräsident Edvard Beneš, die sich bereits Anfang April in Kaschau gebildet hatte und deren Mitglieder einen Tag zuvor in Prag eingetroffen waren.

In Kaschau war am 5. April 1945 auch das erste Regierungsprogramm verabschiedet worden, das noch einen Unterschied zwischen den „antifaschistischen", den „übrigen" und den „zu bestrafenden" Deutschen und Madjaren gemacht hatte.[9] Bürger, die vor dem Münchner Abkommen 1938 die tschechische Staatsbürgerschaft besessen hatten, sollten diese wieder zurückerhalten. Jene aber, die nach dem 29. September 1938 in die Tschechoslowakei eingewandert waren, sollten, sofern sie nicht strafrechtlich verfolgt wurden, sofort ausgewiesen werden, wenn sie nicht für die Tschechoslowakei gearbeitet hatten.[10] Das Vertreibungsprogramm beschränkte sich demnach noch auf einen bestimmten festgelegten Personenkreis, gab also die Absicht der Vertreibung aller Deutschen noch nicht deutlich zu erkennen. Die dem Programm von Kaschau folgenden Einzelgesetze und Verordnungen allerdings ließen dann aber keinen Zweifel mehr daran, daß der deutschen Bevölkerung alle Lebensgrundlagen entzogen werden sollten, zumal gleichzeitig ein Besiedelungsprogramm für die ehemals von den Deutschen bewohnten Gebiete ausgearbeitet wurde.[11]

Während etwa 700 000 bis 800 000 Deutsche aus den Sudetengebieten in wilden Austreibungsaktionen rücksichtslos den ganzen Sommer 1945 hindurch aus dem Land getrieben wurden, vollzog sich die „Säuberung der Stadt Prag von Deutschen" durch Einweisung in Internierungslager am Stadtrand oder in das ehemalige Konzentrationslager Theresienstadt, das sich nach der Räumung und Repatriierung der NS-Häftlinge im August 1945 zu einem der berüchtigsten tschechischen Internierungslager für Deutsche entwickelte.[12]

Ursprünglich nur für politisch Belastete gedacht, litten die Internierungslager schon bald durch die Einweisung vor allem von deutschen Frauen, Kindern und alten Männern an Überfüllung. Diese Überbelegung in den ersten Monaten nach Kriegsende war die unmittelbare Folge einer Politik, die jeglicher

---

[8]   Brandes, Die Tschechen, Teil II, S. 66.
[9]   Eva Schmidt-Hartmann, Menschen oder Nationen? Die Vertreibung der Deutschen aus tschechischer Sicht, in: Wolfgang Benz (Hrsg.), Die Vertreibung der Deutschen aus dem Osten. Ursachen, Ereignisse, Folgen, Frankfurt a. M. 1985, S. 147.
[10]   Das Kaschauer Programm. Programm der neuen tschechoslowakischen Regierung der Nationalen Front der Tschechen und Slowaken, angenommen auf der ersten Sitzung der Regierung am 5. 4. 1945, abgedruckt in Dokumentation der Vertreibung, IV, 1, S. 192 f.
[11]   Schmidt-Hartmann, Menschen oder Nationen, S. 147.
[12]   H. G. Adler, Theresienstadt 1941–1945. Das Antlitz einer Zwangsgemeinschaft. Geschichte, Soziologie, Psychologie, Tübingen 1955, S. 214 f.

rechtlicher Grundlagen entbehrte. Erst nachträglich legalisierte der Präsident der Republik die Einweisung durch ein Dekret vom 27. Oktober 1945, das besagte, daß „unzuverlässige Personen" sichergestellt, also in Haft gesetzt werden müßten.[13] Bereits am 19. Mai 1945 hatte der Präsident in einem Dekret über Vermögensrechte alle Personen deutscher oder madjarischer Nationalität als politisch unzuverlässig eingestuft.[14] Die Internierung aller Deutschen war damit zu einer gesetzlich abgesicherten Restriktion geworden. Als Zwangsarbeiter in der Landwirtschaft, Industrie und in privaten Betrieben ausgenutzt, blieben die Deutschen monatelang und länger in den Internierungslagern, soweit sie nicht zur Arbeit auf das Land geschickt wurden, wo ihre Behandlung oft nicht weniger schlecht war. Die Vertreibung und Ausweisung setzte diesem Leben ohne private Atmosphäre, zusammengepfercht auf kleinstem Raum und unter katastrophalen hygienischen Bedingungen schließlich ein Ende. Deshalb ist es auch nicht ungewöhnlich, daß die meisten Internierten die Austreibungsaktionen eher als Befreiung, denn als brutale Maßnahme empfanden.

Die von der tschechoslowakischen Regierung unterstützte wilde Austreibung der Sudetendeutschen in den Sommermonaten 1945 war in der Weltöffentlichkeit nicht ohne Reaktionen geblieben und geriet schließlich durch den Einspruch der Großmächte auf der Potsdamer Konferenz vom 17. Juli bis 2. August 1945 in eine Phase der Stagnation bzw. wurde sogar eingestellt. Das hieß allerdings nicht, daß die tschechische Öffentlichkeit und die Politiker aller Parteien von ihrem Ausweisungsvorhaben abrückten. Die Konferenz-Teilnehmer in Potsdam kamen überein, daß die Überführung der sich noch in der ČSR befindlichen Deutschen eine unabwendbare Folge des Krieges war und so ließen sie den Tschechen de facto freie Hand, forderten aber eine „ordnungsgemäße und humane" Vorgehensweise und die vorherige Überprüfung der gerechten Verteilung dieser Deutschen auf die einzelnen Besatzungszonen durch den Alliierten Kontrollrat in Berlin.[15] Im Herbst 1945 erließ der Kontrollrat die für eine geregelte Aussiedlung notwendigen Durchführungsbestimmungen, die die organisierte Überführung von etwa 2 Millionen Deutschen zwischen Januar und November 1946 in die jeweiligen deutschen Besatzungszonen, zunächst vor allem in die amerikanische Zone, ermöglichte.

[13] Verfassungsdekret des Präsidenten der Republik vom 27.10.1945 über die Sicherstellung der als staatlich unzuverlässig angesehenen Personen während der Revolutionszeit, abgedruckt in Dokumentation der Vertreibung, IV, 1, S. 276.
[14] Dekret des Präsidenten der Republik vom 19.5.1945 über die Ungültigkeit einiger vermögensrechtlicher Rechtsgeschäfte aus der Zeit der Unfreiheit und über die nationale Verwaltung der Vermögenswerte der Deutschen, der Madjaren, der Verräter und Kollaboranten und einiger Organisationen und Anstalten, abgedruckt in Dokumentation der Vertreibung, IV, 1, S. 204.
[15] Dokumentation der Vertreibung, IV, 1, S. 115; Mitteilung über die Berliner Konferenz der Drei Mächte, Punkt XIII, Ordnungsgemäße Überführung deutscher Bevölkerungsteile, in: Wolfgang Benz, Potsdam 1945. Besatzungsherrschaft und Neuaufbau im Vier-Zonen-Deutschland, München 1986, S. 224f., Schmidt-Hartmann, Menschen oder Nationen, S. 147.

Im Zuge dieser nun geordneten und von den Alliierten abgesegneten Ausweisungstransporte kam auch Ursula Hübler im Mai 1946 mit einem Güterzug in die amerikanische Zone Deutschlands. Mit Prag und der Tschechoslowakei hatte sie abgeschlossen und wollte ihr Leben lang nichts mehr davon sehen, so jedenfalls schrieb Ursula Hübler, nachdem sie wieder nach Deutschland zurückgekehrt war.[16] Aber allmählich begann sie die Ereignisse in den Jahren 1945/46 aus der zeitlichen Distanz mit anderen Augen zu sehen und erkannte, daß sie noch einmal in die Tschechoslowakei zurückkehren mußte, um sich an Ort und Stelle über ihre Gefühle zu diesem Land und seinen Menschen, die ihr Freuden, aber auch viel Leid beschert hatten, klar zu werden.

In den folgenden Jahren widmete sich die politisch interessierte und auch heute noch mitten im Leben stehende Frau in erster Linie ihren Aufgaben als Hausfrau und Mutter. Erst im Jahre 1965 entschloß sie sich noch einmal in die Tschechoslowakei zu fahren. Jahre später kehrte sie abermals, nun in Begleitung ihres Mannes dorthin zurück und schloß am Ende Frieden mit diesem Lebensabschnitt, damit enden auch ihre Aufzeichnungen über ihre Erlebnisse in der Zeit des Prager Aufstandes, die anschließende Internierung und Ausweisung.[17]

Ursula Hübler zählt zu den Vertriebenen, die den Wunsch verspürten, sich mit der Vergangenheit auseinanderzusetzen und nicht nur über ihr eigenes Schicksal klagten, ohne die historischen Ursachen und Folgen zu berücksichtigen. Sie hat mit diesen „Reisen in die Vergangenheit" im kleinen Rahmen das getan, was nun auf höchster politischer Ebene durch den Besuch des Bundespräsidenten Richard von Weizsäcker bei Staatspräsident Václav Havel im März 1990 eingeleitet wurde.

Nicht zufällig trafen sich die beiden Staatsoberhäupter am 15. März auf dem Prager Hradschin, dem Tag, an dem die deutschen Truppen 51 Jahre zuvor in Böhmen und Mähren eingefallen waren, um die Versöhnung beider Länder ohne gegenseitiges Aufrechnen oder Anklagen, sondern durch Aufklärung über die Verbrechen auf beiden Seiten in die Tat umzusetzen. Noch zu Jahresbeginn hatte Havel durch seine öffentliche Entschuldigung für die Verbrechen an den Deutschen, Ängste bei seinen Landsleuten hervorgerufen, die befürchteten, die Deutschen könnten wiederkommen und ihr ehemaliges Eigentum zurückfordern.[18] Das Treffen am 15. März, diesem für beide Länder historischem Datum, sollte eben diese Ängste beseitigen helfen und auch ein Appell an die deutsche Seite, vor allem die Mitglieder der Sudetendeutschen Vertriebenenverbände sein, durch das gemeinsame Tragen der „Verantwortung für das was wir aus dem Erbe der Geschichte machen", so Weizsäcker in seiner

---

[16] Vgl. S. 136 der Aufzeichnungen.
[17] Ebenda, S. 186.
[18] Süddeutsche Zeitung vom 16. 3. 1990.

Rede, „eine Brücke der Verständigung zwischen dem deutschen und dem tschechoslowakischen Volk zu bauen".[19]

Als einer der ersten Schritte zur Versöhnung beider Völker und als praktische Umsetzung der Forderung nach Aufklärung über die beiderseitigen Verbrechen, muß die Einrichtung einer deutsch-tschechischen Historikerkommission gesehen werden, die Anfang 1990 von den Außenministern Dienstbier und Genscher vereinbart worden war und die am 15./16. Juni 1990 ihre Gespräche aufgenommen hat. Über den Blickwinkel der NS-Verbrechen und der Vertreibung hinaus, sollen größere historische Zusammenhänge „insbesondere vor dem Hintergrund des langfristigen Zusammenlebens von Tschechen, Slowaken, Deutschen und Juden gesehen werden", so das Schlußkommuniqué der ersten Sitzung der Kommission, wobei der „Blick nicht nur auf das Trennende, sondern auch auf das Verbindende zu lenken sei".[20] Die Zukunft wird zeigen, ob die Erkenntnisse der Wissenschaft Vorurteile und historische Fehleinschätzungen auf beiden Seiten abbauen helfen und zu einer echten Verständigung auf den Grundlagen einer historischen Verantwortung führen werden. Ursula Hübler hat mit ihren Aufzeichnungen bereits einen Beitrag dazu geleistet.

[19]   Frankfurter Rundschau vom 16. 3. 1990.
[20]   Schlußkommuniqué der ersten Sitzung der deutsch-tschechischen Historikerkommission am 15./16. 6. 1990.

Zur Edition

Die Aufzeichnungen von Ursula Hübler, 186 Typoskriptseiten nach 1949 entstandenen Notizen 1985/86 niedergeschrieben, werden mit einer einzigen Ausnahme hier ungekürzt wiedergegeben: eine Passage von etwa eineinhalb Manuskriptseiten wurde in Absprache mit Frau Hübler weggelassen, da sie den Bericht einer Flüchtlingsfrau aus Schlesien enthält, der der Autorin zur Verfügung gestellt wurde, also nicht ihre eigenen Erlebnisse wiedergibt.

Die wenigen Anmerkungen, die Frau Hübler ihren Aufzeichnungen beigefügt hatte, wurden entweder in den Anmerkungsapparat der Edition aufgenommen oder, soweit sie vom Leser vorauszusetzende Begriffserklärungen, wie etwa „NSDAP" betrafen, weggelassen.

Flüchtigkeitsfehler in der Manuskriptvorlage hat die Herausgeberin stillschweigend verbessert, ebenso wurde die veraltete Form der Doppel-S-Schreibung in die moderne Schreibweise „ß" umgesetzt. Darüber hinaus wurden alle Zahlen unter 10 und Abkürzungen der Autorin wie Hyb. (Hyberna), Detsch. (Deutsch), tschech. (tschechisch) ausgeschrieben. Auf den Anfangsbuchstaben abgkürzte Namensangaben stammen von Frau Hübler und wurden auf deren Wunsch nicht aufgelöst, da sie für das Textverständnis nicht von Bedeutung sind und die Persönlichkeitsrechte gewahrt bleiben sollten.

Falsch wiedergegebene Ortsnamen oder Begriffe aus dem tschechischen Sprachgebrauch wurden jeweils in der Anmerkung verbessert.

Umzug nach Prag

Schon gleich nachdem ich 1946 mit meinem damals zweieinhalbjährigen Sohn aus der tschechischen Internierungshaft entlassen war, trug ich mich mit dem Gedanken, meine Erlebnisse in dieser Zeit schriftlich festzuhalten. Es wurde aber zunächst nichts daraus, weil die Sorgen um das tägliche Brot und all die anderen Lebensnotwendigkeiten damals den ganzen Menschen beanspruchten und für andere Dinge keinen Raum ließen. Erst 1949 kam ich dann auf Grund eines besonderen Vorfalls erneut auf mein Vorhaben zurück. Als nämlich mein Bruder in einer Mainzer Bank für mich Antragsformulare für das in der Tschechoslowakei verlorengegangene Hab und Gut (laut Kontrollratsgesetz Nr. 53)[1] anforderte und unter Darlegung meiner persönlichen Verhältnisse um Information und Anleitung bat, erhielt er sinngemäß die Antwort: Das gibt es ja gar nicht, daß Frauen und Kinder als Internierte im Lager gewesen und erst nach über einem Jahr nach Deutschland zurückgekommen sind! Diese Ignoranz, dieses männliche Nichtwahrhabenwollen von Frauenschicksalen in und nach dem Kriege ließ mich damals ziemlich verbittert zu Papier und Bleistift greifen, um das von mir in den Jahren 1945 und 1946 Erlebte aufzuschreiben, und zwar als jemand, der nicht im Rampenlicht steht oder stand, sondern zu der großen Masse namenloser Frauen und Mütter gehört, die in der Weltgeschichte schon so oft für die Folgen männlichen Machtehrgeizes einstehen mußten. All das, was die Männer als Soldaten und Kriegsgefangene erlebt haben, soll hier von mir keineswegs verniedlicht oder verkannt werden; aber im Unterschied zu ihnen hatten wir internierten, einer oft brutalen Männerwelt ausgelieferten Frauen, ja nicht nur für uns allein zu sorgen, sondern trugen zugleich die unendlich schwere Verantwortung für kranke, frierende, hungernde und verhungernde Kinder, die mit uns das Lager teilten. Wenn ich indes heute, nach rund 40 Jahren meine 1949 gemachten Notizen nochmals lese, merke ich, wie sehr sich vieles seither verschoben hat. Meine Einstellung zu dem, was ich bei Kriegsende durchmachen mußte, und die Beurteilung der darin verstrickten Menschen haben sich grundlegend gewandelt.

Während ich noch 1949 nur das Unrecht sah, was geschehen war, und die Menschen, die mir das antaten, voll Wut und Empörung, ja zum Teil Haß betrachtete, kann ich heute nicht mehr so empfinden. Sicher, die Zeit heilt alle Wunden, sagt man; es ist nicht nur das. Ich habe inzwischen, nicht zuletzt durch intensive Beschäftigung mit historischen Fakten und die bewußte Verar-

---

[1] Gemeint ist das Gesetz der Militärregierung Nr. 53, Artikel II, „Devisenbewirtschaftung" im Nachtrag vom Juli 1949, Sammlung der vom Alliierten Kontrollrat und der Amerikanischen Militärregierung erlassenen Proklamationen, Gesetze, Verordnungen, Befehle, übersetzt und zusammengestellt v. R. Hemken, Bd. 2, Stuttgart o. J.

beitung des alltäglichen Geschehens in unserer gegenwärtigen Welt gelernt, meine Erlebnisse aus den Jahren 1945/1946 in einem größeren Zusammenhang zu sehen. So ist es mir zum Beispiel klar geworden, daß bei der Unterdrückung eines Volkes durch ein anderes jeder Angehörige der Besatzungsmacht, wenngleich er persönlich niemandem wissentlich ein Unrecht zugefügt hat, für das unterdrückte Volk die Personifizierung seiner Unterdrückung darstellt und damit zum greifbaren Zielpunkt seiner Verbitterung wird. Ich habe Verständnis dafür erlangt, daß sich angesichts der Untaten und Verbrechen der Nazizeit die Rachegefühle der Unterdrückten im Moment ihrer Befreiung nicht so leicht kanalisieren ließen. Und im übrigen ist es bei Umstürzen, Revolutionen und Aufständen – gleich wo in der Welt – wohl immer so, daß bestimmte Minderheiten unter dem Schweigen der eingeschüchterten und verängstigten Mehrheit die Gelegenheit benutzen, sich auszutoben. Daß es bei solchen unberechenbaren Ausbrüchen der Volkswut häufig in erster Linie wehrlose Frauen und Kinder trifft, könnte, wenn es nicht so tragisch wäre, angesichts des in unserer Welt seit Jahrhunderten und länger praktizierten männlichen Herrschaftsanspruchs geradezu als eine Ironie des Schicksals erscheinen.

Wieso ich nach und trotz alledem diese jetzt 40 Jahre zurückliegenden Erlebnisse bis heute noch immer nicht voll bewältigt habe und die Erinnerung an diese Zeit auch jetzt nicht überwinden werde, ist eine Frage, die ich mir selbst nicht schlüssig beantworten kann. Vielleicht ist das aber gerade der Punkt, der mich hauptsächlich dazu veranlaßt hat, jetzt nochmals zur Feder zu greifen und meine damaligen Erfahrungen aufzuzeichnen. Darüber hinaus glaube ich, mit einem solchen Bericht einen Beitrag dazu leisten zu können, daß die Frauen- und Kinderinternierungen damals nach dem Aufstand in der Tschechoslowakei in der Flut der – zum Teil noch schwereren – Schicksalsschläge, die ungezählten Deutschen bei Kriegsende widerfuhren und angesichts des langsamen Aussterbens der betroffenen Generation nicht völlig der Vergessenheit anheimfallen. Dabei will ich mich bemühen, nichts zu beschönigen und nichts zu verschweigen, aber dennoch keine neuen Ressentiments entstehen zu lassen. Mein größter Wunsch ist, daß diejenigen, die das lesen, erkennen mögen, wohin es führt, wenn Haß immer neuen Haß sät, und für eine menschlichere Zukunft eintreten.

Zum Abschluß dieses Vorworts noch einige Hinweise auf solche persönlichen Verhältnisse und Beziehungen, deren Kenntnis in dem Bericht vorausgesetzt werden. – Nachdem der im Jahre 1918 ins Leben gerufene tschechoslowakische Staat[2] im Herbst 1938 schon die sudetendeutschen Gebiete an das Deut-

---

[2]   Die Verfasserin hat in ihrer hier ursprünglich gesetzten Anmerkung laut Brockhaus für die Bevölkerungszusammensetzung des tschechoslowakischen Staates folgendes angegeben: „43% Tschechen, 22% Slowaken, 23% Deutsche, 5% Madjaren, 4% Juden und 3% Ukrainer." Diese Angaben entsprechen in etwa der tschechoslowakischen Volkszählung vom 15.2.1921: 64,79% Tschechen und Slowaken, 23,64% Deutsche, 5,6% Madjaren, 3,51% Ukrainer, 1,4% Juden. Die Volkszählung des Jahres 1930 wies demgegenüber nur geringfügige Verschiebungen auf und die reichsdeutsche Volkszäh-

sche Reich und weitere Teilgebiete an Ungarn und Polen verloren hatte, ließ Hitler im März 1939 nach Ausrufung der slowakischen Unabhängigkeit die deutschen Truppen in den noch verbliebenen Rest des Landes – mit Ausnahme der Karpaten-Ukraine, die sich die Ungarn einverleibten – einmarschieren und gliederte dieses Gebiet mit der Hauptstadt Prag als Protektorat Böhmen und Mähren dem Deutschen Reich an. Zu dieser Zeit wohnte ich zusammen mit meinem Vater in einer kleinen Stadt[3] am Harz, während mein Verlobter und späterer Ehemann als Berufsbeamter bei der Regierung in Stettin tätig war.[4] Bei Errichtung des Protektorats wurde er buchstäblich über Nacht zur deutschen Zivilverwaltung in Prag abkommandiert und dann dort dem neu gebildeten Oberlandratsamt zugeteilt.[5] Im Juli 1939 heirateten wir, und ich zog zu meinem Mann nach Prag. Unser erstes gemeinsames Domizil war eine möblierte Zwei-Zimmer-Wohnung in einem Prager Vorort[6], die zunächst als Übergangslösung gedacht war. Wir nahmen uns aber dann damals sehr viel Zeit, uns nach einer größeren Wohnung umzuschauen, weil unsere Zukunft durch den nur wenig später ausgebrochenen Krieg sehr ungewiß geworden war. Als wir uns nach langem Zögern Anfang 1941 doch entschlossen, eine größere Wohnung mitten im Zentrum der Prager Altstadt zu mieten, und gerade den Mietvertrag abgeschlossen hatten, wurde mein Mann zur Wehrmacht eingezogen. Nun mußte ich den Umzug vom Harz nach Prag allein durchführen. Unsere Möbel, die zusammen mit dem aufgelösten Haushalt meines kurz vorher verstorbenen Vaters auf dem Speicher eines Möbelhauses lagerten, mußten jetzt auf den Weg gebracht werden. Obwohl ein solcher Umzug mitten im Krieg mit erheblichen Schwierigkeiten verbunden war, lief nach einiger Zeit doch alles glatt ab, und ich fing an, mich in der neuen Wohnung und in der „Goldenen Stadt Prag" sehr heimisch zu fühlen.

Unsere Wohnung lag mitten in der Stadt, unmittelbar hinter dem Graben, der berühmten Straße von Prag, wo die Altstadt beginnt; sie lag aber auch

lung vom 17.5. 1939 ergab zwar rund 100 000 Reichsangehörige (deutscher Volkszugehörigkeit) weniger, die nach Volkszugehörigkeit deutsch waren, zählte aber die Juden nicht mit, vgl. Dokumentation der Vertreibung der Deutschen aus Ost-Mitteleuropa, in Verbindung mit Werner Conze, Adolf Diestelkamp, Rudolf Laun, Peter Rassow und Hans Rothfels, bearb. v. Theodor Schieder, hg. v. Bundesministerium für Vertriebene, Berlin 1957, Bd. IV, 1, S. 8; ebd. 2. Beiheft: Ein Tagebuch aus Prag 1945–46, Aufzeichnungen von Margarete Schell, Kassel 1957, S. 9.
[3] Osterwieck am Harz.
[4] Siegfried Hübler, geb. am 3.6. 1913 in Niesky/Oberlausitz, war seit 1932 beim Regierungspräsidenten in Stettin beschäftigt und wurde im März 1939 an das Oberlandratsamt Prag versetzt.
[5] Laut Verordnung über den Aufbau der Verwaltung und die Deutsche Sicherheitspolizei im Protektorat Böhmen und Mähren vom 1. September 1939 (RGBl I, S. 1681 – VB1 R Prot., S. 126) wurde das Protektorat in Oberlandratsbezirke eingeteilt, vgl. Das Neue Recht in Böhmen und Mähren, hg. v. Helmut Krieser, Ministerialrat beim Reichsprotektor in Böhmen und Mähren, Amsterdam – Berlin – Wien 1943, A I 05.
[6] Holeschowitz.

mitten im bekannten Amüsierviertel der Altstadt, mit Kinos, Bars, Kneipen, Caféhäusern, Restaurants, Beisels (die typischen Vorstadtkneipen wienerischer Art), Animierlokalen, gut-bürgerlichen Eßlokalen und zahlreichen Hotels verschiedener Kategorien. Dieses Prager Viertel, das sicher nicht zu den besten Wohnadressen gehörte, war ungemein lebensnah, lebhaft, urban, einfach charakteristisch für den vielschichtigen Prager Großstadtraum. Die Wohnung befand sich im II. Stock eines hochmodernen, fast neuen Eckhauses, das mit allem Komfort der damaligen Zeit, wie Zentralheizung und Fahrstuhl ausgestattet war und von einem Hausmeister verwaltet wurde. Im Parterre des Hauses waren Büros, Lager und Verwaltungsräume verschiedener Firmen, im I. Stockwerk neben Büroräumen auch eine größere Wohnung und im II. und III. Stock nur Wohnungen untergebracht. Die längste Seite des Eckhauses grenzte an die Benediktsgasse, die kürzere an einen kleinen Platz, an dem ältere unscheinbare Häuser standen. Unsere Wohnung lag über der Benediktsgasse und auf der Schattenseite des Altstadtviertels, sodaß sie fast immer ohne Sonne blieb. Dafür konnte man von einem einzigen Zimmer aus aber wenigstens auf den kleinen freien Platz sehen, der durch seine niedrigen Häuschen am Tage stets im Licht lag und den Blick zum Himmel freigab.

Anfang 1943 wurde ich dann als kinderlose Ehefrau dienstverpflichtet und zur Arbeit beim Primator[7] der Stadt Prag eingezogen, wie es die damalige deutsche Kriegsgesetzgebung vorschrieb.[8] Ich wurde auf Grund meiner kaufmännischen Ausbildung dort vom Behördenchef als Leiterin der Bezugsscheinstelle Textilien für die deutsche Bevölkerung eingesetzt und fand an dieser Tätigkeit viel Gefallen. Doch schon Ende desselben Jahres schied ich, da ich ein Kind erwartete, wieder aus meinem Arbeitsverhältnis aus und wurde dann später nicht wieder berufstätig, denn kurz vor Weihnachten 1943 wurde in einer tschechischen Klinik in den Weinbergen von Prag mit ärztlicher Hilfe einer mir gut bekannten tschechischen Ärztin mein Sohn Axel geboren.

Wiewohl ich nun in Prag praktisch wie zu Hause war, blieb ich eine sogenannte Reichsdeutsche[9] und erlebte und betrachtete das Geschehen um mich herum begreiflicherweise auch von diesem Standort her. Daß sich für die sogenannten Prager Deutschen – von den Tschechen ganz abgesehen – vielleicht oft völlig andere Perspektiven ergaben, dürfte auf der Hand liegen. Darum möchte ich nochmals hervorheben, daß ich in allem, was ich hier sage, nur für mich persönlich sprechen kann.

Im Laufe des Jahres 1943, noch während ich bei der Prager Stadtverwaltung arbeitete, bekam ich aus meinem früheren Harzer Wohnort den Besuch meiner

---

[7] Tschechisch für Bürgermeister.

[8] Verordnung vom 27.1.1943 über die Meldung von Männern und Frauen für Aufgaben der Reichsverteidigung, RGBl I, vom 29.1.1943, S. 67f.

[9] Als „Reichsdeutsche" bezeichnete man diejenigen, die aus dem Reichsgebiet in den Grenzen von 1937, also aus dem „Altreich" stammten. Als „Volksdeutsche" galten jene Deutschen, die im Protektoratsgebiet beheimatet waren.

mütterlichen Freundin Erna Fuchs, die nach dem frühen Tod meiner Mutter gewissermaßen deren Stelle eingenommen hatte. Sie war als diplomierte Krankenschwester des Roten Kreuzes im städtischen Krankenhaus dieser Stadt tätig, war geschieden und hatte zwei Söhne im Alter von 14 und 15 Jahren. Sie hatte sich in Prag bei der Deutschen Ärztekammer um eine Arbeit beworben, die ihr bessere Möglichkeiten zu eröffnen versprach, um sich und ihre Kinder auch ohne finanzielle Hilfe von ihrer 80-jährigen Mutter durchs Leben zu bringen. Hinzu kam, daß man in Prag den Krieg und seine Folgeerscheinungen in Bezug auf Wohnung und anderes damals noch nicht so zu spüren bekam wie im Reich. Sie erhielt dann auch die gewünschte Stelle und bekam mit Hilfe ihres neuen Chefs die gerade in unserem Hause freigewordene größere Mietswohnung im ersten Stock. Einige Monate später zog sie mit Möbeln, der alten Mutter und dem älteren Sohn Hans ein, während der jüngere Sohn Pieter in der Obhut des Internats einer Herrmann-Lietz-Schule[10] blieb und nur in den Schulferien bei ihr war. So hatten sich nun also meine Familie – leider konnte mein Mann nur gelegentlich, wenn er Urlaub hatte, dabei sein – und die Familie meiner mütterlichen Freundin in einem Haus in Prag zusammengefunden.

[10] Benannt nach dem Pädagogen Herman Lietz (1868–1919). Zur 1920 entstandenen Stiftung Deutsche Landeserziehungsheime Hermann Lietz-Schule gehörten die Schulen in Gebesee, Haubinda, Ettersburg, Buchenau, Spiekerog, Hohenwerda und Bieberstein.

Gespannte Atmosphäre in Prag
vor dem Aufstand im Mai 1945

Am Anfang des Jahres 1945, als sich der Ring der gegnerischen Heere in Deutschland immer enger zusammenschob, war es bei uns in Prag noch recht friedlich und wenig kriegerisch. Während die Panzerspitzen der Russen und Amerikaner auf deutsches Land vorstießen, war das Protektorat Böhmen und Mähren fast eine Oase der Ruhe.[11] Wir hatten bisher nur wenige Fliegeralarme, es fielen keine Bomben, die Versorgungslage war noch immer gut, und die Luftschutzkeller und Anlagen blieben wenig benutzt. Erst später im Frühjahr setzten dann stärkere Luftangriffe auf Protektoratsgebiete ein. Auch Prag wurde wiederholt von den alliierten Luftwaffenverbänden bombardiert, ohne daß sie größeren Schaden anrichteten.[12] Dann fing Prag aber schnell an, sich zu verändern. In der Stadt wimmelte es von Soldaten in Uniform und in den Lazaretten lagen Tausende von Verwundeten. Flüchtlingsströme aus dem Osten blieben in und um Prag stecken, und die Flüchtlinge mußten, wenngleich sich die Bevölkerung dagegen wehrte, doch letztlich aufgenommen werden, weil man zu dieser Zeit ja schon nicht mehr wußte, in welche Richtung man die Trecks leiten sollte. Dadurch wuchs die Zahl der Reichsdeutschen in dem immer enger werdenden Raum des Protektorats.[13] Die Lebensmittelversorgung für die tschechische und die deutsche Bevölkerung sowie die dauernden

[11] Bis zum Beginn des Jahres 1945 blieben das Sudetenland und Böhmen-Mähren, von einigen Luftangriffen auf Industrieorte abgesehen, von unmittelbarer Kriegseinwirkung verschont. Erst mit der sowjetischen Großoffensive vom 12. 1. 1945 rückte die Front bis unmittelbar an die Grenze des Sudetenlandes vor, Dokumantation der Vertreibung, Bd. IV, 1, S. 19.

[12] Der erste Fliegerangriff auf Prag hatte bereits in der letzten Februarwoche (23. 2.) 1945 stattgefunden. Einige Gebäude wurden beschädigt und mehrere Hundert Tote waren zu verzeichnen. Erste größere Angriffe auf Protektoratsgebiet erfolgten am 22. 3. 1945. Der Angriff am 25. 3. 1945 auf Industrie- und Verkehrsziele in den Prager Außenbezirken richtete schwere Schäden an. Die Geheimen Tagesberichte der Deutschen Wehrmachtsführung im Zweiten Weltkrieg 1939–1945, hg. v. Kurt Mehner mit Unterstützung des Arbeitskreises Wehrforschung, Bd. 12, Osnabrück 1984, S. 211, 309, 323f. und S. 356. In den ersten Apriltagen griffen amerikanische Flieger die Fabrikviertel von Wysocan und Kobylis an; auch hier war der Schaden beträchtlich. Die Innenstadt Prags blieb aber zu diesem Zeitpunkt noch von alliierten Angriffen verschont, daher konnte bei der Verfasserin dieser falsche Eindruck entstehen, Wilhelm Dennler, Die Böhmische Passion, Freiburg i. Br. 1953, S. 137.

[13] Im Januar 1945 mußte Karl Hermann Frank auf Druck des Reichsministeriums 100000 Flüchtlinge aus dem Osten im Protektorat aufnehmen. Zur Zeit des Aufstandes hielten sich etwa 200000 Reichsdeutsche in Prag auf. Der größte Teil waren Angehörige deutscher Dienststellen und deren Familien, die übrigen Flüchtlinge aus Schlesien, Ostsudetenland, Mähren und der Slowakei, Detlef Brandes, Die Tschechen unter Deut-

Neuankömmlinge funktionierte bei uns in Prag reibungslos und perfekt; mit den erhaltenen Lebensmittelkarten konnten wir bis zuletzt die uns zustehenden Rationen und Mengen uneingeschränkt und fristgerecht einkaufen. Die Flugzeuge hörten wir meistens nur nachts, wenn sie hoch über Prag und den Wolken hinwegdonnerten, um zu ihren Zielen zu fliegen und ihre zerstörerische Last dort schnellstens abzuladen. Wenn wir sie hörten, erschreckten wir alle in der Stadt, aber wir wiegten uns in einer unausgesprochenen, imaginären Sicherheit, irgendwie verschont zu werden. Der Reichsprotektor in Böhmen und Mähren[14] als oberster Vertreter der Reichsgewalt sah zu dieser Zeit absolut keinen zwingenden Anlaß, Prag von der deutschen Zivilbevölkerung räumen zu lassen, auch soweit es sich nur um Frauen, Kinder, Alte und Kranke handelte, deren Evakuierung sich angesichts der Entwicklung der Kriegslage um Berlin eigentlich hätte von selbst verstehen müssen.[15] Uns wurde stattdessen hoch und heilig versprochen, daß wir in Sicherheit gebracht würden, – wenn es überhaupt je nötig sein sollte. Der Staatssekretär Frank[16] vom Reichsprotektorat erließ einen flammenden Aufruf an die deutsche Bevölkerung von Prag, nicht zu wanken, noch zu weichen, und zuversichtlich zu hoffen. Es bestünde absolut keine Gefahr für die Deutschen in dieser Stadt. Und dabei lagen schon fast alle Zufahrtsstraßen und Bahnlinien unter Tieffliegerbeschuß oder waren gesperrt oder unterbrochen. Was er uns sonst noch zu sagen hatte, waren lediglich vage Versprechungen und Zusicherungen, die an der Wirklichkeit vorbeiliefen. Seine Zusicherung, daß bei einer unmittelbar drohenden Gefahr genügend Eisenbahnwaggons, Fahrzeuge und sonstige Transportmittel zur Verfügung stünden, sollte uns nur das Gefühl der Sicherheit und des Schutzes vermitteln.[17]

schem Protektorat, Teil II, München 1975, S. 106; Dokumentation der Vertreibung, Bd. IV, 1, S. 51 f.

[14] Reichsprotektor von Böhmen und Mähren war seit 24. 8. 1943 der ehemalige Reichsinnenminister Wilhelm Frick, der dieses Amt bis Kriegsende innehatte. Die tatsächliche Macht lag aber in den Händen des ihm nominell unterstellten Karl Hermann Frank, der zunächst von März 1939 bis August 1943 Staatssekretär beim Reichsprotektor und dann bis 1945 Staatsminister im Rang eines Reichsministers für Böhmen und Mähren war, Brandes, Die Tschechen, Teil I, S. 28 f., Teil II, S. 12 ff.

[15] Im März 1945 entwickelten die Deutschen angesichts der aussichtslosen militärischen Lage einen Evakuierungsplan für Prag, der aber bald durch die Ereignisse überrollt wurde. In den letzten Apriltagen ordnete Frank erneut die Vorbereitung für eine Evakuierung an. Auch dieser Plan scheiterte, nur einige kleinere Städte wie Brünn, Olmütz und Wischau konnten noch evakuiert werden, Brandes, Die Tschechen, Teil II, S. 106; Dokumentation der Vertreibung, Bd. IV, 1, S. 52.

[16] Das Mitglied der ehemaligen Sudetendeutschen Partei, Karl Hermann Frank, wurde im März 1939 zum Staatssekretär beim Reichsprotektor und darüber hinaus einen Monat später zum Höheren SS- und Polizeiführer ernannt. Da er seit August 1943 als Staatsminister im Rang eines Reichsministers für das Protektorat fungierte, trifft die Bezeichnung „Staatssekretär" hier nicht mehr zu.

[17] Diese Zusicherung Franks entsprach nicht den Tatsachen, obwohl nach bisher unbestätigten Angaben von Wilhelm Dennler, der seit Oktober 1939 im Dienst des Reichs-

Inzwischen hatte jedoch schon die private Ausreise und die geheime Flucht der deutschen Zivilbevölkerung aus Prag begonnen.[18] Am besten organisiert und vorbereitet war das alles von denen, die über entsprechende Beziehungen verfügten.

Nicht nur die Familien der Parteigewaltigen und -funktionäre, sondern auch die meisten Familien, deren Ernährer in den Dienststellen, Ämtern, Behörden und Büros arbeiteten und für ihre Posten uk-gestellt oder auch sonst vom Kriegsdienst befreit waren, hatten den Vorzug, sich rechtzeitig ins Reich, vornehmlich nach Süddeutschland absetzen zu können. Unmittelbar danach erfolgte dann per Schiff, Bahn oder Lastwagen der Abtransport aller wertvollen Dinge ihres Haushaltes, das weniger Wertvolle blieb in den Prager Wohnungen zurück, die von den Männern und Vätern weiter genutzt wurden, da sie ja nach wie vor ihren Dienstpflichten in den Prager Ämtern nachzukommen hatten.[19] Allein die Verfrachtung der Güter muß Unsummen an Geld gekostet haben, das dafür zur Verfügung stand und ausgegeben worden ist! Von Tag zu Tag wuchs die Zahl der Deutschen, speziell der Reichsdeutschen, die samt ihrem wertvollen Hab und Gut aus Prag verschwanden, meistens stillschweigend, heimlich und ohne Abschied zu nehmen; einige Reichsdeutsche aus dem Bekanntenkreis von Erna Fuchs und mir sagten verschlüsselt auf Wiedersehen. Von unseren Freunden und Bekannten, die wir unter den Sudetendeutschen und Prager Deutschen hatten, waren die meisten, ebenso wie wir, noch in der Stadt. Sie sahen überhaupt keine Veranlassung, aus Prag wegzuziehen und ängstlich zu verschwinden. Wohin sollten sie sich auch wenden, wenn sie kein anderes Domizil an der Hand hatten? Außerdem sahen nur wenige noch eine Chance, heil über die unter Beschuß liegenden Straßen und Eisenbahnen und durch die Kriegsgebiete zu entkommen. Langsam fingen aber Erna Fuchs und ich doch auch an, unruhig zu werden. Ernas Mutter war zu Weihnachten 1944 von ihrer Reise in die alte Heimat Halberstadt nicht mehr nach Prag zurückgekehrt und sollte nun auch dort bleiben; ihr jüngerer Sohn Pieter war mit seinen 15 Jahren noch Anfang 1945 als Flakhelfer eingezogen worden. All das, was um uns vorging und mit uns geschah, versetzte uns allmäglich in Angst und

protektors stand, die verantwortlichen Stellen beschlossen hatten, am Bubna-Bahnhof ständig 12 Züge für den Fall einer Evakuierung bereitzustellen. Wegen der Ende März erfolgten Angriffe und der Zerstörung der Bahnverbindungen war diese Vorsorge aber nicht mehr von Nutzen. Für die Bereitstellung von Lastwagen oder anderen Fahrzeugen wurde nicht gesorgt; es standen nur einige kleine Moldauschiffe für ein paar Hundert Personen zur Verfügung, Dennler, Böhmische Passion, S. 136; vgl. Dokumentation der Vertreibung, Bd. IV, 1, S. 52.

[18]   Erst am 8. April 1945 hatte Frank die Ausreise von Frauen und Kindern, die nicht im Arbeitseinsatz standen, erlaubt, d. h. die Familien der aus dem Altreich und dem Sudetenland stammenden Beamten und Funktionäre konnten erst ab diesem Zeitpunkt die Stadt legal verlassen.

[19]   Vgl. auch Helga Prollius, Flucht aus Prag 1945. Schicksal einer jungen Frau, Freiburg i. Br. 1980, S. 13; sie beschreibt wie immer mehr Deutsche im März 1945 Prag verließen und „auf großen Lastwagen kostbare Kleider und Pelze, zu Haufen getürmt, hinausfuhren.“

Schrecken. Von meinem Mann, der zuletzt im Herbst 1944 für ein paar Tage auf Wehrmachtsurlaub bei uns gewesen war, hörte ich nur noch sporadisch und unregelmäßig, so daß wir nicht auf dem Laufenden waren, wie es um ihn stand und daran, daß er zu uns käme, war schon nicht mehr zu denken, weil inzwischen eine totale Urlaubssperre[20] an den noch immer bestehenden Fronten eingetreten war. Eine langsam aufsteigende Furcht und Platzangststimmung griff um sich, zumal die Kriegsentwicklung an allen Fronten Schlimmes erwarten ließ. Die Nachrichten über die Kriegsschauplätze erfuhren wir, Deutsche und Tschechen, von den für uns alle verbotenen Fremdsendern, wie der englischen BBC oder Radio Beromünster.[21] Diese Quellen informierten uns über den wahren Stand des für Deutschland bereits verlorenen Krieges. Daß das Abhören der Auslandssender unter hoher Strafe verboten war, interessierte niemanden mehr, und keiner fürchtete sich vor einer Bespitzelung oder einer Denunziation.

Langsam fing ich an, mich darüber zu wundern, daß sich bisher noch niemand von der früheren Dienststelle meines Mannes, dem Oberlandratsamt Prag, um uns gekümmert oder wenigstens einmal telefonisch gemeldet hatte. Für mich war das eigentlich recht befremdlich, weil der Chef des Amtes und seine engsten Mitarbeiter meinem Mann bei seinem letzten Fronturlaub fest versprochen hatten, sich für uns einzusetzen und nach uns zu sehen, falls die Lage in Prag sich bedrohlich verändern sollte. Wie schon kurz erwähnt, war ja mein Mann bereits 1941 Soldat geworden, und war nur immer kurze Zeit in Prag bei uns, wenn er hin und wieder mal Urlaub bekam.

Die frühere Dienststelle meines Mannes arbeitete bis zum Ende in unveränderter Personal-Ausstattung. Fast alle Beamten, Angestellten und Kraftwagenfahrer waren für dieses Amt und alle anderen Behörden und Ämter in Prag uk-gestellt worden, obwohl diese Männer wehrpflichtig waren, im Gegensatz zu den vielen Kindern und Greisen, die dann noch zum Kriegsdienst eingezogen worden sind.

Eines Tages bekam ich dann aber überraschend Besuch von der Frau eines Kollegen meines Mannes. Sie hatte sich mit ihren zwei Kindern bereits in den Bayrischen Wald abgesetzt und war jetzt noch einmal nach Prag gekommen, um für den Abtransport der guten Perserteppiche und wertvollen Stil-Möbel sowie des echten Silbers und Porzellans zu sorgen. Dies Hab und Gut mußte doch noch in Sicherheit gebracht werden! Danach fing ich erst an zu begreifen, daß ich zu der Gruppe der Soldatenfrauen gehörte, um die sich niemand mehr in Prag kümmerte und die schon abgeschrieben zu sein schienen. Diese unglaubliche und für mich unerklärliche Situation, in der das Versprechen gegen-

---

[20] Eine totale Urlaubssperre an allen Fronten ist nie verhängt, höchstens in einzelnen Frontabschnitten ausgesprochen worden. Auch von der „vorläufigen Urlaubssperre" im Sommer 1944 war der Heimkehrurlaub aus dem Wehr- und Reichsarbeitsdienst nicht betroffen, vgl. Völkischer Beobachter vom 18. 9. 1944.

[21] Schweizerischer Landessender.

über der Familie eines an der Front kämpfenden Offiziers in solcher unfairen Weise gebrochen wurde, erfüllte mich nicht nur mit Enttäuschung, sondern mit Verachtung, Wut und Zorn! Ganz spontan bat ich unmittelbar bei dem Chef der Behörde meines Mannes um eine persönliche Unterredung, die mir umgehend gewährt wurde. Das war Anfang März 1945. Ich erfuhr, daß vom Amt tatsächlich schon alle Familien evakuiert worden waren, und man mich durch unerklärliche Widrigkeiten dabei übersehen hätte.[22] Eine nicht sehr überzeugende und keineswegs schlüssige Erklärung. Eine direkte Beantwortung auf meine gezielten, sehr persönlich gestellten Fragen blieb aus; und der Dialog endete zum Schluß in peinlichem Schweigen und in Verlegenheit auf der Seite meines Gesprächspartners und einer unerhohlen gezeigten Verbitterung auf meiner Seite. Als Trostpflaster wurde mir schließlich versprochen, mich für den demnächst aufzustellenden Flüchtlingstransport anzumelden, der für die Evakuierung der deutschen Zivilbevölkerung, falls das überhaupt nötig sein sollte, vorgesehen sei.[23] So trennten wir uns damals voneinander. Der angeblich geplante und bereits in Vorbereitung befindliche Flüchtlingstransport wurde überhaupt nicht mehr organisiert und hat die Stadt nicht mehr verlassen. In Wahrheit hat sich um mich, wie um viele andere deutsche Frauen mit Kindern und um viele schutzlose alte Menschen, letztlich niemand in Prag gekümmert. Wir blieben einfach ohne jedwede Hilfe uns selbst überlassen. Dagegen standen genügend Autos versteckt bereit, um die einflußreichen Leute von Partei, Staat und Wirtschaft aus der Stadt und der evtl. Gefahrenzone heraus in Sicherheit zu bringen, wenn es brenzlig für die Deutschen werden sollte. Zwar hatte die Kreisverwaltung der NSDAP angeblich Rat, Tat und Hilfe sowie eine rechtzeitige Unterrichtung angeboten; wir in unserem Hause in der Benediktsgasse haben aber nie etwas davon gemerkt, vielleicht einfach deswegen, weil von den deutschen Mietern niemand Mitglied in der Partei oder einer ihrer Formationen gewesen ist. Ich selbst gehörte für die örtliche Prager Parteileitung zu dem politisch unzuverlässigen, suspekten Personenkreis. Ich hatte mich nämlich mehrfach bei entsprechenden Besuchen einer Abgesandten der Frauenschaft der Partei in meiner Wohnung unmißverständlich geweigert, in diese parteipolitische Formation der Frauen einzutreten. Bei meiner zum dritten Mal wiederholten Absage warnte mich dann die Werberin, daß sie, falls ich meine reaktionäre politische Einstellung nicht ändern sollte, dies an die zuständige Parteistelle weiterzumelden, verpflichtet sei. Da ich an meiner Ablehnung festhielt, meldete sie mich unmittelbar darauf bei der Prager Partei-Kreisleitung, die mich vorlud, verhörte und schon sehr massiv mit dem Konzentra-

---

[22] Vermutlich handelt es sich hier um einen Irrtum bezüglich des Datums; es muß Anfang April gewesen sein. Auf eine Rückfrage der Herausgeberin räumte die Verfasserin ein, sich getäuscht zu haben, betonte jedoch, die Familien seien heimlich evakuiert worden. Es muß aber bezweifelt werden, daß eine deutsche Dienststelle tatsächlich gegen ein Evakuierungsverbot vor dem 8. 4. 1945 gehandelt hat.
[23] Vgl. Anm. 15.

tionslager Theresienstadt drohte, wenn ich den Eintritt in die Frauenschaft weiter verweigern sollte. Dank der Hilfe und der Fürsprache meines einflußreichen deutschen Vorgesetzten in der Dienststelle beim Primator der Stadt Prag sowie auf Grund der Tatsache, daß ich ein Baby erwartete und mein Mann als Soldat an der Front stand, wurde ich dann aber doch vor der Einlieferung nach Theresienstadt bewahrt. Mein körperlicher und seelischer Zustand verboten mir, schon wegen des damit verbundenen Risikos, weitere Schritte gegen diese meine politische Diskriminierung zu unternehmen. Von der anderen Seite her gab man, zumindest nach außen hin, ebenfalls Ruhe und trat auch nicht erneut an mich heran, mich parteipolitisch zu binden; offensichtlich war ich für die Partei einfach nicht mehr existent.

Wie die Dinge in Prag jetzt lagen, konnten wir, die im Stich gelassenen und schon vergessenen Frauen, Kinder und alten Leute nur noch voll Enttäuschung und Empörung feststellen, daß sich an der Wahrheit des Ausspruchs „Wer das Kreuz hat, der segnet sich" auch in der vielgerühmten Volksgemeinschaft des Dritten Reiches nichts geändert hatte. Was halfen damals aber letztlich alle Wut und Klage; wir mußten nunmehr sehen, wie wir, auf uns allein gestellt, mit der Situation fertig werden konnten. Nachdem die Panikstimmung um uns herum mehr und mehr um sich griff und auch uns immer stärker erfaßte, unternahm ich schließlich mit Fuchsens den Versuch, auch noch aus Prag herauszukommen.

Über einen Herrn Dr. F., mit dem ich nur sehr lose bekannt war, bekamen wir die Möglichkeit, uns an einem von ihm selbst organisierten Transport, der mit einem kleinen Lastkraftwagen nach Süddeutschland durchgeführt werden sollte, zu beteiligen. Der Preis dafür war horrend, aber was blieb uns anderes übrig, als diesen wucherisch anmutenden Betrag zu akzeptieren, zumal auf uns, daß heißt Erna Fuchs mit Sohn Hans und mich mit Axel, nur ein Drittel der geforderten Summe entfiel, während Dr. F. für sich und seine fünf-köpfige Familie zwei Drittel übernahm. Nach vielen Besprechungen und meistens hastig und verschlüsselt[24] geführten Telefongesprächen zeichnete sich dann endlich ein Termin ab, der von heute auf morgen fixiert werden sollte; es blieb aber alles etwas undurchsichtig und undeutlich. Es war schon Anfang April, als Dr. F. mir den Abreisetermin für den nächsten Tag gegen acht Uhr abends ankündigte. Der Preis für Fahrer und Fahrzeug sei bereits von ihm entrichtet, unseren Anteil sollten wir ihm bei der Abfahrt am nächsten Abend erstatten; im übrigen könne begreiflicherweise nur das allernötigste Gepäck mitgenommen werden, weil der Platz für zehn Personen und deren Gepäck äußerst beschränkt sei.

Am nächsten Morgen begannen wir schon sehr zeitig mit der Packerei, natürlich sehr aufgeregt, unruhig, überreizt und nervös, nur das Notwendigste packte ich ein, wie: Leibwäsche, Schuhe, ein paar Kleidungsstücke und etwas

---

[24] Der Plan wurde noch vor der Ausreiseerlaubnis Franks vom 8. 4. 1945 gefaßt, daher die Vorsichtsmaßnahmen.

mehr Zeug für Axel, der ja erst 15 Monate alt war, und natürlich den immer bereitstehenden Luftschutzkoffer mit Papieren, Dokumenten, wichtigen Akten und dazu einige wenige persönliche Dinge, an denen ich hing. Das Kinderbettchen von Axel wurde bereits im Laufe des Vormittags auseinandergenommen, zusammengepackt und so verschnürt, daß es nur sehr wenig Platz auf dem kleinen LKW benötigte. Für das kleine Bett hatte mir der Chef unserer „Fahrgemeinschaft" ja auf meine Bitte hin großzügig sein Placet erteilt. Vormittags hatte ich schon einen großen Betrag bei unserer Bank am Graben abgehoben, um für die Zeit, die unsicher, vollkommen undurchsichtig und sehr ungewiß vor uns lag, unabhängig zu bleiben. Erna Fuchs, die ähnliche Vorbereitungen für unsere Flucht ins „Reich" getroffen hatte, nahm von ihrem Büro in der Ärztekammer sogleich noch eine telefonische Verbindung mit ihren tschechischen Bekannten, Herrn und Frau K., auf und bat sie, wenn es ihnen möglich wäre, uns am Abend beim Verladen der Koffer für unsere Abreise zu helfen. Herr K. war Elektromeister im Städtischen Elektrizitätswerk der Stadt Prag, und Hans Fuchs war im zweiten Lehrjahr sein Lehrling. Außerdem aber hatte Erna Fuchs seinerzeit auf Bitten von Herrn K. alles Mögliche versucht, um für den schon seit Monaten aus politischen Gründen in Haft befindlichen 18-jährigen Sohn der K.'s auf Grund seiner Jugend eine Begnadigung oder wenigstens aber eine Strafmilderung zu erreichen. Als trotzdem das Todesurteil über den Jungen und seine gleichaltrigen Freunde gefällt worden war, hatte sie sich auch noch an allerhöchster Stelle in der Staatskanzlei um eine gnädigere Bestrafung bemüht. Das Urteil war aber dennoch an den jungen Tschechen vollstreckt worden.

Herr K. und seine Frau erschienen schon am frühen Nachmittag bei Fuchsens und richteten dort für uns alle zum Abschied eine sehr üppige Kaffeetafel her. Frau K. hatte es sich nicht nehmen lassen, selbstgebackenen Kuchen und sehr leckeres selbstgemachtes Gebäck (Buchteln)[25] mitzubringen und aufzutischen. Sie war eine sehr gute böhmische Hausfrau und Köchin und als Könnerin in der Zubereitung von delikaten Mehlspeisen bekannt. Wir setzten uns alle an den Kaffeetisch, aßen von den köstlichen Sachen, die uns aber an diesem Tag nicht recht schmecken wollten. Frau K. entschied dann bestimmt und wohltuend herzlich, daß das, was nicht aufgegessen war, mit auf unsere Reise zu gehen hätte, und packte alles reisefertig in das Paket zurück, das sie mitgebracht hatte. Wir nahmen es dankend an und schenkten den beiden nun unsererseits zum bevorstehenden Abschied sehr schöne Dinge, die ihnen sichtlich viel Freude machten. Unmittelbar damit konfrontiert zu sein, alles zurücklassen zu müssen, machte mein Herz in diesen Stunden nicht allzu schwer. Es war vielleicht wirklich eine Stunde der Wahrheit, in der es uns letztlich nur um Sicherheit und Lebenwollen ging. Viel Zeit zum Nachdenken und Grübeln blieb mir ohnedies nicht, denn Axel führte mich schnell in die Wirklichkeit zurück. Abwechselnd zogen wir mit dem Kind von unten nach oben und von

---

[25] Ein in Österreich und der Tschechoslowakei beliebtes Hefegebäck.

oben nach unten durch die Wohnungen, um es zu beschäftigen. Zum Spielen reichte die Unrast und Ungeduld an diesem Tage nicht aus. In der Diele meiner Wohnung stand mein weniges Gepäck, daneben das abgeschlagene Kinderbett, zu dem sich der Junge immer wieder mächtig hingezogen fühlte. Das Kerlchen konnte ja nicht verstehen und wissen, warum das Bett hier und nicht an seinem gewohnten Platz stand. Eine Etage tiefer bei Fuchsens und den beiden tschechischen Freunden bot sich dasselbe Bild der Erregtheit in dieser entnervenden Situation.

Als es dann bereits später als neun Uhr geworden war, rief ich bei Dr. F. an, um von ihm zu hören, daß sich alles etwas verzögere und sie spätestens in einer halben Stunde bei uns sein würden. Das Warten wurde zur Qual, vor allem des Kindes wegen, das nirgends in den Wohnungen zur Ruhe kam. Nach elf Uhr nachts hörten wir durch die geöffneten Fenster das Auto kommen. Auf den umliegenden Straßen herrschte eine fast gespenstische Ruhe, kein Licht auf den Gassen erhellte die Häuser, alles lag im tiefsten Dunkel der luftschutzverhangenen Stadt. Schnell ergriffen wir die bereitstehenden Koffer und Taschen und das zusammengelegte Bett, und mit Hilfe der K.'s verluden wir alles in den Lift, der uns durch das Treppenhaus ins Parterre brachte, von wo aus es über zwei lange Eingangsflure auf die dunkle Benediktsgasse ging. Neben dem Hauslift lag auch die Wohnung unserer immer sehr freundlichen Hausmeisterfamilie P., von der wir uns schon gegen Abend verabschiedet hatten. Vater, Mutter und Tochter kamen nun aber plötzlich nochmals zu uns heraus, um uns ebenfalls bei der Abreise zu helfen und jetzt endgültig Abschied zu nehmen. Als wir geschlossen auf die stockfinstere Straße traten, war das abgedunkelte Auto bereits vorgefahren. Ich erkannte nur eben die Umrisse des hinten offenen Lieferwagens, als Herr F. auch schon vom Beifahrersitz aus dem Auto heraussprang und uns in leisem Ton befahl, schnell hinten auf den offenen Lastwagen aufzusteigen, aber „bitte ganz ohne Gepäck, dafür sei jetzt kein Platz mehr". Im selben Augenblick ließ unser tschechischer Hausmeister eine Taschenlampe über den Wagen aufleuchten, und ohne zunächst richtig zu begreifen, was das für uns bedeuten sollte, starrten wir fassungslos auf den mit Kisten, Kasten und Koffern hochbeladenen Wagen, auf dem die vermummten Gestalten der Frau K. und ihrer Kinder hockten. Die Ladefläche war so prall bepackt, daß wir drei Erwachsenen und ein Kind darauf überhaupt keinen Platz mehr finden konnten, es sei denn, wie ein Bündel zusammengeschnürt. In diesem Augenblick verstand ich diesen Mann und Familienvater, der hier schamlos befahl, nicht!! Es konnte doch einfach nicht wahr sein, was man uns mit solcher zynischen Aufforderung antat, ohne jedwedes Gepäck einen von uns mitgemieteten Wagen zu besteigen, auf dem nicht einmal mehr wir selbst einigermaßen unterkommen konnten. Wut, Zorn, Aufruhr und mehr noch Verachtung über diese beispiellose Rücksichtslosigkeit und die von rohem, brutalem Egoismus diktierte Mißachtung einer festen Abmachung packten mich und ließen mich alles andere vergessen. In ratloser Enttäuschung machte ich – ebenso Erna Fuchs – meinem Herzen nun in sehr massiver und aggressiver

Form Luft! Herr F. blieb eiskalt und stellte uns schneidend vor die einfache Frage, ob wir nun ohne Gepäck auf den Wagen steigen wollten oder nicht. Wir wollten nicht! Die Entscheidung fiel im Bruchteil einer Sekunde bei uns beiden. Wir verzichteten. Ohne ein Wort der Einsicht, des Bedauerns oder gar einer menschlichen Anteilnahme sprang Herr F. zum Fahrer des Kleintransporters, ließ Gas geben und fuhr mit seiner Familie und seiner Habe in die Nacht. Das, was hier mit uns geschah, schien wenig Glück für unsere Fluchtversuche zu verheißen.

So standen wir nun mit unserem geringen Gepäck und einem Kinderbett auf dem Bürgersteig vor unserer Haustür in der historischen Altstadt von Prag und sahen dem sich langsam entfernenden Wagen nach, bis die kleinen Positionslichter beim Einbiegen in eine Gasse unseren traurigen Blicken entschwanden. Neben uns standen die Tschechen. Sie hatten das alles miterlebt und mit angehört. Es trat eine etwas peinliche Pause ein, es mußte doch das, was sich hier eben abgespielt hatte, erst einmal verkraftet werden. Von den Worten, die die Tschechen nachher in ihrer Sprache miteinander wechselten, verstand ich genug, um herauszuhören, daß sie kein gutes Urteil über die deutsche Solidarität abgaben. Doch bald brachte uns Axel in die Wirklichkeit zurück, indem er laut zu weinen begann. Sofort nahmen die beiden tschechischen Männer und wir drei Deutschen unser Gepäck und das Bettchen wieder auf, zogen gemeinsam ins Haus zurück, verfrachteten alles wieder in den Lift und luden es dann abwechselnd im ersten und im zweiten Stock aus. Das erste nach der Rückkehr in die Wohnung war für mich, für Axel das Bettchen wieder aufzuschlagen, ihn auszuziehen, ihn hineinzulegen und bei ihm zu sitzen, bis er endlich ruhig eingeschlafen war. Nachdem die K.'s und die P.'s sich dann schnell von uns verabschiedet hatten, saßen wir drei noch lange zusammen, um alles nochmals durchzusprechen und zu verarbeiten. In dieser Nacht und auch später haben wir unseren gemeinsam getroffenen Entschluß nie bereut! Es blieb allein die Tatsache, daß wir nun, was auch immer kommen würde, hier in Prag auf uns allein gestellt, ohne jeden Schutz und jede Hilfe ausharren mußten. Die bitteren Gedanken, die wir unseren davongefahrenen Reisegefährten in dieser Nacht noch nachschickten, verflogen aber am nächsten Tag sehr schnell, als wir in den Nachrichtensendungen hörten, welche Ziele die alliierte Luftwaffe wieder unter Beschuß genommen hatte.[26] Daraufhin hofften und wünschten wir ihnen nur, daß sie ihre Fahrt nicht ins Unglück geführt haben möge.

Bis zum Einmarsch der Russen in die Tschechoslowakei[27] führten wir Deut-

---

[26] In den ersten Apriltagen wurden vor allem Mährisch-Ostrau, Eger, Karlsbad und in Bayern Regensburg und Passau angegriffen, Die Geheimen Tagesberichte, Bd. 12 (1.4., 2.4. und 4.4.1945).

[27] Am 15.4.1945 begann die Offensive der 4. Ukrainischen Front mit dem Ziel in das Industriegebiet von Mährisch-Ostrau durchzustoßen, am 25.4. erfolgte die Einnahme der Stadt. Einen Tag später ging Troppau verloren und Brünn wurde genommen, Chronik des Zweiten Weltkrieges, hg. v. Arbeitskreis für Wehrforschung, Frankfurt a.M. 1966, S. 152; Die Geheimen Tagesberichte, Bd. 12, S. 385.

schen und auch die Tschechen, so sehe ich es aus meiner persönlichen Rückschau, noch ein vom Krieg verhältnismäßig wenig belastetes Leben. Erna
Fuchs ging täglich in die deutsche Ärztekammer, wo viele Posten in den Ämtern besetzt waren, die mit den Deutschen[28] loyal zusammenarbeiteten. Dort
erfuhr Erna dann auch immer das Neueste von den Kriegsschauplätzen, insbesondere über die deutschen Rückzüge an den Fronten, über die man den
Deutschen offiziell ja nicht wahrheitsgetreu berichtete.

Auch das kulturelle Leben in Prag lief noch immer auf vollen Touren, wenn
auch schon überall, ob im Kino, Theater oder Konzert, die Uniformen das Bild
beherrschten. Cafés, Restaurants und Unterhaltungsstätten hatten fast unverändert das Gesicht der Großstadt bewahrt. Ich ging fast täglich mit Axel im
Kinderwagen bei schon sehr schönem Vorfrühlingswetter hinauf zur Letna,
einer sehr großzügig angelegten Parkanlage nahe der Innenstadt, oberhalb der
Moldau auf einer Anhöhe gelegen, wo zu jeder Zeit sehr viele Prager Einwohner anzutreffen waren. Auch die dortigen Wirts- und Caféhäuser waren gern
besuchte Ziele der Prager. Fliegeralarm im Großraum Prag gab es noch immer
relativ selten; Ich glaube auch, daß die wenigsten Einwohner Prags jeweils den
Luftschutzkeller aufsuchten, obwohl es Pflicht war und die zuständigen Luft-
schutzwarte dafür sorgen sollten.[29]   Es muß so Mitte April gewesen sein, als
ich mit Axel im Kinderwagen bei hellstem Sonnenschein am Nachmittag auf
der Letna spazieren ging. Jäh fingen die Luftschutzsirenen über Prag an, oh-
renbetäubend zu heulen. In rasender Eile suchte ich nach einem schützenden
Dach, und mit mir auch andere Spaziergänger in großer Hast. Da das nächste
Restaurant noch ziemlich weit entfernt lag, mußte irgend eine andere Schutz-
möglichkeit gefunden werden, und so hetzte ich mit dem Kinderwagen hinter
den anderen rennenden Menschen her in einen schutzhüttenähnlichen Pavil-
lon, der im Inneren ringsum Sitzbänke zum Ruhen anbot. Darauf ließen wir
uns alle nieder, alle verängstigt und aufgeregt und einige vom Laufen außer
Luft und Atem. Als ich irgendetwas auf Deutsch sagte, bekam ich die ersten
aufgestauten Aggressionen der Tschechen zu fühlen und zu spüren. Das latent
vorhandene Haßgefühl für all das, was die Deutschen den Tschechen angetan
zu haben schienen, entlud sich bei dieser vor den drohenden Bomben Deckung
suchenden Gruppe so unmittelbar, daß ich sehr betroffen war. Ich spürte instinktiv, daß meine Anwesenheit mit dem Kind die verängstigten Menschen
nur nochmehr aufbringen würde und zog daher mit dem Kinderwagen in eine
Allee, wo wir unter alten Bäumen allein waren. Glücklicherweise fielen auch
an diesem Nachmittag keine Bomben auf Prag.

Eines Tages meldete sich dann eine sehr gute Bekannte und Schulfreundin
meines Mannes telefonisch, um schnell noch Aufwiedersehen zu sagen. Ulla N.
war seit 1942 als Krankengymnastin in einem deutschen Lazarett in Prag tätig

---

[28]   Muß heißen: mit Tschechen.
[29]   Die vielen blinden Alarme führten dazu, daß die Bevölkerung auch solche, die ernst
zu nehmen waren, nicht mehr beachtete, vgl. Dennler, Böhmische Passion, S. 134.

und teilte jetzt mit, daß alle Lazarette vorsorglich von Prag und aus Teilen des
böhmischen Raumes nach Bayern verlegt würden.[30] Vorher war Prag ja schon
zur Lazarettstadt erklärt worden und sollte auch nicht verteidigt werden.[31]
Ende April wurde es allmählich immer unruhiger und unterschwellig feind-
seliger um uns herum. Fliegeralarm gab es nun öfter, Flugzeuge hörten wir
täglich über uns hinwegbrausen. Erna hatte ihren Dienst bei der deutschen
Ärztekammer auch eingestellt, weil die Behördenspitze bereits frühzeitig die
Position verlassen und sich nach Süddeutschland abgesetzt hatte. In unserem
Mietshaus begann die Atmosphäre ebenfalls gespannter zu werden. Während
die tschechischen Angestellten, die in den Büros und gewerblichen Lagerräu-
men unseres Hauses tätig waren, früher immer nette Worte mit uns gewechselt
hatten, wenn wir einander begegneten, hielten sie sich jetzt auffällig zurück.
Auch unsere Wohnungsnachbarn auf der Etage, zwei halbjüdische Familien,
die zwar die rechtlichen Eigentümer des Hauses waren, denen nach der von der
Protektoratsregierung angeordneten Sequestrierung ihres Besitzes aber nur
noch ein – obendrein wohl nicht sehr gesichertes – Wohnungsnutzungsrecht
geblieben war, rückten von heute auf morgen von unserem bislang guten Einvernehmen und freundlichen Nachbarschaftsverhältnis ab. Unverändert nett
und herzlich blieb lediglich der Hausmeister und seine Familie. Die jedoch
nicht zu übersehende allgemeine Spannung fing an, uns zu ängstigen. Wir
gingen nicht mehr einzeln aus der Wohnung, sondern nur noch zusammen, sei
es zum Einkaufen, Spazierengehen oder zu sonstigen Vorhaben, die in dieser
Stimmung immer reizloser wurden. Damit wir nicht voneinander getrennt wurden, zogen Fuchsens zu uns in unsere Wohnung. So fühlten wir uns alle nicht so
verlassen und abgeschnitten. Abends wurden die Nachrichten vom BBC Lon-
don abgehört, der uns über die hoffnungslose Lage Deutschlands, über die
Truppenbewegungen und die Zersetzungs- und Auflösungserscheinungen in
der deutschen Wehrmacht informierte. Ebenso genau Bescheid wußten wir
über den Einmarsch der Roten Armee in Berlin, über die Zerstörung der Stadt
und über Hitlers Selbstmord. Die Gewißheit, unmittelbar vor dem Ende des
grauenhaften Krieges mit all seinen Unmenschlichkeiten zu stehen, ließ uns zu
diesem Zeitpunkt für die unmittelbare Zukunft nicht so Schlimmes ahnen,

---

[30] Bis Kriegsende hatte die Deutsche Wehrmacht 18 Heereslazarette in Prag eingerichtet. Sie wurden am 6. Mai bei der Kapitulation durch General Toussaint dem Schutz des
Internationalen Roten Kreuzes unterstellt und konnten nur noch zum Teil verlegt werden, Dokumentation der Vertreibung, Bd. IV, 1, S. 58f.; ebd. 2. Beiheft, S. 23.
[31] Am 3.5.1945 ordnete die Regierung Dönitz in Anwesenheit von Frank an, Prag zur
„offenen Stadt" zu erklären. Einige Darstellungen berufen sich darauf, andere Publika-
tionen sprechen davon, Prag sei zur „Lazarettstadt" erklärt worden. Der deutsche Beam-
te Dennler datiert dies auf den 4. Mai, Dennler, Böhmische Passion, S. 149. Helga Prollius berichtet, es habe sich das Gerücht verbreitet „Prag würde zur Lazarettstadt erklärt
werden", Prollius, Flucht, S. 14. Am 6.5.1945 schlug Frank vor, Prag zur „offenen
Stadt" zu erklären, die Erklärung zur „Lazarettstadt" sei ja bereits erfolgt, Brandes, Die
Tschechen, Teil II, S. 133.

zumal es bis dahin in Prag weder von deutscher noch von tschechischer Seite zu Kampfhandlungen oder sonstigen militanten Aktionen gekommen war. Das sollte sich jedoch schon sehr bald ändern.

Die Tage des Prager Aufstandes

Nach der Erklärung Prags zur Lazarettstadt, die nicht verteidigt werden sollte, war Staatssekretär Frank[32] ins Hauptquartier zu Großadmiral Dönitz geflogen, der nach Hitlers Selbstmord dessen Nachfolge angetreten hatte. Während der Abwesenheit von Frank unterstellte Generalfeldmarschall Schörner, der als oberster Befehlshaber der im Protektorat noch vorhandenen deutschen Truppen fungierte, die Polizei und SS in Prag seinem Kommando und traf Vorbereitungen, Prag nun doch zu verteidigen. Als Frank nach Prag zurückkehrte, waren auf deutscher Seite also bereits entscheidende militärische Schritte eingeleitet worden. Bei den Tschechen wiederum hatte sich inzwischen ein nicht mehr versteckter, sondern jetzt offener Widerstand gegen die Deutschen durchgesetzt. Diese Informationen erreichten uns nur ungenau und zum Teil unverständlich durch die verschiedenen Radionachrichten der Fremdsender. Direkt zu spüren bekamen wir indes die neue Situation, als sich die Nationalbank in Prag weigerte, Reichsmark anzunehmen, und unsere Bank mir verwehrte, vom Girokonto Reichsmarkbeträge abbuchen zu lassen.

Im Laufe des 4. Mai mehrten sich die Zeichen der beginnenden Totalauflösung der deutschen Wehrmacht. Deutsche Soldaten entledigten sich ihrer Waffen und Uniformen, um unterzutauchen. In der Nacht vom 4. auf den 5. Mai war in der Stadt noch alles ruhig. Vermutlich wäre es die letzte Chance gewesen, die deutsche Zivilbevölkerung aus Prag in den Westen in Marsch zu setzen und in Sicherheit zu bringen. Die amerikanischen Panzerspitzen standen ca. 20 km vor Prag in der Gegend von Beraun, sie hätten in einer halben Stunde im Stadtgebiet sein können.[33] Es geschah aber nichts, obwohl sich die Hoffnungen vieler Tschechen und aller Deutschen auf die amerikanischen Retter richteten. Alle hofften, daß die Amerikaner den Sowjets zuvorkommen würden, um das Schlimmste zu verhindern, wenn es tatsächlich zum blutigen Chaos auf der Prager Gasse käme. Alle zusammen hatten wir nur den einen Wunsch, daß die

---

[32] Frank war zu diesem Zeitpunkt Staatsminister für Böhmen und Mähren, vgl. Anm. 14.

[33] Es handelt sich hier um eine Fehlinformation, die auf Telefonanrufen am Vormittag des 5. 5. 1945 bei der Gewerbebank der Hauptpost und einigen anderen Prager Stellen beruhte. Nach Angaben des Vizepräsidenten des tschechischen Revolutionären Nationalrats, Otokar Machotka, waren diese Fehlinformationen absichtlich durchgegeben worden, weil in Prag „ein Umsturz zu Gunsten einer gewissen Gruppe (Vertreter der Nationaltschechen) aus Gnaden des deutschen Staatsministers, der zugunsten einer neuen tschechischen Regierung zurücktreten wollte, verwirklicht werden sollte", zit. nach Dokumentation der Vertreibung, Bd. IV, 1, S. 55. Die Amerikaner hatten am 4. 5. 1945 erst die Protektoratsgrenze erreicht und außerdem war ihnen, in Vereinbarung mit den Sowjets, nur ein Vorrücken bis zur Linie Karlsbad-Pilsen-Budweis gestattet worden, ebd., S. 33f.

amerikanischen Panzerspitzen schneller als die heranrollende Rote Armee in Prag eintrifft.

Am 5. Mai vormittags, es war ein Samstag, erschien unser Hausmeister bei uns in der Wohnung und berichtete, daß am Wenzelsplatz geschossen würde. Die Nachricht erschreckte uns zwar, aber die erste Reaktion war, schnell noch die nötigen Lebensmittel für das bevorstehende Wochenende einzukaufen. Wir hatten alle Läden sehr nahe vor unserer Haustür; unser nächstes Lebensmittelgeschäft lag in der Passage, die zum Hyberna-Platz führte. Als ich auf die Benediktsgasse trat, bemerkte ich, daß das deutsche Straßenschild unserer Gasse mit dem tschechischen Namen „Benediktska" überklebt worden war. Verwundert über das veränderte Straßenschild lief ich zu unserem Laden in der Kotva-Passage. Ich traf in dem kleinen Kaufladen zu dieser Zeit nur wenige Kunden an, die, wie ich, ebenfalls ihre Besorgungen zum Wochenende in tiefstem Seelenfrieden machten. Es waren nur Tschechen im Geschäft, und alle, wie auch der Inhaber des Ladens selbst, erwiderten auf mein „dobry-den"[34] freundlich und friedlich. Trotzdem spürte ich, daß es doch etwas anders war als sonst und irgendwie unterschwellig knisterte.

Wir verbrachten wiederum einen unruhigen Tag in der Wohnung, hingen dauernd uns abwechselnd am Radio, um über die Lage im Protektorat und in Prag informiert zu werden, und die tatsächliche Situation um uns herum zu durchschauen und etwas Genaueres in Erfahrung zu bringen. Natürlich kam dabei nur wenig heraus, weil für die Bevölkerung alles sehr undurchsichtig und unklar blieb. Auch einige Telefonate mit Bekannten und Freunden, die sonst immer ihr Ohr am Puls des Geschehens hatten, brachten nicht viel Neues. Sie alle wußten wenig oder wollten und sollten nichts sagen.Das aber beunruhigte uns natürlich mehr, als wir es uns eingestehen wollten, sodaß wir uns an diesem Abend sehr bald zum Schlafen zurückzogen.

Am frühen Morgen des folgenden Sonntags hatten wir uns gerade zum Frühstück niedergesetzt, als es mehrmals an unserer Wohnungstüre klingelte. Als ich öffnete, stand unser Hausmeister, ziemlich aufgeregt und sichtbar unruhig, vor mir. Ich bemerkte, daß er sich ein Seitengewehr umgeschnallt hatte, wodurch er in dieser neuen, etwas komischen Situation auf mich eher wie ein Räuberzivilist, als ein soldatischer Befehlsgeber wirkte! Im gleichen Augenblick stürmten vom Treppenhaus der über uns liegenden Wohnetage zwei bewaffnete Männer, die trotz der roten Nelke, die sich jeder zwischen die Zähne gesteckt hatte, wesentlich furchterregender aussahen als unser Hausmeister. Die beiden drückten mich, nein sie stießen mich beiseite und rasten in unsere Wohnung. Herr P. folgte ihnen zögernd! Sie durchsuchten alle Zimmer, einschließlich Küche, Bad und sämtliche Schränke nach männlichen Personen oder nach Soldaten. Dann forderten sie mit Drohgebärde und im barschen Befehlston die Herausgabe sämtlicher Waffen, die in unserm Besitz wären. Ich ging sofort zu unserem Schreibtisch, nahm den mir von meinem Mann für

---

[34] Muß heißen: Dobrý den (Tschechisch: guten Tag).

jedwede Fälle hinterlassenen Revolver aus dem unverschlossenen Schubfach und überreichte ihn einem der Männer; der sah mich drohend an, fragte nach weiteren Waffen, die ich ja nicht hatte und ließ mir durch Herrn P. verständlich machen, was mich erwarte, wenn ich nicht alles herausgäbe!

Bevor die Männer die Wohnung wieder verließen, machte der eine der Revolutionäre noch einen Sprung in die Küche, griff nach einer auf dem Früh-stückstisch stehenden geöffneten Wurstbüchse, verstaute sie in unsere Akten-tasche, die ich ihm dafür hatte bringen müssen. Dann verschwanden alle drei aus der Wohnung. Das war meine erste Begegnung mit Kämpfern des soge-nannten Prager Aufstandes. Es waren, soweit wir erfuhren, aus dem Konzen-trationslager Theresienstadt befreite tschechische Kommunisten, die jetzt als Revolutionäre Garden in Prag gegen die Deutschen eingesetzt wurden.[35]

Kaum hatten die Männer die Wohnung verlassen, rannten wir sofort ans Radio und hörten nun, daß der Sender Prag soeben von den Tschechen im Handstreich genommen worden war. Die Ansagen erfolgten schon in tsche-chischer Sprache. Wir waren ratlos und begriffen nichts. Unsere aus Prag stammenden deutschen Freunde, die wir sofort anriefen, um zu hören, was vor sich ging, wußten kaum mehr, obwohl sie Verwandte und Freunde unter den Tschechen hatten. Bei einem weiteren Telefongespräch mit Bekannten aus Norddeutschland, die auch schon seit Jahren in Prag lebten, wurde es fast gespenstisch. Der Hörer am anderen Ende der Leitung wurde von unseren Bekannten zwar aufgenommen, aber dann sofort mit den Worten: „Fragen Sie nicht, ich kann ihnen nicht antworten" wieder eingehängt. Ganz offen-sichtlich waren bei ihnen die Revolutionären Garden in der Wohnung. Un-mittelbar darauf klingelte es erneut an unserer Wohnungstür, und nach mei-nem Öffnen stürzte wiederum ein kleiner Trupp sehr kriegerisch aussehender Männer in die Wohnung; sie rissen unser Telefon mit Schwung und Kraft aus der Wand und zerstörten damit unsere Verbindung nach draußen. Es erschien mir damals wie in einem Krimi, weil wir überhaupt nicht begriffen, was hier mit uns geschah und warum man uns eigentlich so behandelte! Etwas später kamen dieselben Leute noch einmal, um uns die Radiogeräte fortzunehmen; sie wurden aus allen deutschen Wohnungen unseres Mietshauses beim Haus-meister eingelagert und sollten, wie es hieß, dort verwahrt werden bis „alles"

---

[35] Die Revolutionsgarde setzte sich aus Soldaten der Regierungstruppe, die Hitler mit einem Erlaß vom 31. 7. 1939 als Sicherheits- und Ordnungsorgane aufstellen ließ und Protektoratspolizei sowie Aufständischen aus Partisanenkreisen zusammen, Dokumen-tation der Vertreibung, Bd. IV, 1, S. 55f. Häftlinge aus Theresienstadt allerdings waren es sicherlich nur zu einem ganz geringen Teil und dann nur diejenige, denen es gelang in der letzten Phase vor der Befreiung des Lagers am 7. Mai 1945 zu fliehen, denn erst am 5. Mai zog die SS-Bewachung ab. Auch als das Internationale Rote Kreuz die Lagerlei-tung übernahm, mußten die ehemaligen Häftlinge wegen der noch anhaltenden Kämpfe und einer ausgebrochenen Flecktyphusepidemie weiter im Lager bleiben, H. G. Adler, Theresienstadt 1941–1945. Das Antlitz einer Zwangsgemeinschaft, Tübingen 1955, S. 211 ff.

vorrübergegangen sei. Jetzt waren wir endgültig von der Außenwelt abgeschnitten.

Inzwischen hatte sich die Personenzahl in unserer Wohnung auch noch vergrößert. Zwei deutsche Mietparteien aus dem dritten Stock, eine Kölnerin mit ihrer 12-jährigen Tochter und eine junge volksdeutsche Frau aus Mähren hatten sich bei uns eingefunden, weil sie es einfach nicht mehr allein in ihren Wohnungen, die ebenfalls nach verdächtigen Personen und Waffen durchsucht worden waren, aushielten; sie waren vollkommen verängstigt und brauchten menschliche Nähe. Wir kannten uns eigentlich kaum, nur vom Sehen bei gelegentlichen Begegnungen im Haus oder auf der Straße. So hockten wir, einander ziemlich fremd, recht mißmutig und in stiller Ratlosigkeit über die sich zuspitzende Lage beisammen. Schon sehr bald gab es aber ein neues Erschrecken. Bis an die Zähne bewaffnete Tschechen durchkämmten die Wohnungen der Altstadt, um nach deutschen Männern zu fahnden. Als sie auch zu uns in die Wohnung kamen und hier keinen Verdächtigen fanden, fielen sie über unseren 16-jährigen herzkranken Hans Fuchs her, packten ihn roh an und wollten ihn als Deutschen mitnehmen. Wie eine Mutter über ihre Kraft hinaus wachsen kann, um ihr großes, krankes Kind zu beschützen, es zu verteidigen und harten Feindeshänden zu entreißen, das hat sie bewiesen, indem sie an Herz und Einsicht appellierte, sich nicht an Unschuldigen zu rächen. Erna blieb Siegerin und Hans durfte in der mütterlichen Obhut bleiben. Kaum hatten wir uns von dieser Aufregung etwas befreit, da kam wiederum Herr P. in die Wohnung, um uns den Befehl der Revolutionären Garden zu übermitteln, daß ab sofort niemand mehr die Wohnung verlassen dürfe; alle deutschen Personen hätten bei mir zusammen zu bleiben. Nebenbei teilte er uns vertraulich auch noch einiges andere mit, so z. B. daß laut Befehl alle deutschen Zivilisten während des nun beginnenden Kampfes gegen die in Prag befindlichen deutschen Truppen, in die Luftschutzkeller zu führen seien. Für uns alle hätte er aber persönlich erwirkt, daß wir alle zusammen bei mir in der Wohnung bleiben könnten. Leicht verschmitzt fügte er hinzu, daß wir ja alle recht tschechenfreundlich gewesen seien und sich keine Person im Hause nazistisch gebärdet habe. Er als Hausmeister habe doch jede deutsche Wohnung sehr genau gekannt und inspiziert, und daß bei uns allen weder eine Nazi-Fahne, zu welchem Anlaß auch immer, gehißt worden sei, noch Hitler oder Heydrichbilder an der Wand gehangen hätten. Das war für uns der Beweis, daß im Protektorat und besonders in Prag alle deutschen Einwohner schon seit langem observiert worden waren und unter der Kontrolle der vom Widerstand eingesetzten Hauswarte gestanden hatten. Nichts war unbeobachtet geblieben, und nichts davon ist später vergessen worden. Und trotzdem hat es meistens die Falschen getroffen, als es zur Abrechnung kam, die Hauptschuldigen hatten sich längst auf und davon gemacht!

Kurz darauf bemerkten wir, daß die tschechischen Bewohner unseres Hauses und besonders unsere direkten Flurnachbarn begannen, Betten, Koffer, Stühle und sonstigen Hausrat in die unteren Luftschutzkeller zu schaffen. Unser kleines Häuflein der „sieben Deutschen", alle bei mir in der Wohnung, durfte das nicht! Wir waren also auch schon aus der Hausgemeinschaft ausgeschlossen.

Vom Fenster aus konnten wir sehen, wie in der Benediktsgasse Panzergräben ausgehoben wurden. Aus der Stadtmitte hörten wir pausenloses Schießen. Sämtliche Häuser unserer Straße und sicher in der ganzen Stadt waren mit tschechischen Wachen besetzt. Der Kampf lief an, offenbar gut organisiert und von langer Hand vorbereitet. Wir hörten von Herrn P. der trotz der Autorität, die er über uns hatte, und seines sehr ausgeprägten tschechischen Nationalbewußtseins menschlich der alte blieb und uns weiter über die Lage in Deutschland und die inzwischen erfolgte deutsche Kapitulation informierte, daß die Russen im Anmarsch auf Prag seien und die Rote Armee zusammen mit tschechischen Partisanen den Kampf gegen SS-Verbände und Wehrmachtseinheiten, die sich in den Friedhöfen von Wisotschan[36] festgekrallt hätten, begonnen habe.[37] In meiner Wohnung, die für sieben Menschen an sich nicht zu klein war, wurde es dennoch unerträglich. Zwar hatten wir genügend zu essen und fühlten uns zu dieser Zeit noch nicht echt bedroht, aber die Nervosität nahm stündlich zu und das beklemmende Gefühl, einfach eingesperrt zu sein, wuchs ständig. Wir versuchten, uns die Zeit mit Romméspielen zu vertreiben, aber immer wieder hörten wir von nah und fern Schüsse, Maschinengewehrfeuer und Detonationen. Das Öffnen der Fenster hatte man uns untersagt, und hinter den Gardinen war wenig zu sehen und zu beobachten, weil unsere Wohnung im zweiten Stock des Hauses lag. Ich selbst hatte genug mit meinem Jungen zu tun, der tagsüber beschäftigt sein wollte und wohl irgendwie seine tägliche Ausfahrt im Kinderwagen vermißte. Die Aufregung und die zermürbende Atmosphäre, das laute und beunruhigende Treiben um ihn herum übertrug sich auf das Kind. Das ständige Hin und Her von fremden Menschen von einem Raum in den anderen, die verbrauchte Luft, das viele Gerede mit oft heftigen und überreizten Wortwechseln in unserer sonst so stillen und ruhigen Wohnlichkeit machten ihn nervös, ungeduldig, weinerlich und nörgelich. Alles schien ihm zu mißfallen, so daß ich mich noch mehr als sonst mit seiner kleinen Welt befassen mußte, ebenso wie Erna und Hans Fuchs, die ihn beide sehr liebten. Erna Fuchs war Axels Patentante geworden, und so war vom ersten Tage seit seiner Geburt an eine ganz enge Bindung und Liebe zwischen den beiden entstanden.

Am Sonntag, es war der 6. Mai nachmittags, setzte ein mörderisches Flakfeuer ein; Tiefflieger sausten über unser Haus hinweg und ließen alles unter

---

[36]   Eingedeutschte Schreibweise, tschechisch: Wysocan.

[37]   Die tschechischen Aufständischen erhielten Hilfe von den in Böhmen liegenden Formationen der russischen Befreiungsarmee des General Wlassow, die, zusammengesetzt aus russischen Kriegsgefangenen, mit deutscher Unterstützung in der Nähe Prags seit Herbst 1944 Stellung bezogen und auf deutscher Seite gekämpft hatten, nun aber auf Befehl Wlassows die Aufständischen entlasten sollten. Am 9. 5. 1945 erreichten die Panzerspitzen der 1. Ukrainischen Front unter Konjew die Stadt, Dokumentation der Vertreibung, Bd. IV, 1, S. 57 ff.

sich erzittern. Ein panisches Erschrecken bemächtigte sich meiner Gäste. Selbst Erna, die immer eine wohltuende Ruhe ausstrahlte und die während des ganzen Krieges in Prag trotz mehrfacher Verwarnungen bei Fliegeralarm noch nicht einmal den Luftschutzkeller aufgesucht hatte, ergriff nun mit Hans ihre Koffer mit den Habseligkeiten, die jeder als Luftschutzgepäck bereithielt, um in den Luftschutzraum zu gehen. Die anderen taten dasselbe, und nur ich wollte eigentlich nicht mit in den Luftschutzkeller, weil Axel endlich einmal richtig fest eingeschlafen und ruhig war und nichts von den Schrecken um sich herum hörte. Erna ließ indes nicht locker, und so riß ich Axel aus dem Schlaf, nahm ihn in eine Decke, und mit dem schreienden Kind im Arm hasteten wir nach unten in die Kellergeschosse. Beim Abstieg von unserer Etage in den noch unter den allgemeinen Kellerräumen liegenden Luftschutzbereich krachte, brüllte und dröhnte alles um uns herum, so als ob das ganze Haus über, neben und unter uns einstürzen würde. Als wir wie von Furien gejagt und gehetzt glücklich den Luftschutzraum erreichten, empfing uns hier ein eisiges, feindliches Schweigen, haßerfüllte und drohende Blicke waren auf uns gerichtet. Alle tschechischen Hausbewohner einschließlich Frau P. mit Tochter, ebenso wie unsere halbjüdischen Flurnachbarn hatten sich in den Luftschutzräumen mit Betten, Stühlen, Tischen, Radio und einer Kochmöglichkeit recht häuslich eingerichtet. Sie waren wohl gleich zum Beginn des Aufstandes in die Kellerräume gezogen, wie vermutlich die meisten tschechischen Einwohner Prags. Platz machte keiner für die Deutschen, nur Herr P. blickte uns nicht unfreundlich an. Nachdem wir wartend und zögernd vor und im Raum herumstanden, faßte sich Herr P. ein Herz und wollte wenigstens für mich mit dem noch immer weinenden Kind auf den Armen einen Platz auf einer Holzbank frei machen lassen. Der nun entstehende Wortwechsel, in Tschechisch geführt, wuchs sich zu einem einzigen Protest gegen unsere Anwesenheit in dem Luftschutzraum aus, so daß wir es vorzogen, das Feld zu räumen und den Schutzraum zu verlassen, bevor es womöglich zu offenen Feindseligkeiten kommen würde. Herr P. wollte uns zwar in Schutz nehmen und betonte gegenüber den Tschechen in seiner Eigenschaft als Haus- und Luftschutzkommandant, daß auch wir das Recht hätten, im Keller zu bleiben. Trotzdem ließen wir uns nun nicht mehr zurückhalten und traten den Rückzug an. Herr P. kam noch einmal hinter uns her und empfahl uns jetzt doch nun auch selbst, unter den hier gegebenen Umständen vor weiterer Schutzsuche Abstand zu nehmen, ehe es zu möglichen Ausschreitungen gegen uns kommen könnte. Mir schlug bei diesen ganzen Vorkommnissen ein besonderes Maß an Haß und Ablehnung von unseren halbjüdischen Nachbarn entgegen. Der Grund war, daß sich bei ihnen allen die unerschütterliche Meinung festgesetzt hatte, daß mein Mann bei seinem letzten Heimaturlaub nicht die Uniform eines Heeres sondern die eines SS-Offiziers getragen habe. Wohl hat P., wie er mir später erklärte, das alles nachher noch richtigstellen können, doch war jetzt die allgemeine Stimmung gegen alles Deutsche schon so angeheizt, daß selbst die Einsicht in solche Irrtümer an der blind und pauschal urteilenden Grundeinstellung so gut wie nichts ändern konnte. Meine Erlebnisse in dem Luftschutzraum nahmen mir jedenfalls die letzten Illusionen und ließen uns jetzt ganz klar erkennen, daß aus früher höflich und freundlich auftretenden Nachbarn in nur wenigen Tagen zuerst zurückhaltende, dann ablehnende und schließlich feindselige Menschen geworden waren.

Begleitet von ohrenbetäubendem Flugzeuglärm und der Schießerei ganz unmittelbar in unserer Nähe, so hörte es sich für uns an, erreichten wir unsere Wohnung und kauerten uns eng aneinander, gingen in eine nicht vorhandene, eingebildete Phantomdeckung, und duckten uns instinktiv, wenn die Flieger ganz nahe über das Dach des Hauses dröhnten oder die Flak oder die Bordgeschütze krachten und feuerten. Wir hörten das Prasseln und Aufschlagen der Flaksplitter auf unser Mietshaus. Es war ein höllisches Getöse und ein Todesschrei über der Stadt, wie aus der Ewigkeit, die auf mich zukam und mich umfangen wollte! Als das Getöse und Gebrüll aus der Luft anfing etwas nachzulassen, hörte man jetzt eine wilde Ballerei auf der Straße, die sicher schon früher begonnen hatte und vom Krachen aus der Luft übertönt worden war. Langsam fingen wir uns aber trotz allem wieder etwas, und die Todesangst ließ nach. Man gewöhnte sich an den Gedanken, daß wir ohne Schutz und einfach dem Zufall oder dem Schicksal ausgeliefert waren. Die Zeit lief weiter, obwohl der Tag nie zu Ende zu gehen schien. Wir lauschten, horchten, grübelten, aßen und tranken, spielten mit dem Kind, lehnten uns gegen alles auf, suchten einen Ausweg, den es nicht gab, fühlten uns eingesperrt und gefangen, stumpften ab, wurden reizbar und ungerecht und warteten auf einen nächsten Tag. Der kam, es war der Montag, aber er brachte nichts Neues; nur wurde die Situation innerhalb der Wohnung durch das Zusammenleben mit den uns nahezu fremden drei Menschen, die man zu uns gesperrt hatte, mit der Zeit immer drückender und angespannter, ohne daß sich trotz allen guten Willens daran etwas ändern ließ.

Am Dienstag Morgen hörte endlich der Kampflärm auf, und vom Fenster aus sahen wir jetzt auf völlig menschenleere stille Straßen. Am Abend klingelte es dann endlich wieder einmal an meiner Tür, aber dieses Mal war es für uns wie ein Aufatmen, weil wir hofften, daß das dumpfe, ausweglose Warten nun ein Ende finden würde. Es war unser Hausmeister, Herr P., der sehr aufgeregt in unsere Wohnung kam und berichtete, daß der tschechische Nationalrat mit den deutschen Kommandostellen über einen Waffenstillstand verhandelt hätte. Um 22 Uhr sollte das Feuer eingestellt werden und die deutschen Truppen sollten, bevor die Rote Armee in Prag einmarschierte, in der Nacht, vom 8. zum 9. Mai abziehen, ebenso die Angehörigen deutscher Dienststellen. Die Zivilbevölkerung, vor allem Frauen und Kinder, sollten dagegen unter dem Schutz des Internationalen Roten Kreuzes in Prag zurückbleiben.

Diese Nachricht beglückte uns so, daß ich Gläser und die letzte Flasche Cognac in die Küche holte, wo wir jetzt alle einigermaßen erleichtert beisammenstanden oder saßen und uns zutranken. Frau P. kam kurze Zeit später ebenfalls zu uns und brachte ihren Schwager mit, der als Partisan selber an den

Straßenkämpfen in der Innenstadt teilgenommen hatte. Von ihm hörten wir viel über die Kämpfe in Prag, ohne aber alles zu glauben. Es war ein recht harmonisches Bild in meiner Küche, wir alle traulich vereint und erleichtert, dazu die Erzählungen des Partisanen von den nun glücklich überstandenen Kämpfen. Die Enttäuschung, daß nicht die Amerikaner, sondern die Russen nach Prag kommen würden, brach jedoch immer wieder durch. Es schien uns unfaßlich, daß die Amerikaner in Pilsen Halt gemacht hatten, um den Russen den Vortritt zu lassen. Auch die Tschechen verbargen ihre Enttäuschung nicht, sie hatten ebenso wie wir ihre ganze Hoffnung auf die Amerikaner gesetzt. Wer konnte schon wissen, was in Jalta vereinbart und festgeschrieben worden war![38] Meine Cognacflasche war leer getrunken, aber die gemeinsame Sorge und Ungewißheit über unser aller Zukunft hatte uns in dieser Stunde menschlich so nahe gebracht, daß Herr P. ganz spontan in seine Wohnung ging, um eine neue Flasche zu holen. Während wir diese zusammen leerten, wagte ich nun auch, nach meinem Radio zu fragen, dessen Rückgabe mir Herr P. versprochen hatte, wenn die Kämpfe in Prag beendet wären. Er ging abermals in seine Wohnung und kam mit einem uralten Radioapparat, nur nicht mit unserem ‚Phillips‘ zurück. Wir durchschauten wohl sein Tun, ließen es aber auf sich beruhen und waren in diesem Moment überglücklich, durch den alten Radioapparat, den wir allein seiner menschlichen Hilfe verdankten, jetzt wieder Kontakt mit der Um- und Außenwelt aufnehmen zu können. Nachdem uns unsere tschechischen Gäste wieder verlassen hatten, es war schon ziemlich spät geworden, fingen wir sogleich an, mit dem Radio verschiedene Rundfunkstationen abzuhören. Unsere Nachrichtenlieferanten, wie BBC und Beromünster waren mit dem alten Gerät nicht mehr zu hören, es blieben nur Sender im Prager Raum in tschechischer Sprache. Die Nachrichten waren ziemlich spärlich und undurchsichtig, wir bekamen jedoch mit, daß der Krieg in Deutschland zu Ende war und man in Prag eine Waffenruhe vereinbart hatte. Um 22 Uhr sollte das Feuer eingestellt werden. So etwa hatte es uns ja auch unser

---

[38] Territoriale Fragen wurden erst auf der Konferenz von Potsdam (17.7.–2.8.1945) entschieden. Präsident Edvard Beneš berichtete allerdings in seinen Memoiren, bereits auf der Konferenz von Teheran (18.11.–1.12.1943) sei festgelegt worden, daß die Tschechoslowakei Besatzungsgebiet der Roten Armee werden sollte. Aus den Dokumenten ist dies allerdingst nicht ersichtlich. Der sowjetisch-tschechoslowakische Vertrag mit der Exilregierung vom 12.12.1943 besiegelte die „eindeutige und freiwillige Unterordnung" in den Machtbereich der Sowjetunion, Klaus-Dietmar Henke, Der Weg nach Potsdam – Die Alliierten und die Vertreibung, in: Wolfgang Benz (Hrsg.), Die Vertreibung der Deutschen aus dem Osten. Ursachen, Ereignisse, Folgen, Frankfurt a.M. 1985, S. 63. In den Verhandlungen zwischen dem alliierten Oberbefehlshaber General Eisenhower und dem sowjetischen Generalstabschef General Antonow am 4. Mai 1945 stimmte die Sowjetunion nur einem amerikanischen Vorstoß bis zur Linie Karlsbad-Pilsen-Budweis zu, vgl. Forest C. Pogue, United States Army in World War II. The European Theater of Operations. The Supreme Command, Washington 1967, S. 469. Endgültig festgelegt worden sei diese Linie, nach Angaben General Pattons, am 6.5.1945, Dokumentation der Vertreibung, Bd. IV, 1, S. 33 ff.

Hausmeister erzählt. Unser persönlicher Eindruck war, daß niemand in der Welt so recht wußte, was zur Stunde in Prag vorging. Fest stand, daß die deutschen Truppen in Prag und im gesamten Protektorat entwaffnet worden waren. Übermüdet von all den Aufregungen und Ereignissen der schon hinter uns liegenden Tage und Nächte legten wir uns alle recht bald zur Ruhe.

Der nächste Tag schleppte sich bis zum Nachmittag hin, ohne daß sich irgend etwas Besonderes tat. Dann erschien wiederum der Hausmeister bei uns und gab bekannt, daß der Krieg nun wirklich vorbei sei und die Deutschen endgültig besiegt wären. Die deutsche Wehrmacht hätte freien Abzug nach Deutschland, und das Internationale oder Deutsche Rote Kreuz würde den Abtransport der noch in Prag zurückgebliebenen deutschen Zivilbevölkerung übernehmen. Wir alle waren wie elektrisiert und nun jetzt voller Hoffnung auf ein gutes Ende für alle! Außerdem wußte Herr P., daß die nächste Rote-Kreuz-Dienststelle ganz in unserer Nähe in der Hyberna-Kaserne sei. Ich machte mich sofort mit meiner Wohnungsmitbewohnerin Fräulein K. aus Mähren auf den Weg zum Hyberna-Platz, um die Lage zu ergründen und Einzelheiten über den Abtransport in Erfahrung zu bringen. Auf den Gassen und Straßen herrschte reger Betrieb, überall standen Gruppen und Grüppchen friedlich beisammen und unterhielten sich, ohne Notiz von uns zu nehmen. Wir eilten hastig an ihnen vorbei und rannten durch die Kotva-Passage, die von Glasscherben übersät war. Kein einziger Laden in dieser Geschäftspassage hatte heile Fenster und Türen. Die Spuren von heftigen Kämpfen waren unübersehbar, Einschüsse überall, weggerissene Mauern, zerbombtes Eisen, gesplittertes Holz und aufgerissene Bombenlöcher. Dann traten wir auf den Hyberna-Platz und sahen voller Entsetzen auf die stark in Mitleidenschaft gezogene Kaserne der Prager Regierungstruppen, die da stationiert waren. Die Häuser rings heraum standen noch, wenn auch teilweise nur noch Ruinen oder durch Geschosse übel zugerichtet. Als wir durch die Toreinfahrt der demolierten Kaserne kamen, bot sich uns ein wirres Bild. Eine dicht gedrängte Menschenmenge umstand einige Personenwagen und kleine Lastkraftwagen, dazwischen deutsche Soldaten, Verwundete, Offiziere ohne Rangabzeichen und Rote-Kreuz-Schwestern. Ein paar Schüsse krachten, Stimmen brüllten, Menschen schrieen, Befehle gingen unter. Die Wagen waren vollgestopft und überladen mit Frauen und Kindern, und immer mehr drängten und schubsten sich heran, um auf oder in die Wagen hinein bzw. hinaufzukommen. Angeordnet war, daß nur Frauen und kleinere Kinder, Alte und Kranke mitfahren sollten und durften.

Und nun sahen wir fassungslos und bestürzt, wie Männer in Zivil und in Uniform sich gewaltsam Platz verschaffen wollten, indem sie Frauen und Kinder rücksichtslos von den LKW's zogen, um diesen Platz selber einnehmen zu können. Das mußten einige Männer mit dem Leben bezahlen, indem sie einfach wieder vom Wagen heruntergeschossen wurden! Von wem? Ich weiß es nicht. Wer hatte eine Waffe? Ich weiß es nicht! Meine Begleiterin und ich sahen diesen Vorgang mit entsetzten Augen. Damals wie heute noch schäme ich mich für Würdelosigkeit, Gemeinheit und Brutalität solcher Männer, die in der Stunde gemeinsamer Not nur an sich dachten um ihr eigenes erbärmliches Leben zu retten und bedenkenlos Frauen, Kinder und Gebrechliche zu opfern bereit waren! Nachdem, was hier vorging und geschah, sah ich für uns selbst keine Möglichkeit unter dem Schutz des „Roten Kreuzes" heil aus Prag heraus-zukommen.

An einer anderen Stelle des Kasernenplatzes wurde ein Trupp zum Fuß-marsch in Richtung Pilsen zusammengestellt, es waren überwiegend entwaffne-te Soldaten des Heeres, denen sich die deutsche Zivilbevölkerung anschließen konnte, soweit sie marschfähig und gut zu Fuß war. Mitten in dem Menschen-gewühl traf ich einen deutschen Bekannten, der sich vollkommen verändert zeigte. Er schien sein zivilisiertes ‚Ich' in diesen wenigen Revolutionstagen verloren zu haben. Müde, mürrisch und vollkommen apathisch gab er mir auf meine Frage nach seiner Familie zur Antwort: „Sie sind alle zerplatzt." Wie ich nach Jahren später zufällig erfuhr, ist er wirklich als einer der wenigen mit dieser Marschkolonne bis Pilsen gekommen und schon in kurzer Zeit in die Heimat gelangt. Was mit seiner Familie wirklich geschehen ist und was sich zugetragen hat, ist mir nicht bekannt.

Nach diesem Erkundungsgang zur Hyberna-Kaserne stand für mich der Ent-schluß fest, einfach alles abzuwarten und nichts zu unternehmen, was weitere Gefahren heraufbeschwören könnte. Mit einem 17 Monate alten Kleinkind und einer kränklichen und sehr zarten Erna und ihrem herzkranken Hans konnte ich uns nicht ins Ungewisse führen. Wir blieben also alle weiter in meiner Wohnung und versuchten stark genug zu sein, um alles in Ruhe auf uns zukommen zu lassen. Fräulein K. schloß sich meiner Ansicht an und ging mit mir nach Hause.

In der Nacht wurde ich plötzlich wieder durch scharfe Schüsse in unmittelba-rer Nähe und pausenloses Maschinengewehrfeuer geweckt. Das ließ ahnen, daß die Abmachungen offensichtlich nicht eingehalten worden waren und er-neut Kämpfe stattfanden.[39] Das mußte schlimme Folgen haben! Gegen Mor-gen wurde es dann aber wieder still und alles blieb ruhig im Hause und auf den Straßen und Gassen der naheliegenden Innenstadt. Wir standen früh wie im-mer auf; Hans wurde zunächst mal vor die Haustür geschickt, um die Lage in unserer Gasse zu kontrollieren und zu sehen, ob die Geschäfte in unserer unmittelbaren Umgebung geöffnet hätten. Er stellte fest, daß alles normal ablief. Ich ging nun mit Einkaufstasche, Milchflasche, Geldbörse und Lebens-mittelkarten in mein Stammgeschäft in der Kotva-Passage. Der Ladeninhaber war höflich, zuvorkommend und nett wie immer, schnitt die Abschnitte für Butter, Brötchen und Milch von der Lebensmittelkarte ab, gab mir die Ware in meine Tasche, ich bezahlte und ging beschwingt und erleichtert nach Hause. Nichts, so schien es, hatte sich nach dem Aufstand geändert. In meiner Woh-

---

[39]   Auch nach der Kapitulation kamen Schießereien mit versprengten deutschen Solda-ten immer wieder vor, vgl. auch die Aufzeichnungen von Margarete Schell, Dokumenta-tion der Vertreibung, 2. Beiheft, S. 13.

nung hatten sich inzwischen alle mit der Vorbereitung für ein gutes Frühstück befaßt, als ich mit meinen Sachen zurückkam. Ein angenehmer Duft von Bohnenkaffee, den einer meiner Gäste als Geschenk beim Einzug mitgebracht hatte, kündigte sich an, der Tisch in der Küche war schon gedeckt; alle standen nun erwartungsvoll herum und warteten hungrig auf das Frühstück. Ich packte meine Sachen aus und legte sie auf den Tisch, die Butter noch im Papier, altes Brot und frische Brötchen im Korb neben Marmelade und Honig. Sobald das Kaffeewasser kochte, konnten wir mit dem Frühstück, auf das wir schon ungeduldig warteten, beginnen. Plötzlich, wir fuhren alle erschrocken zusammen, schrillte die Glocke an unserer Wohnungstür. Ich lief hin und öffnete. Vor mir stand Herr P. mit einem tschechischen Partisanen in Uniform und zwei halbuniformierten Tschechinnen.[40] Sie verlangten die junge Volksdeutsche aus Mähren, die ja bei mir in der Wohnung war, zu sprechen. Ich rief Fräulein K. herbei. Es entstand ein aufgeregter Wortwechsel in tschechischer Sprache, die sie als Protektoratsdeutsche perfekt beherrschte, und ehe sie und ich es so recht begriffen, wurde sie unwirsch aufgefordert, wie sie ging und stand, ohne Mantel, Tasche, Papiere und Geld mitzugehen. Wohin, das wußte ich nicht, und Herr P., unser so verständnisvoller Hausmeister, sprach nun nicht mehr privat mit uns, bzw. durfte es wohl nicht mehr! Das junge Mädchen haben wir nie wieder gesehen! Unsere Stimmung war nach diesem Vorfall sehr gedrückt. Ich schaute nach dem Jungen, er schlief noch immer, obwohl es schon 9 Uhr war. Als wir nun endlich mit unserem verspäteten Frühstück anfangen wollten, Erna hatte gerade den Kaffee eingegossen, klingelte es erneut an der Entreetür. Ich lief hin, um zu öffnen, da wurde schon mit einem harten Gegenstand wie rasend und mit aller Wucht von draußen gegen die Tür geschlagen. Ich riß erschrocken die Tür auf und blickte in ein auf mich gerichtetes Gewehr und in ein freches Gesicht, wieder als Symbol der poltischen Gesinnung die rote Nelke im Mund. Der Partisan stieß mich roh beiseite, so daß ich an die Wand flog, hinter ihm stand ein bescheiden aussehender Zivilist, der nur zögernd in die Wohnung folgte. Der Partisan riß die Tür zu dem Zimmer auf, in dem mein Junge schlief. Durch den Lärm aufgeweckt, fing das Kind an, jämmerlich zu schreien. Der Partisan schrie dagegen und bedrängte mich wegen versteckter Waffen, die ich ja aber nicht mehr hatte. Er machte sich nun auf die Suche danach, riß alle Schubfächer und Schränke in den Räumen auf, durchwühlte alles, warf das Zeug auf den Fußboden und fluchte fürchterlich dabei, rollte die Augen und drohte lautstark, immer mit der Nelke im Mund, die seinem Gesicht einen etwas milderen Ausdruck verlieh, meine ich! Er sah dann eine Aktentasche auf dem Schreibtisch liegen, schüttete mir den Inhalt, Papiere und

---

[40] Bei den uniformierten Tschechen handelte es sich vermutlich um Mitglieder der Revolutionsgarde, die nach dem 8. 5. 1945 das gesamte Prager Stadtgebiet besetzt hatten und nun noch diejenigen Deutschen, die während des Aufstandes in ihren Wohnungen verblieben waren, abholten und internierten, Dokumentation der Vertreibung, Bd. IV, 1, S. 61.

Korrespondenzen, vor die Füße und rannte mit der Aktentasche in die Küche, musterte schnell den Frühstückstisch, befahl, ihm die Butter, auch Semmeln und eine auf dem Tisch liegende Schachtel Zigaretten in die Tasche zu packen, und ging auf den Korridor. Dort entdeckte er jetzt erst einen eingebauten Wandschrank, in dem Schuhe und Stiefel von meiner kleinen Familie aufbewahrt wurden. Er nahm das beste Paar Schuhe meines Mannes heraus und probierte sie an. Weil sie jedoch für ihn zu klein waren, schleuderte er sie voller Wut an die Wand, zog seine eigenen Schuhe wieder an und stürmte, noch immer die Nelke im Mund, zur Tür hinaus. Der Zivilist, um den sich weder der Partisan noch wir alle gekümmert hatten, stand plötzlich neben mir und flüsterte mir zu: „Keine Angst haben, es geschieht Ihnen nichts". Und damit verschwand auch er!

Der Bohnenkaffee war inzwischen kalt geworden, das Frühstück wollte nicht mehr schmecken, die einzige Freude war der Junge, der abgefüttert und mit seinem strahlenden Kindergesicht Licht und Sonnenschein in unsere trübsinnige Stimmung brachte. Während wir so, noch zögernd und unschlüssig, vor dem Frühstück saßen, wurden wir erneut durch ein herausforderndes Klingeln aufgeschreckt. Herr P. kam zum letzten Mal mit fremden tschechischen Männern in die Wohnung und forderte uns alle auf, die Wohnung in zehn Minuten mit leichtem Handgepäck zu verlassen, da wir vom Roten Kreuz nach Deutschland abtransportiert würden. Meine in meiner Wohnung stationierten Gäste, Fuchsen's und die Kölnerin mit Tochter, durften nicht mehr in ihre Wohnungen. Ich selbst weiß heute nicht mehr, was ich in den uns zugestandenen zehn Minuten zuerst gemacht habe. Mit fliegenden Händen zog ich jedenfalls Axel an, suchte etwas Wäsche, Windeln, und Kleidung für ihn und mich zusammen, lief auf den Balkon, wo ich die noch nicht trockenen Windeln abnahm, und schaute noch einmal auf die vertrauten Dächer der gegenüberliegenden Häuser, als schon jemand neben mir zur Eile drängte. Zum Glück fielen mir im letzten Augenblick die von mir aufgehobenen und auf den Schreibtisch gelegten Papiere, Dokumente und Personalunterlagen ein, die mir der Partisan ja so unmittelbar vor die Füße geschleudert hatte, um sich die Aktentasche anzueignen. Mein kleiner Luftschutzkoffer stand mit Geld, Schmuck und anderen wertvollen Dingen bereit, ebenso der andere Koffer mit Wäsche und Kleidung, so daß ich sie nur an mich zu nehmen brauchte, außerdem zog ich mir meinen Pelzmantel über meine „Reisekleidung", obwohl draußen hochsommerliche Temperaturen herrschten. Nun war ich abreisefertig und ging zu den anderen, die schon marschbereit auf mich warteten. Axel, mein Goldjunge, stand an der Hand von Erna in seinem viel zu großen Mäntelchen da, irgendwie bedauernswert mitten in der Aufbruchstimmung. Als ich ihn so vor mir sah, fiel mir plötzlich ein, daß ich unbedingt noch etwas Eßbares mitnehmen müßte. Ich lief in die Küche und nahm für uns, aber besonders für das Kind, einige Lebensmittel aus dem Büfett und der Speisekammer und verstaute alles in einer großen Einkaufstasche. Jetzt fiel mein Blick auf den noch fast unberührten Frühstückstisch, und ich konnte einfach nicht widerstehen, hastig eine Tasse Kaffee einzugießen und zu trinken. Wie ein Schatten stand auch jetzt einer der Tschechen neben mir und meinte: „Das ist richtig, dieser Kaffee wird Ihnen bestimmt guttun." Und dieser schon kalte Kaffee war dann auch der letzte Genuß, den ich als einzige mir noch verschaffen konnte, und er hat mich, so glaube ich heute noch, in der Tat etwas mutiger, hartnäckiger und entschlossener gestimmt. Da jetzt alles sehr drängte, ging ich eilig zu den anderen. Ein letzter Blick umfaßte liebevoll mein Zuhause, mein Heim, meine kleine Welt, dann jagte man uns für immer hinaus. Ganz selbstverständlich wollte ich für den erst 17 Monate alten Jungen den in der Diele stehenden Kindersportwagen mitnehmen, um Axel dann auf der Straße hineinzusetzen. Das wurde mir barsch untersagt; der Junge brauche ja nur ein kleines Stück zu laufen bzw. konnte von mir getragen werden, um zum Rot-Kreuz-Transport zu gelangen. Sogleich nahm ich den Jungen auf den Arm, und mit einer keineswegs unterwürfigen Geste deutete ich Herrn P. an, für mich nun meine Koffer die drei Treppen nach unten zu tragen. Er zögerte, die Tschechen drängten zur Eile, und der liebe, gute P. nahm schließlich klammheimlich das Gepäck und schaffte es nach unten. Ich mußte meine Wohnungstür verschließen und die Schlüssel den Männern übergeben. Versiegelt wurde die Wohnung nicht, jedenfalls nicht in meinem Beisein! Unten im Treppenhaus, wo der Hausmeister das Gepäck hingestellt hatte, streckte ich ihm meine Hand zum Abschied hin, den Mut sie zu nehmen, hatte er dann aber in Gegenwart der anderen Männer und seiner neben ihm auftauchenden Frau, die sich schon sehr deutschfeindlich aufführte, nicht mehr. Als wir auf unsere Benediktsgasse traten, stand ein paar Meter vor unserem Haus mitten auf der Straße ein kleiner Trupp deutscher Frauen und Kinder mitsamt „einem" alten Mann, bewacht von einem Partisanen mit geschultertem Gewehr und umgeschnallter Pistole. Nun wurden wir zu diesem Haufen auf die Gasse gestoßen, und die auf den Bürgersteigen stehenden Tschechen überschütteten uns nicht nur mit haßerfüllten Blicken, sondern schon mit geballten Fäusten und Schimpfworten. Hartes, grelles Lachen und die ersten körperliche Angriffe bedrohten und verängstigten uns ohne Ausnahme. Es war für uns etwas so Unerwartetes und Unbegreifliches, daß dieser aufgestaute Haß nun uns galt und wir ihn einfach über uns ergehen lassen mußten.

Wir glaubten, schon unendlich lange auf der Stelle gestanden zu haben, bis sich endlich unser Wachtposten an der Spitze des Zuges mit uns in Marsch setzte. Wir waren ungefähr 15 Menschen, und plötzlich waren auch rechts und links und hinter uns Wachen mit Waffen zur Stelle. Es war schon schrecklich heiß an diesem Maimorgen. Erna und ich hatten für den angekündigten Transport nach Deutschland über unsere Mäntel noch die Pelzmäntel gezogen, dazu kamen das Gepäck, der nicht so leichte Junge auf dem Arm und die Aufregung, die Angst und ein langsam erwachendes Mißtrauen über das, was man mit uns vorhatte; es war wirklich kein Wunder, daß uns der Schweiß aus allen Poren brach. Unser Zug wurde durch die Kotva-Passage geführt und schwenkte dann auf die Revolutionsstraße (s. Zt. in Berlinerstraße umbenannt) in Richtung Hyberna-Platz ein. Es waren schon sehr viel Menschen auf der Straße. Die ersten Steine flogen uns entgegen, aus den Fenstern und Türen wurden Gegenstände auf uns geworfen, und wir wurden angespuckt, gestoßen und geprügelt, wobei sich fast ausschließlich die tschechischen Frauen hervortaten. Wie eine Erlösung erschien es uns, daß wir, wenn auch sehr langsam auf die andere Seite zur Hyberna-Kaserne geführt wurden, die ich ja am Tage davor schon kennengelernt und erlebt hatte. Als wir das Eingangstor zur Kaserne gerade erreichten – es war noch sehr früh am Vormittag, und wir waren, wie sich später herausstellte, mit die ersten, die in unserem Wohnbezirk inhaftiert und eingesperrt wurden, stürzte sich ein Haufen Männer und Frauen auf uns, sie schlugen wild auf uns ein, rissen uns die Mäntel vom Leib und beförderten uns mit Fußtritten durch das Tor bis auf den Kasernenhof. Hier hatte sich das Bild, das ich vom Vortage in Erinnerung hatte, sehr verändert. Überall standen Trupps Deutscher mit Gepäck, Kindern und Handwagen herum, bewacht von uniformierten Tschechen. Vom Roten Kreuz und von Rotkreuz-Transportwagen war weit und breit nichts zu sehen. Die Sonne schien erbarmungslos heiß auf uns herunter, Kinder weinten und ebenso auch Frauen. Nach sehr langer Zeit wurden wir in einen von Bomben halb zerstörten Gebäudeteil getrieben. Auf einem Gang waren rechts und links Tische aufgestellt, an denen Tschechinnen in Zivil mit einer Rote-Kreuz-Armbinde saßen, zusammen mit tschechischen Soldaten. Sie plauderten und rauchten. Endlich fingen sie an, unser Gepäck zu untersuchen und zu filzen. Von unserer Gruppe aus der Benediktsgasse, die weiter eng zusamenhielt, war ich die erste, die an den einen Tisch herankommandiert wurde. Meine Koffer riß man mir aus der Hand, knallte sie auf den Tisch, brach die Kofferschlösser mit einem Metallgegenstand auf, und durchwühlte den ganzen Inhalt. Alles Brauchbare wurde aussortiert und weggenommen: Seife, Strümpfe, Unterwäsche, das wenige Eßbare, selbst Zwieback, Keks und sonstige Kindernahrungsmittel für den Jungen, natürlich auch Zigaretten und Streichhölzer, ebenso Nagelschere und Nagelfeile. Ich starrte jetzt auf das, was hier gemacht wurde und geschah, und wußte noch immer nicht, warum! In diesem Augenblick schrie Axel laut auf, und, um ihn zu beruhigen, sagte ich zu ihm: „Sei doch still, es tut dir hier doch kein Mensch etwas". Die Tschechin, die sich so intensiv mit meinen Sachen beschäftigte, brüllte mich nun an: „Du bist kein Mensch, Du bist ein Tier". Damit nahm sie meine Koffer und die Tasche und schüttete mir den noch darin verbliebenen Inhalt vor die Füße. Dazu ein Tritt unterhalb der Gürtellinie und die nächsten hinter mir Stehenden, es waren Erna und Hans, kamen dran. Tränen der Wut stiegen zum ersten Mal in mir hoch und mit zitternden Händen raffte ich alles vom Fußboden zusammen und stopfte es wahllos in Koffer und Tasche. Dann wurden wir in einen großen Raum bugsiert, der vollgestopft von Frauen und Kindern mit den ihnen verbliebenen Habseligkeiten war. Ich suchte für uns in dieser Enge einen Platz für unser Gepäck, und wir setzten uns erst mal dort hin. Sogleich bemühte ich mich, Ordnung in meine Sachen zu bringen, verdeckt und unauffällig, weil überall die tschechischen Wachen umherzogen, und alle und alles beobachteten. Zuerst fand ich ein Stück Brot und dann, ich konnte es kaum fassen, hielt ich meinen Geldbeutel in der Hand, in dem sich viel Geld, wichtige Dokumente und mein Schmuck befanden. Das war einfach nicht zu glauben. Erna hatte man alles Wertvolle weggenommen, sie war so arm dran, wie all die anderen neben, hinter und vor uns. Sie alle klagten an, weinten und waren verzweifelt und niedergeschlagen. Die Stimmung war gedrückt, und wir waren in großer Sorge, was auf uns nun zukommen würde.

Als Internierungshäftling in der Prager Hyberna-Kaserne

Durch die Tür wurden immer neue Menschen, deutsche Frauen und Kinder, in den schon restlos überfüllten Raum gedrängt. Dann erschien eine Tschechin mit Rot-Kreuz-Binde, sie war von ungewöhnlich kräftiger, großer Gestalt und überragte alle. Mit schriller Stimme schrie sie den Befehl in die Menge: „Sämtlicher Schmuck – außer Eheringe –, Uhren und Wertgegenstände sind sofort abzuliefern später erfolgt Rückgabe. Wer der Anordnung nicht Folge leistet, wird schwer bestraft." Schon schwang sie ein großes Tablett über die Köpfe hinweg und die ihr am nächsten Stehenden legten widerstrebend, aber gehorsam, eingeschüchtert und ängstlich ihre Wertsachen darauf. Wir standen und saßen ungefähr in der Mitte des Raumes. Für mich stand fest, daß man mich nur mit Gewalt dazu bringen würde, meine mit sehr viel Glück in dem Geldbeutel gerettete Habe abzugeben. Ich legte daher zunächst einmal nichts auf das Tablett. Erna hatte man bis auf ihre Uhr, den Ehering und einen Ring, der von besonderem ideellen Wert für sie war, alles genommen. Sie gab nun auch noch ihren kleinen geliebten Ring her und auch Hans legte seine Armbanduhr auf das Tablett. Ich meinerseits zog nach einigem Zögern dann schließlich meinen Ehering vom Finger und legte ihn scheinheilig dazu. Sofort wurde er mir zurückgegeben, entsprechend der kurz davor verkündeten Verlautbarung. Später hörten wir allerdings, daß nachher auch Eheringe kassiert worden sind. Fast gegen Ende der Aktion schüttete eine Dame im mittleren Alter aus einem schwarzen Strumpf ihren sehr wertvollen Schmuck auf den Haufen; sie tat es nicht verängstigt, sondern eher resigniert und mit einer Gestik, die wohl besagen sollte: „Ihr könnt alles nehmen, was ich habe, ich gebe es, nur laßt mich raus und fort von hier." Das Tablett der langen Tschechin war nach dieser gespenstischen Kollekte übervoll. Gold, Uhren, Brillanten, Ohrringe und Perlen lagen wie im Märchen von Tausend und einer Nacht auf dem Holztablett. Als die Tschechin danach mit ihrer Beute verschwand, versuchte ich unauffällig meine geretteten Sachen so gut wie möglich in/und unter meiner Kleidung und in meinem Gepäck zu verstecken.

Mit der Zeit wurde unsere Lage immer unerträglicher. Die Hitze in dem total überfüllten Raum steigerte sich ständig. Alles Gejammere und Wehklagen, das Weinen, Lamentieren und Schimpfen konnte aber nichts an unserer erbärmlichen Situation ändern. Wir hatten, gottergeben oder nicht, nur zu hoffen, daß sich irgendwie oder irgendwann doch noch etwas Positives ereignen würde. Langsam stellten sich bei allen Zusammengedrängten ein quälender Hunger und ein unerträgliches Durstgefühl ein, besonders bei den Kindern, die es sowieso nicht verstanden, warum wir hier eingesperrt worden waren. Axel gab ich ein Stück Brot, wir drei verzichteten und ignorierten so den Hunger und schonten die kleine eiserne Reserve dadurch. Nach Stunden, es muß so gegen 1 Uhr mittags gewesen sein, brüllte ein Soldat in den Raum: „Alles raus, mit Gepäck draußen antreten." Wir quetschten uns schiebend hinaus und standen wieder auf dem Kasernenhof, der nun vollgestopft mit Deutschen war. Und immer neue Deutsche wurden von der Straße her in größeren und kleineren Gruppen hereingetrieben und landeten auf dem Kasernenhof. Fast alle, die jetzt kamen, waren blutig geschlagen; den Frauen hatte man die Haare abgeschnitten, und die wenigen Männer, die sich darunter befanden, hatten zum Teil blutunterlaufene Augen, zerfetzte Kleidung und boten insgesamt einen trostlosen Anblick. Unser Trupp wurde nach kurzer Zeit zu einem abseits gelegenen zerschossenen Gebäude innerhalb des Kasernenbereichs geführt. Vor dem Eingang mußten wir stehen bleiben und wurden dann einzeln genau nach Waffen untersucht; zu diesem Zweck kontrollierte man das Gepäck und nahm eine Leibesvisitation vor. Vorher versteckte ich noch schnell meine geretteten Schätze bei Axel und Erna. Wir betraten die zerschossene Reithalle bzw. Reitschule der Hyberna-Kaserne. Das Dach war zum größten Teil zerstört und von Einschüssen durchlöchert. Fensterscheiben gab es nicht mehr in der Reithalle, sie waren bei den Kampfhandlungen der letzten Tage kaputt gegangen oder zerschossen worden. Der Boden der Reithalle war ein Gemisch von Erde, Pferdemist und Abfällen aller Art. Als wir die Reithalle betraten, waren schon ungefähr 20 Deutsche dort, sie hatten sich in die äußerste Ecke der Halle verzogen. Wir gesellten uns zu ihnen und setzten uns auf unser Gepäck. Bis zum Abend wurden pausenlos Deutsche in die Reithalle getrieben, und durch das andauernde Herumtrampeln großer und kleiner Füße war die Halle mit ihrem losen Boden in eine ständige Staubwolke gehüllt, die wegen der darauf brütenden Hitze auch durch das nur teils offene Dach nicht abziehen konnte. Die Kehle war uns allen wie ausgetrocknet, die Augen brannten und der Durst und der Hunger fingen an, quälend zu werden. Aus der Halle durfte niemand heraus. Seine Notdurft mußte man nach vorher einzuholender Erlaubnis in Rudeln und allen Blicken ausgesetzt in einem offenen Holzschuppen verrichten. Zum Abend wurde dann zusätzlich noch ein direkt im Reitstallgebäude befindliches Klo freigegeben, das aber, nachdem die Menschenmenge in dem Gebäude inzwischen auf zwei- bis dreitausend Gefangene angestiegen war, bald so verdreckte, daß man besser den offenen Holzschuppen benutzte.

Langsam senkte sich der Abend auf diesen einfach nicht zu beschreibenden, ereignisreichen Tag, und die Dunkelheit fiel herein. Jeder versuchte, einen Platz für die nun beginnende Nacht zu finden und sich eine mehr oder weniger bequeme Schlafstelle zu erobern. Es war sehr schwierig; an ein ausgestrecktes Flachliegen auf dem Boden war nicht zu denken, weil wir ja schon so dichtgedrängt beieinander saßen. In der Mitte der Reithalle wurde ein breiter Gang freigehalten, auf dem die tschechischen Wachen auf- und abpatrouillierten. Wir hatten zum Glück eine Kinderdecke im Gepäck, die wir nun für den Jungen herausnahmen, damit wenigstens er ein warmes Lager bekam. Er schlief wohl einfach vor lauter Übermüdung wider Erwarten schnell ein, während die meisten Kleinkinder brüllten, weinten und laut schrien. Es gab beispiellose und unglaubliche Szenen. Mütter stillten ihre Säuglinge und legten sie trocken, andere trugen ihre Kinder, die jammerten, hin und her, einige Kinder wurden geschlagen, damit sie aufhören sollten zu greinen; die Nerven waren zum Zerreißen gespannt, und manche Menschen drehten schon in dieser ersten Nacht durch. Alte und Kranke, um die sich niemand kümmerte und auf die niemand Rücksicht nahm, stöhnten, fluchten oder weinten. Es war gespenstisch und unheilvoll. So heiß der Tag gewesen war, so kalt wurde die Nacht. Durch die fehlenden Fensterscheiben und das ziemlich zerstörte Dach zog der kalte Nachtwind durch die Halle, und wir lagen im Durchzug, ohne etwas daran ändern zu können. Die Nacht wurde lang und wollte kein Ende nehmen, an Schlaf war bei den meisten nicht zu denken. Erna und ich unterhielten uns gedämpft und leise in der vollkommenen Dunkelheit des großen Raumes. Offensichtlich recht gut schlief und schnarchte eine Gruppe z. T. leicht verwundeter deutscher Soldaten, die man spät am Abend zu uns gebracht hatte und die von deutschen Rote-Kreuz-Schwestern betreut wurden.

Es wurde früh Tag, und wir bekamen etwas Heißes zu trinken, aber nichts zu essen. Irgend jemand gab die Nachricht weiter, daß wir angeblich der Reihe nach vernommen werden sollten. Es wurde gesagt, zuerst würden die Mütter mit Kleinkindern sowie die Kranken und Alten abgefertigt. Genau wußte natürlich keiner etwas, solche „Latrinenparolen" entstehen wohl immer, wenn zusammengewürfelte Menschenhaufen einer ungewissen Zukunft entgegensehen. Etwas Neues geschah aber nun tatsächlich in unserem Reitstall. Eine tschechische Wache bezog den balkonähnlichen Vorbau, der an der Querseite der Reithalle lag und wohl als Zuschauertribüne gebaut worden war. Dort oben wurde ein Maschinengewehr in Stellung gebracht, dessen Mündung auf die Menschenmenge in der Halle gerichtet war. Es handelte sich offensichtlich um eine Drohgeste, da von unserem armseligen Haufen ganz gewiß kein Widerstand oder ernstliches Aufbegehren zu erwarten war. Es blieb auch alles recht friedlich, und nach und nach erklommen einige Mutige die Treppe der Empore und ließen sich neben der Wache und dem Maschinengewehr nieder. Auch ich stieg selbstverständlich mit nach oben, fand ein nicht so enges Plätzchen und holte meinen kleinen Anhang nach; nicht weit von dem bewaffneten Wachposten machten wir es uns bequem und konnten uns sogar auch einmal ausstrecken. Da unserem Beispiel natürlich sehr viele folgen wollten, wurde die Aktion dann sehr schnell wieder gestoppt. Der eine Posten von der tschechischen Wache, die alle sechs Stunden abgelöst wurde, war, wie wir schnell bemerkten, ein sehr netter, freundlicher und in jeder Beziehung zugänglicher und auch sehr gesprächiger jüngerer Mann, so daß wir den Entschluß faßten, ihn für unsere Zwecke einzuspannen. Das erschien uns um so leichter, als er für ein paar Zigaretten schon unverschämt viel Tschechen-Kronen angenommen hatte. Vorsichtig unterbreitete ich ihm meinen Plan, demzufolge er nach seiner Ablösung vom Wachdienst für mich in die Benediktsgasse, die ja nur einige hundert Meter von der Kaserne entfernt war, gehen und über den Hausmeister, Herrn P., versuchen sollte, den Kinderwagen und noch einen Koffer zu holen. Ich bot ihm für diese Hilfe 5000,– Kronen, die er sofort annahm, als ich sie ihm hinhielt. Er wollte das gern für uns tun. Wir waren überglücklich, spontan einen Menschen gefunden zu haben, der uns helfen wollte. Leider geschah schon nach wenigen Stunden etwas, das unsere Hoffnung vollkommen zerstörte. Der etwa 30 Jahre alte Wachposten hatte inzwischen einer heimlich versteckten Schnapsflasche mehr, als er vertragen konnte, zugesprochen. In diesem Zustand kam er vielleicht aus Versehen, vielleicht aus Leichtsinn oder Spielerei so unglücklich an das M.G., daß er eine ganze Schußserie auslöste. Die volle Ladung donnerte über die Köpfe der Gefangenen unten im Stall hinweg, ohne daß irgend jemanden etwas passierte. Aber der Traum vom Kinderwagen war damit zum zweiten Mal zunichte gemacht und gescheitert. Anschließend wurden wir nun alle von der Empore gejagt und mußten uns wieder nach einem Platz unten in der brechend vollen Reitbahn umsehen.

Im Laufe des Vormittags wurden alle Männer und Jugendlichen für Aufräumungsarbeiten in der Stadt abkommandiert; ebenso kam der Befehl durch, daß Mädchen und Frauen für den Küchendienst und auch für die Aufräumungsarbeiten auf den Prager Straßen anzutreten hätten. Erna war für diese Arbeit zu zart und zu alt und wurde deshalb verschont, Hans mußte mit auf die Straße, wurde aber einer kleinen Gruppe zugeteilt, die unbeachtet vom Mob Aufräumungsarbeiten in einem zerschossenen Haus auszuführen hatte, und ich brauchte wegen meines Kleinkindes nicht anzutreten. Am Abend kamen dann fast alle in grauenvollen Zuständen von der Arbeit in der Stadt zurück. Sie hatten Panzersperren wegräumen, Glassplittr und Steine beseitigen müssen und waren dabei vom Pöbel auf der Straße verprügelt und brutal niedergeschlagen worden.[41] Den Frauen war es noch übler ergangen. Soweit man ihnen nicht schon am Tage zuvor die Haare abgeschnitten hatte, war es jetzt ausnahmslos nachgeholt worden. Außerdem wurde ihnen mit Teer ein Hakenkreuz auf den Rücken, den Bauch oder auf die Stirn gemalt, zum Teil hatte man sie auf der Straße ausgezogen, und sie kamen mit verschmutzter Unterwäsche in die Kaserne zurück.[42]   Mittlerweile fingen nun auch die Verhöre, von denen wir schon gerüchteweise gehört hatten, wirklich an. Soviel wir von einzelnen, die als erste an die Reihe gekommen waren, in Erfahrung brachten, wurden die Personalien erfragt, um, wie es hieß, jeden zu registrieren, der für den Abtransport in Betracht kam. Wir vier wurden am frühen Nachmittag zum

---

[41]   Die Barrikaden und Panzersperren waren von den Aufständischen errichtet worden und mußten nun für den bevorstehenden Einmarsch der Russen wieder beseitigt werden, vgl. Dokumentation der Vertreibung, 2. Beiheft, S. 12.
[42]   Auch Margarete Schell berichtet in ihrem Tagebucheintrag vom 10. 5. 1945, daß die zur Arbeit eingesetzten Deutschen von den Aufräumungsarbeiten mit teerverschmierten Gesichtern und mit Ölfarbe aufgemalten Hakenkreuzen zurückgekehrt seien. Den Frauen hätte man die „Haare abgeschnitten, höchstens zwei Zentimeter lang", Dokumentation der Vertreibung, 2. Beiheft, S. 16.

Verhör aufgerufen und von einer Wache zusammen mit weiteren Leidensgefährten in ein anderes Gebäude geführt. Über viele Treppen und Gänge gelangten wir in einen Vorraum, wo wir stehend unter ständiger Beobachtung durch einen Wachtposten zu warten hatten, da die Verhöre offensichtlich nur sehr langsam vonstatten gingen. Durch das Fenster unseres Warteraumes konnten wir direkt auf den Hyberna-Platz schauen und ein paar hundert Meter weiter davon durch die schräg gegenüberliegende Kotva-Passage unsere Wohnungen in der Benediktsgasse ahnen, nicht sehen; sie waren so nahe und doch unerreichbar für uns, die wir eingesperrt in den Mauern der Kaserne vegetierten.

Während wir mit unseren Gedanken noch in unseren Wohnungen weilten, und, obwohl wir ja jetzt für den Abtransport nach Deutschland registriert werden sollten, noch immer der Hoffnung nachhingen, vielleicht doch zurückkehren zu können, wurde es auf einmal auf dem Hyberna-Platz unruhig und lebhaft. Wir sahen, wie Leute auf dem Platz und auf den Bürgersteigen stehen blieben und in Richtung Stadtmitte hinunterschauten. Vom Pulverturm her kam ein offener Lastwagen, besetzt mit russischen Soldaten, mit auf dem Wagen sitzenden bunt bekränzten tschechischen Frauen und Mädchen, die russische und tschechische Papierfähnchen schwenkten. Während seiner Fahrt in Richtung Berlinerstraße und Moldau-Brücke verlangsamte der Wagen dann plötzlich sein Tempo, die gesamte Besatzung schrie in die Menschenmenge auf der Straße hinein, als in demselben Moment ein Häuflein deutscher Zivilisten, beladen mit ihrem Gepäck für die „Ausreise" nach Deutschland, mitten auf der Straße um die Ecke zur Kaserne bog, angetrieben von bewaffneten tschechischen Wachen.

Die tschechischen Frauen sprangen vom Lastwagen, die Russen blieben oben. Die Tschechinnen hatten Knüppel, Stöcke und harte Gegenstände in den Händen, mit denen sie sich rabiat auf die Deutschen stürzten. Schreiend, prügelnd und schlagend wiegelten sie den Mob auf der Straße auf, ihrem Beispiel zu folgen. Und das geschah nun auch, brutal und haßerfüllt. Wir oben am Fenster starrten auf das, was sich auf der Gasse vor unseren Augen abspielte. Die kleine deutsche Gruppe, es waren wie immer nur Frauen, Kinder, Alte und Kranke, wurden verprügelt, zusammengehauen, getreten und niedergeknüppelt, bis sie den Eingang zur Kaserne erreichten. Bevor sie hineingetrieben wurden, nahm man ihnen Gepäck und Kleidung weg, es blieb einfach auf der Strecke und fand schnell neue Besitzer. Uns grauste, und Angst beschlich uns vor der nahen Zukunft. In der Rückschau erkannten wir zugleich aber auch, welches unwahrscheinliche Glück wir gehabt hatten, daß wir am Tage unserer Festnahme schon so früh am Morgen aus der Wohnung abgeholt worden waren, und nur so einen kurzen Weg bis zu der Kaserne zurückzulegen brauchten. Von anderen Inhaftierten hatten wir zwar schon von solchen Ausschreitungen und Rache-Orgien an Unschuldigen gehört, ohne es glauben zu können; jetzt erst sahen und erlebten wir aber mit eigenen Augen, was einem als Deutschen hier widerfahren konnte.

Wir warteten weiter auf unser Verhör, wir waren etwa noch zwanzig Menschen in dem Raum. Die Abfertigung ging sehr schleppend voran, so daß sich die Zahl der Wartenden auch nur sehr langsam verringerte. Plötzlich peitschten Schüsse an der Kasernenfront entlang. Instinktiv duckten wir uns, nicht sehr lange, dann schauten wir zum Fenster hinaus, um festzustellen, was draußen los war. Wir sahen, wie auf dem Hyberna-Platz die Passanten hetzend und angsterfüllt in die ihnen am nächsten liegenden Häuser liefen. Tschechische Soldaten rannten quer über den Hyberna-Platz, aus allen Richtungen setzte starkes Schießen und Feuern ein; versprengte SS-Soldaten, die sich in einem nahen Häuserblock festgesetzt hatten, ballerten wild zurück. Ein hereinkommender Posten befahl uns, sofort Deckung zu nehmen, da auf die Kaserne geschossen würde. Doch das war leichter gesagt als getan, da wir ja so eng zusammengedrängt standen und der Raum wenig Deckungsmöglichkeiten bot. Axel, den ich wie immer im Arm hielt, verschanzte ich hinter ein Brett, das ich an der Wand fand und mich davor postierte. Natürlich wollte er dort nicht bleiben und schrie vor Angst so laut, daß er die pausenlose Schießerei unmittelbar vor unserem Fenster fast übertönte. Wir alle kauerten uns, so gut es ging, an die Außenwände und unter die Fenstersimse. Die Schießerei, die Detonationen und das Einschlagen der Geschosse wurden immer stärker, wir glaubten, in jedem Moment würden die Wände und die Mauern einstürzen und zusammenbrechen. Jeder Schuß und Knall, jede Explosion, Detonation und Erschütterung ließ uns zusammenfahren und erzittern, die Wände erbebten, wir meinten, in der Hölle zu sein, und sahen in dieser Stunde keinerlei Rettung für uns. Solange indes der Kampf auch dauerte, schließlich ging er doch vorüber, und keinem von uns war etwas passiert. Axel hatte sich mit seinem Gebrüll und seinen Angstschreien während der Kampfhandlung total verausgabt und kehrte nun bebend und erschöpft in meine ihn schützenden Arme zurück. Nach der Einstellung des Kampfes wurde uns gesagt, daß an diesem Abend keine Verhöre mehr stattfänden. Wir wären dazu wohl auch gar nicht mehr in der Lage gewesen, denn der Tag hatte uns doch sehr mitgenommen. Ermattet und nicht mehr fähig, weiter an eine Zukunft zu denken, grübelten Erna und ich nach Rückkehr auf unser Pferdemist-Lager sehr deprimiert und mutlos über uns und unser derzeitiges Leben nach. Wir hatten schon mehrere Verzweifelte in der Kaserne, die die Nerven verloren und den Freitod gesucht und gefunden hatten.[43] Wie, weiß ich nicht; Erna und mir hatte man weder ein Messer noch eine Schere gelasssen. Aber auch diese Nacht fand ihr Ende, und der nächste Tag erwartete uns mit neuen Bedrängnissen und Nöten.

---

[43]   In den gesammelten Aufzeichnungen, die im Rahmen der Dokumentation der Vertreibung veröffentlicht wurden, finden sich zahlreiche Berichte über solche Selbstmorde, die sich vor allem dort häuften, wo durch das Auftreten russischer Soldaten die Vergewaltigung der Frauen an der Tagesordnung war, Dokumentation der Vertreibung, Bd. IV, 1, S. 31 (Hinweis auf die Berichte); ebd. 2. Beiheft, S. 16 und Prollius, Flucht, S. 63.

Schon am Morgen besuchten uns die ersten Russinnen und russischen Soldaten. Sie gingen durch die Reihen und forderten mit einer gewissen Lässigkeit
Frauen und Mädchen von uns auf, Kleider, Mäntel oder Schuhe, die dem
russischen Geschmack zu entsprechen schienen, auszuziehen. Besonders
schlecht waren die dran, die noch eine vergessene Nadel, eine Brosche oder ein
Kettchen trugen; den herumsuchenden Augen der weiblichen und männlichen
Russen, die auf Beute Jagd machten, entging das nicht, sie nahmen alles, was
nicht vor ihnen versteckt oder verräumt worden war. Jeder Widerstand oder
Protest war wirkungslos und brachte Lebensgefahr. Russen und Russinnen
waren mit Maschinenpistolen bewaffnet. Sonst geschah vorderhand nichts,
aber der Reitstall war wie ein brodelnder Kessel, dessen Inhalt dauernd in
Bewegung war und kochte. Jeder von den schätzungsweise zwei- bis dreitausend Menschen, darunter besonders die Kinder, versuchten sich Bewegung zu
verschaffen. Drückende Hitze, aufgewirbelter Staub, peinigender Hunger und
quälender Durst machten die Menschen unruhig und fiebrig-nervös, ließen
Kinder außer Rand und Band geraten und führten bei Älteren zu krankhaften
Zuständen und Ohnmachten.

Ich versuchte jetzt mit Axel auf dem Arm mir ebenfalls Bewegung zu verschaffen, überhaupt etwas zu unternehmen und die Zeit des neuerlichen ungewissen Wartens irgendwie zu überspielen; man wußte ja nicht einmal, ob und
wann die am vergangenen Abend abgebrochenen Vernehmungen wieder aufgenommen würden. An den Außenseiten des für die patrouillierenden tschechischen Wachposten freigelassenen Ganges nahm ich mit Axel unsere kleinen
kurzen Wanderungen auf. Da das Kind ja gerade erst laufen gelernt hatte,
wollte ich ihn ein paar Schrittchen an meiner Hand gehen lassen. Er wurde
aber sofort von spielenden oder balgenden Kindern mit der Nase in den Pfer-
demistboden gestoßen, sodaß ich ihn schnell wieder aufnehmen mußte. Im
gleichen Augenblick hielt mich ein Tscheche in Zivil am Arm fest und zeigte
auf meine Armbanduhr, die er entdeckt hatte. Ich trug die Uhr an sich nur
noch nachts, hatte an diesem Morgen aber vergessen, sie abzunehmen und zu
verstecken. Der Tscheche zog mich mit dem Jungen zur Mitte des Ganges, hob
meinen Arm mit der Uhr an sein Ohr, lauschte und fragte mich dann, ob die
Uhr auch richtig ginge und in Ordnung sei. Alles in gutem Deutsch! Er hatte
indes wohl nicht den gewissen Mut, mir die Uhr einfach wegzunehmen, jedenfalls zögerte er zunächst und war etwas verlegen und unsicher. Dann gab er sich
einen Ruck und sagte: „Gib mir die Uhr". Ich rührte mich überhaupt nicht, er
wiederum hielt weiter meinen Arm fest, ohne jedoch den Versuch zu machen,
durch Öffnen des Armbandes die Uhr an sich zu nehmen. Inzwischen hatten
sich die Lagerinsassen um uns geschart und lauschten auf unseren leise geführten Dialog. Alle warteten gespannt, wie es wohl weitergehen würde. Leicht
verunsichert, forderte der Mann mich nun im Befehlston auf, die Uhr abzunehmen und ihm zu geben. Eine völlige Verweigerung wäre einfach töricht gewesen, deshalb sagte ich zu ihm: „Bitte machen Sie sich die Uhr doch selbst ab,
ich habe doch den Jungen auf meinen Armen!" Atemlose Stille ringsum, alle

schauten auf diesen Tschechen! Nach kurzer Besinnung fing er an, das Leder-
armband zu lösen; er nahm die Armbanduhr in seine Hand, hob sie an sein
Ohr, betrachtete sie verliebt und führte sie dann nochmals ans Ohr, um zu
hören, ob sie auch wirklich intakt war. Jede seiner Bewegungen wurde von mir
und dem uns umgebendenden Kreis der Beobachter und Zuschauer genaue-
stens verfolgt. In diesem Moment drängte sich ein tschechischer Soldat durch
die Menge, stürzte auf den tschechischen Zivilisten zu und befahl ihm, mir die
Uhr sofort zurückzugeben. Der gehorchte und wollte mir die Uhr in die Hand
legen. Doch nun hielt ich ihm von mir aus meinen Arm hin und bat ihn, mir die
Uhr wieder an meinem Arm zu befestigen. Er tat es, betreten und beschämt
vor dem Soldaten, der als Aufpasser dabei stand. Dann verließen beide den
Reitstall. Ich habe von da an niemals wieder vergessen, die Uhr gut zu verbergen vor Russen und Tschechen, bis zu dem Tag, wo ich sie freiwillig gegen
einen Laib Brot eintauschte.

Am späten Vormittag wurden wir erneut zum Verhör aufgerufen. Eine
tschechische Wache führte uns denselben Weg durch Gänge und Gebäude, den
wir bereits schon einmal gegangen waren. Der Kasernenhof, den wir überque-
ren mußten, war auch am dritten Tag unserer Inhaftierung mit wieder neu
hinzugekommenen Menschen vollgepropft. Vor dem Verhörzimmer stand bereits dicht gedrängt eine Menge Deutscher, die hier wie gestern und heute
stundenlang warten mußten, bis sie an die Reihe kamen. So auch wir natürlich!
Endlich, wir waren inzwischen wieder in dem Raum angelangt, in dem wir am
Vortag den Straßenkampf miterlebt hatten, wurde die Familie Fuchs-Hübler
aufgerufen und in das Vernehmungszimmer geführt. Als erste wurden Fuchsens verhört, danach kam ich an die Reihe. Der etwas rundliche, aber recht
sympathische Kommandant in Uniform fragte jeweils, wo wir als Reichsdeutsche herkämen, wo unsere Männer wären und welchen Rang und Beruf sie
hätten und wohin wir nach unserer bevorstehenden Ausweisung aus der Tschechoslowakei hingehen wollten. Erna sagte ihm, daß sie geschieden sei und zu
ihrer in Halberstadt wohnenden Mutter und ihrem zweiten Sohn, den sie ebenfalls dort vermutete (er war mit 15 Jahren als Luftwaffenhelfer in Halberstadt
eingesetzt worden), wolle. Ich erklärte, daß mein Mann an der Westfront
eingesetzt gewesen sei, ich aber seit Monaten nichts mehr von ihm gehört
hätte, so daß ich vorhätte, mit dem Kind zur Familie meines Bruders in den
Westen zu gehen. Alles was wir sagten, wurde von einer Sekretärin peinlich
genau protokolliert. Die Augen des Kommandanten wanderten während des
Verhörs immer häufiger zu dem auf meinem Schoß sitzenden Jungen. Als er
ihn aufforderte, mal zu ihm zu kommen, ließ ich Axel hinuntergleiten und
wollte ihn auf seine Füße stellen. Die aber versagten, und er landete auf seinem
Hinterteil. Das veranlaßte den Kommandanten zu der Frage, ob der Junge
krank sei, daß er noch nicht laufen könne. Ich gab wahrheitsgemäß zur Antwort, daß wir seit Tagen fast ohne Nahrung hier festgehalten würden und das
Kind einfach schwach vor Hunger sei. Der Kommandant wechselte einige
Worte mit seiner Sekretärin, woraufhin sie hinausging und nach kurzer Zeit

mit einem Glas Mineralwasser und einer mit Marmelade bestrichenen Stulle zurückkam. Sie gab beides dem Axel, und der griff gierig zu. Wir Vier durften noch so lange in dem Amtszimmer des Kommandanten bleiben, bis der Junge sein Brot verspeist hatte. Dann wurden wir großmütig und menschenfreundlich mit den Worten verabschiedet: „Sie kommen bald nach Hause". Im festen Glauben an diese Zusicherung kehrten wir voll neuen Muts und glaubensseliger Zuversicht, wie immer unter Bewachung, in die Reithalle zurück.

Am Nachmittag kam dann tatsächlich der Befehl, alles fertig zu machen zum Auszug aus der Reithalle, zunächst Frauen mit Kindern, Alte und Kranke. Uns schlug das Herz bis zum Hals, wir sahen uns jetzt schon im Zuge sitzen und in Richtung Heimat fahren! Nach Stunden begann dann endlich der Ausmarsch aus dem Reitstall; wir wurden über den großen Kasernenhof geführt, wo noch Tausende von Deutschen mit Sack und Pack standen, warteten und lagerten. Unsere so hoffnungsfroh erwartete Reise war sehr kurz, wir zogen nur in ein zweistöckiges Gebäude innerhalb des Kasernenkomplexes um! Während der Protektoratszeit, so hörten wir, waren in diesem Gebäude Dienststuben und Büros der damaligen tschechischen Regierungstruppen untergebracht gewesen. Bei den Kämpfen in den Revolutionstagen war das Gebäude dann von deutschen Soldaten besetzt worden, die wiederum aber bald von tschechischen Armeeangehörigen überwältigt und abgeführt worden waren. Beim Ab- und Auszug des Restes dieser deutschen Soldaten-Einheit, hinterließen die Landser einigen von uns einige brauchbare Dinge so Löffel, Gabel, Töpfe und leere Konservenbüchsen, und wer besonderes Glück hatte, bekam das Kochgeschirr der „Deutschen Wehrmacht" als Abschiedsgeschenk. Die deutschen Soldaten glaubten, die Sachen nicht mehr zu benötigen, weil für sie der Krieg beendet sei und sie kurz vor ihrer Abschiebung in die Heimat stünden. Wir wünschten ihnen das von Herzen.

In der neuen Unterkunft kamen wir zunächst in einen langen Korridor, von dem aus viele Türen nach rechts und links abgingen. Dort wurde uns zusammen mit etwa 35 anderen Inhaftierten ein Raum zugewiesen, der dünn mit Stroh ausgelegt war und eine Größe von ca. 40 qm hatte. Wir bemühten uns alle, einen Platz zu ergattern und uns, so gut es ging, für die kommende Nacht einzurichten. Wir legten die Lagerstätten in drei Längsreihen an, und es wurde dann auch sofort ausprobiert, ob man, nebeneinanderliegend nach dem Heringsfaßsystem, genug Platz für die größeren Zimmerbewohner zur Verfügung hätte. Es ging zunächst sehr kameradschaftlich zu, und man kam überein, daß diejenigen, die direkt an der Wand lagen, ihre Füße zum Kopf der in der nächsten Reihe Liegenden auszurichten hatten, die nun wiederum, ihre Füße in den laut Befehl in der Mitte frei zu haltenden Gang unterbringen mußten. Genau so sollten die an der gegenüberliegenden Wand Untergebrachten verfahren. Irgendwie mußte es gehen, wenn jeder auf den anderen Rücksicht nahm. Als größtes Glück erschien uns allen die Wasserleitung, die sich in dem Gebäude befand. Alles stürzte sich nun in diesen Raum, um sich nach vier Tagen endlich mal zu waschen. Auch die Windeln und die Unterwäsche für die vielen Kleinkinder konnten nun, wenn auch ohne Waschpulver und Seife, versuchsweise endlich mit kaltem Leitungswasser etwas gesäubert werden.

Licht gab es nicht in den Räumen, in denen wir untergebracht waren, aber im Mai des Jahres 1945 fiel die Nacht spät herein, und dann leuchteten die Sterne über Prag auch für unser unglückliches Häuflein! An einen ungestörten Schlaf war auf dem dünnen Strohlager der Enge wegen kaum zu denken, dazu lagen wir viel zu unbequem und zu dicht beieinander, ohne die so nötige Nachtruhe zu finden. Um sich mal vom Strohlager zu erheben und sich Bewegung zu verschaffen, mußte man über die anderen hinwegsteigen und ängstlich darauf achten, sie nicht zu treten. Auf dem langen Gang, über den man nachts zur Toilette gehen mußte, brannte eine armselige trübe Lampe, ebenso in der Toilette selbst, die sich schon nach den ersten Stunden unseres Einzuges in einem ekelerregenden Zustand befand. Der Raum war durch die Masse der inzwischen in dieses Gebäude hineingepferchten Menschen überlastet. Trotzdem fühlten wir uns etwas erleichtert, weil wir hier nur noch zu je 30 bis 40 Personen in einem Raum untergebracht waren und über ein, wenn auch verdrecktes Klosett und einen kleinen Waschraum verfügten, die wir nur mit noch etwa 250 bis 300 Leuten zu teilen brauchten. Am Abend hatten wir sogar eine dünne Dörrgemüsesuppe mit einer Scheibe trockenen Brots und für die Kinder einen mit Wasser gekochten Griesbrei erhalten, der in unseren Konservenbüchsen, die Erna und ich von den deutschen Landsern geerbt hatten, stolz serviert worden war. Außerdem hatte es Tee für alle gegeben.

Wir glaubten nun wirklich, das Schwerste überstanden zu haben und bald in die Freiheit entlassen zu werden. Unter unseren Zimmergefährten herrschte ein gutes Einvernehmen, und wir fingen an, uns miteinander bekannt zu machen und ins Gespräch zu kommen. So entstand in der Enge des Raumes und in dem Bewußtsein unserer Schicksalsverbundenheit bald eine aufgelockerte und gelöste Stimmung. Der größte Teil unserer Raumbewohner waren Prager Deutsche, die überhaupt nicht daran gedacht hatten, sich wegen der Kriegsereignisse aus ihrer angestammten Heimat abzusetzen, zumal sie sich politisch nicht besonders engagiert hatten. Die kleinste Gruppe waren wir, die Reichsdeutschen, die schon lange Jahre in Prag gewohnt haben und nicht mehr aus der Stadt rausgekommen waren. Außerdem befanden sich mehrere Familien aus dem Sudetenland, Schlesien usw. unter uns. Sie waren auf ihren Trecks nach dem Westen, meistens unter dem Schutz von deutschen Truppenverbänden, durch Böhmen und Mähren gekommen und bei Prag gefangen genommen und in die Hyberna-Kaserne gebracht worden. Ausnahmslos hatten sie den Fußmarsch vom Punkt ihrer Festnahme bis in die Prager Innenstadt zur Kaserne mitgemacht. Auch sie erzählten, wie man sie auf diesem Marsch geschlagen, getreten, bespuckt, beraubt und gequält hatte. Zu 95 Prozent waren es Frauen und Kinder, neben ein paar uralten Männern, die ebenfalls in unserem Raum einquartiert waren, da es hier, wie übrigens auch in unseren späteren Lagern, keine strikte Trennung zwischen Frauen und Männern gab. Nach und nach packte einer nach dem anderen in unserem Zimmer die mitgebrachten Eßvorräte aus Koffern und Bündeln aus, und wir schauten mit hungrigen Augen zu. Von Abgeben war beim Essen natürlich selten die Rede, letztlich war jeder vorsorglich darauf bedacht, die Reserven nicht vorzeitig aufzubrauchen. Das fanden auch wir weniger Gesegneten in Ordnung.

In unserer unmittelbaren Nachbarschaft lernten wir sehr bald liebe, nette Menschen aus Schlesien kennen, eine junge Frau mit ihrem ca. drei Jahre alten Jungen und ihrer noch recht jugendlich wirkenden Mutter. Frau W. mit ihrem Kind Alexander und ihre Mutter waren, wie viele ihrer Landsleute, kurz vor dem Einmarsch der Russen aus ihrer Heimat geflohen und auf ihrem Weg nach dem Westen Deutschlands bei Prag in die Gefangenschaft geraten. Sie hatten sehr viel Gepäck auf dem Treck mitnehmen können und auch bei der Gefangennahme alles, was sie bei sich hatten, behalten. Der Kontakt zwischen unseren beiden kleinen Familien ergab sich daraus, daß sich die beiden Jungen sehr schnell anfreundeten. Wir borgten uns Teller und Tassen und manches andere aus, was wir beim Verlassen der Wohnung nicht hatten mitnehmen können oder wollen. Wir hatten doch geglaubt, daß wir zum Abtransport nach Deutschland geführt würden! Die beiden Buben, Alexander und Axel, benutzten beide dasselbe Geschirr. Und das, was drauf und drin war, kam von den Schlesiern. Ich war so dankbar und freute mich, daß wenigstens Axel nicht so unter Hunger zu leiden hatte.

Eine besondere Erscheinung in unserer nächsten Umgebung war eine junge Polin mit deutscher Staatsangehörigkeit, die zusammen mit ihrer Mutter unheimlich viel Gepäck bei sich führte. Sie war ein auffallend hübsches Mädchen, sehr gut angezogen und sehr charmant in ihrer Art. Das war natürlich auch den tschechischen Wachen nicht entgangen, die auf dem Gang und in den Zimmern auf und ab patrouillierten. Sie stellte sogleich den Kontakt mit den Männern her, und sie versagten ihr nichts. Auch zu uns war sie nett und lieb und half allen, wo sie nur konnte, in sehr uneigennütziger Weise.

Gleich an einem der ersten Abende kamen noch einige nicht mehr ganz junge deutsche Männer in unseren Raum, welcher ohnehin schon zum Bersten voll war. Sie boten mit ihren blutunterlaufenen Augen und von Schlägen verbeulten Gesichern einen erschreckenden Anblick. Im Flüsterton berichteten sie uns, was sie durchgemacht und welche entsetzlichen Vorgänge sie in solch jämmerlichen Zustand versetzt hätten. Die halbe Nacht wurde wieder durcherzählt. An Schlaf war schon wegen der herrschenden Enge ohnehin kaum zu denken. Zwischendurch schrie dann in irgendeiner Ecke ein Kind auf, ein anderes heulte, jammerte, winselte, schluchzte und weinte herzzerreißend. Sie alle wurden beruhigt und beschwichtigt oder auch bestraft, je nach Temperament oder Nervenkraft und Stärke der einzelnen Mütter, von denen die meisten nicht mehr gelassen und ruhig bleiben konnten.

Nichts ereignete sich jedoch in diesen Tagen, was auf einen Abtransport nach Deutschland hätte hindeuten können, im Gegenteil: Die Wachen bei uns wurden personell verstärkt, die ersten Arbeitskommandos zusammengestellt und zur Arbeit geführt. Ich brauchte nicht mitzugehen, weil ich ein Kleinkind hatte. Die nicht zur Arbeit Abgestellten mußten in den Zimmern bleiben und durften nicht raus. Für uns spielte sich das Leben auf dem Strohlager und auf dem Gang ab, immer unter Aufsicht der Wachen. Unsere junge Polin deutscher Staatsangehörigkeit hatte irgendwie Verbindung zu einem jungen deutschen Sanitätssoldaten aufgenommen; das Deutsche Rote Kreuz pflegte noch immer die schwerverwundeten deutschen Soldaten innerhalb der Hyberna-Kaserne in einem Extraraum. Dieser junge Sanitäter besuchte drei bis vier mal am Tage das junge Mädchen und leistete uns allen wertvolle Hilfe. Er durfte mit seinem Ausweis die Kaserne verlassen, um Arzneien für das Deutsche Rote Kreuz zu besorgen. Dabei organisierte er für uns Brot und einfache Nahrungsmittel, und zwar auf Lebensmittelkarten, die uns durch glückliche Umstände nicht weggenommen worden waren und überraschenderweise tatsächlich noch Gültigkeit in Prag hatten. Auch Briefe an tschechische Bekannte fanden so ihren Weg aus der Kaserne. Wir gaben unserem Prager Freund K., der seinerzeit unseren mißglückten Versuch, noch beizeiten mit einem Kleinlastwagen aus Prag wegzukommen, miterlebt hatte, ein Lebenszeichen und baten ihn, uns zu helfen, sofern er es könnte.

Das Essen, das man uns jetzt regelmäßig verabreichte, wurde von Tag zu Tag schlechter und weniger. Morgens gab es eine Scheibe trockenes Brot zu einem undefinierbarem warmen Getränk, abends eine Suppe aus Wasser und Dörrgemüse ohne Kartoffeln. Die Darmerkrankungen häuften sich, besonders bei den Kleinkindern, für die die Kost ja nicht nur unzulänglich, sondern auch einfach völlig unverträglich war. Sie wurden immer durchsichtiger und blasser und ihre Kräfte nahmen rapide ab, so auch bei Axel, der als erster in unserem Raum erkrankte. Zur Behandlung unserer Kranken hatten die Tschechen die beim Roten Kreuz verbliebenen deutschen Militärärzte beordert; sie waren aber so machtlos wie wir, da sie nur Kohletabletten und noch in völlig unzulänglichen Dosierungen geben konnten. Der zunächst noch vorhandene kleine Bestand war nun bald vollkommen verbraucht und die Aussicht, die Tabletten von irgend woher zu beschaffen, war hoffnungslos. Nur eine Umstellung der Kost hätte hier Besserung bringen können, aber sogar die Kleinkinder, die am Anfang schon mal Wassergriessuppe erhalten hatten, bekamen jetzt wie die Erwachsenen nur noch Dörrgemüsesuppe ohne Kartoffeln. Es war für uns alle ein Qual, nicht helfen zu können und tatenlos zusehen zu müssen, wie so viele elend und krank auf einem harten Fußboden mit einer Handvoll Stroh dahinvegetieren mußten, ohne wirksamen ärztlichen Beistand und ohne hygienische Versorgung.

In der dritten Nacht, die wir in unserem zu beengten Raum zubrachten, hörten beide Mütter, daß einer von unseren Jungs, die nebeneinander bei uns lagen, zu wimmern begann. Wir lauschten in der Dunkelheit, ob es Alexander oder Axel war, der so weinte. Es war der Alexander. Wir fühlten, daß er hohes Fieber hatte, und im selben Moment erbrach er sich auch schon. Als es am Morgen hell wurde, sahen wir, daß sein Kopf vor Fieber glühte und dicker grüner Schleim aus seiner kleinen Nase floß., Frau W. flehte die Rote-Kreuz-

Schwester, die das Frühstück für uns brachte und verteilte, an, sich des Kindes anzunehmen. Nachdem sie mit ihrer Frühstücksverteilung in allen Räumen fertig war, kam sie dann auch und alarmierte sofort einen der deutschen Militär-Ärzte, die uns betreuen sollten. Der herbeigeeilte Stabsarzt stellte nach kurzer Untersuchung fest, daß es sich bei Alexander um eine Nasendiphterie[44] handele, die sehr ansteckend sei; das Kind müsse sofort isoliert werden, und er werde umgehend das Erforderliche veranlassen. Nach vielen, vielen Stunden erhielt er von dem Kommandanten der Kaserne endlich die Erlaubnis, daß das Kind in eines der für Kranke mit sehr ansteckenden Krankheiten eingerichteten Zimmer im Nebenflügel unseres Gebäudes gebracht werden durfte, in dem schon mehrere Schwerkranke lagen. Fr. W. erreichte es, daß sie zuerst bei ihrem Kind bleiben durfte, später allerdings mußte sie es allein in der Isolierstation lassen. Ich war nach alledem völlig aus dem Häuschen und total durcheinander. Axel hatte ja die ganze Nacht und bis zum Besuch des Stabsarztes neben dem kranken Kind gelegen und davor mit ihm vom selben Teller gegessen und aus einer Tasse getrunken. Aber das Schicksal meinte es gut mit ihm, er blieb wie durch ein Wunder verschont und war von der akuten Infektionskrankheit des kleinen Alexander nicht angesteckt. Und als Frau W. mir dann anbot, den Kinderwagen so lange für Axel zu benutzen, bis der Alexander wieder gesund sei, konnte ich das ohne Bedenken annehmen, da Alexander ja schon dem Kinderwagen entwachsen war. Ich setzte meinen Jungen nun in Alexanders Wagen, um ihn durch die uns zugänglichen Gebäudeteile zu fahren, statt ihn wie bisher tragen zu müssen.

Von den für uns freigegebenen Korridoren aus konnte man an einigen Stellen auf den Kasernenhof schauen, auf dem so viel geschah. Für uns war es schon ein gewohnter Anblick, schaufelnde Männer zu sehen, die ihre eigenen Gräber aushoben, in die sie in der nachfolgenden Nacht bei ihrer Erschießung fielen.[45] Aber auch auf den Gängen in den Gebäuden wurden Tag und Nacht Deutsche erschossen. Wir hörten die Schüsse und wußten, was da geschah. Es wunderte keinen mehr, daß die Selbstmorde von Männern und Frauen, ja von ganzen Familien sich bei uns häuften. Wir sahen nachts und tagsüber auf den Kasernengängen deutsche Männer und Frauen stehen, das Gesicht zur Wand und die Hände erhoben. Ließen sie die Arme vor Kraftlosigkeit fallen, wurden sie mit Gewehrkolben oder Knüppeln geschlagen, bis sie sie wieder hochhielten oder bis sie selbst am Boden lagen. Wir gewöhnten uns an alles, nur gegen den Hunger fanden wir kein Mittel.

In dieser ersten Woche erschienen auch schon laufend russische Kommissio-

---

[44] Die Nasendiphterie ist eine häufig bei Kindern und Säuglingen vorkommende Form der Diphterie, die sich durch membranartige Beläge auf den Nasenschleimhäuten äußert. Das Erbrechen des kleinen Jungen deutet auf die toxische, also hochgiftige Form der Diphterie hin, die sehr schnell zum Tod führen kann.

[45] Besonders entlud sich der Haß der Tschechen auf die Deutschen durch Lynchjustiz an Mitgliedern der SS-Verbände, dem SD und anderen NS-Organisationen, Dokumentation der Vertreibung, Bd. IV, 1, S. 63; vgl. ebd., 2. Beiheft, S. 33.

nen, um unsere Quartiere zu besichtigen und sich davon zu überzeugen, daß es den Deutschen nicht zu gut ging. Wenn einzelne russische Soldaten fast immer in betrunkenem Zustand, versuchten, sich frech und aufdringlich an Mitgefangene von uns heranzumachen, wurden sie zu unserem Glück von den tschechischen Wachen daran gehindert und sanft und vorsichtig wieder aus unseren Räumen hinauskomplimentiert. Die tschechischen Wachen selbst wurden indes mit der Zeit immer dreister und mitleidsloser, sie nahmen zum Beispiel Sachen, die ihnen begehrenswert erschienen, einfach den Deutschen weg. In unserem Raum war eine junge Frau, die mit ihren vier kleinen Kindern auf der Flucht in den Westen von tschechischen Einheiten aufgegriffen und in die Hyberna-Kaserne gebracht worden war. An einem Vormittag kam eine tschechische Wache in unseren Raum, inspizierte die sitzenden, stehenden oder liegenden Bewohner unseres Zimmers und entdeckte bei der jungen Frau ein Paar fast neue Wanderschuhe, die sie seit ihrer Flucht aus Schlesien an den Füssen hatte. Ihr wurde der Befehl gegeben, die Stiefel auszuziehen. Sie mußte trotz ihrer flehentlichen Bitte, sie behalten zu dürfen, gehorchen. Sie mußte die Stiefel ausziehen und hingeben, das einzige Paar Schuhe das sie besaß! Fassungslos saß sie auf dem Fußboden und weinte hemmungslos, und mit ihr die vier Kinder, die die Mutter nicht weinen sehen konnten. Nach einer kurzen Weile wurde ihr als Ersatz ein Paar uralte Kommisstiefel, die viel zu groß und unförmig waren, vor die Füße geworfen, und so ließ man sie verzweifelt sitzen. Eine andere Familie, eine Mutter mit zwei größeren Kindern und einer schon etwa 17 Jahre alten sehr entwickelten Tochter nebst dazugehöriger Großmutter, hatte Berge von Kisten, Kasten und Gepäck um sich herum und alle hatten darin reichlich Schuhwerk, um etwas abgeben zu können. Leider geschah nichts dergleichen, man verhielt sich vielmehr genau so selbstsüchtig wie mit den Lebensmitteln, welche die flotte Tochter in großem Stil durch Kontakte mit den tschechischen Wachposten herbeischaffte. Sie erreichte auf diese Weise sogar, daß die ganze Familie mit ihrem umfangreichen Gepäck nach wenigen Tagen in dem wohl letzten Sondertransport des Deutschen Roten Kreuzes nach Deutschland mitgenommen wurde.

Dieser letzte Abtransport des Deutschen Roten Kreuzes bedeutete für uns in der Hyberna-Kaserne Zurückgebliebenen, daß wir von nun an ohne jede ärztliche Hilfe waren; denn für das Tschechische Rote Kreuz waren wir ohnehin nicht existent. Nach der Auflösung des bisher vom Deutschen Roten Kreuz betreuten Lazaretts wurden die bis dahin in der dortigen Isolierstation von deutschen Militärärzten behandelten Kranken in das tschechische Krankenhaus „Bulowka" überführt. So auch der kleine an Nasendiphterie erkrankte Alexander. Seine Mutter hatte vom tschechischen Lagerkommandanten zwar die Erlaubnis erwirkt, ihr Kind in das Krankenhaus begleiten zu dürfen. Als sie aber mit Alexander in der „Bulowka" eintraf, nahm man ihr gleich in der Aufnahme-Kanzlei das Kind ab und ließ sie mitleidlos wissen, daß man auf deutsche Kinder als Patienten keinen Wert lege, sie könnten verrecken. Und so wurde sie von ihrem Kind roh und brutal getrennt. Frau W. kam vollkommen verzweifelt zu uns ins Zimmer zurück und saß von dieser Stunde an teilnahmslos zusammengekauert auf ihrem Lager, weinte still vor sich hin und hörte auch nicht, was um sie herum vorging. Ihre Mutter litt mit ihr. Ihre gemeinsamen Bemühungen, durch die Wachposten oder die Kommandantur irgend etwas über den Zustand und das Befinden des Jungen in Erfahrung zu bringen, scheiterten. Man ließ sie weder ins Krankenhaus, noch hörte jemand sie an. Bis zu der Stunde, wo wir alle die Hyberna-Kaserne für immer verließen, lebten Mutter und Großmutter in völliger Ungewißheit über das Schicksal des Kindes. Beim Abschiednehmen redete mir Frau W. gut zu, den Kinderwagen von Alexander mitzunehmen, als ahnte sie, daß sie ihn als Transportmittel wohl nicht mehr gebrauchen könnte. Erst nach Monaten erfuhren wir in unserem späteren Lager Kuttenberg von einer Frau, die wir noch aus der Hyberna-Kaserne her kannten, daß der Alexander noch am Tage seiner Einlieferung in das tschechische Krankenhaus gestorben war, Mutter und Großmutter aber, von denen wir bei unserem Abtransport nach Kuttenberg getrennt worden waren, erst nach einer Woche die Todesbestätigung erhalten hatten.

Nachdem das Deutsche Rote Kreuz aus der Kaserne abgezogen worden war, hatten wir, Fuchsens und ich, ein Erlebnis, das uns voll Dankbarkeit an einen Angehörigen dieser Gruppe zurückdenken ließ. Unser Freund vom Sanitätsdienst, dem wir einen Brief für unseren tschechischen Bekannten in Prag anvertraut hatten, war es, wie sich jetzt herausstellte, tatsächlich gelungen sofort den Brief an den Adressaten weiter zu befördern. Eines Vormittags wurden wir von einer Wache herausgerufen und vor uns auf dem Korridor stand Herr K. Welche Freude! Viel durften wir nicht miteinander sprechen, da der Wachposten nicht von unserer Seite wich. Herr K. übergab uns zunächst ein größeres Paket mit Eßwaren und erzählte uns dann kurz, daß er beim Kommandanten versucht habe, für uns gewisse Erleichterungen zu erreichen. Welcher Art diese sein sollten, blieb ungesagt, und wir konnten wegen des danebenstehenden Wächters auch nicht viel fragen. Herr K. fügte für uns und den Posten noch hinzu, daß eine Fürsprache für uns als Deutsche nur deshalb möglich gewesen sei, weil Frau Fuchs sich ein Jahr zuvor mit allen ihr zu Verfügung stehenden Mitteln für das Leben seines Sohnes eingesetzt habe.

Schon unmittelbar darauf wirkte sich die Fürsprache unseres tschechischen Freundes aus. Erna wurde zum Kommandanten beordert, der ihr nach einigen Fragen und kurz gehaltenen Worten eine Bescheinigung in die Hand drückte und sie dann militärisch kurz entließ! Mit klopfenden Herzen studierten wir auf unserem Strohlager dann gleich den Inhalt der Bescheinigung, der darauf hinauslief, daß man uns, Familie Fuchs-Hübler etwas rücksichtsvoller behandeln solle, da Frau Fuchs sich voll für eine tschechische Familie eingesetzt hätte, die nun ihrerseits für uns ein gutes Wort eingelegt habe. In der Behandlung, der wir als Deutsche ausgesetzt waren, änderte und besserte sich für uns zunächst nichts. Die Tage flossen dahin und allmählich hatten wir gar kein richtiges Zeitgefühl mehr. Je länger wir alle in der Kaserne eingesperrt waren, um so kläglicher erging es uns. Auch das Essen wurde sukzessiv weniger und schlechter. Der Gesundheitszustand sank weiter ab, besonders die Kinder hatten sehr darunter zu leiden. So wurde auch Axels Befinden täglich besorgniserregender. Erna, die immer Tapfere, sann auf einen Ausweg und fand ihn, dank der ihr ausgehändigten Bescheinigung. Sie nahm den Jungen auf den Arm und ging sehr zielstrebig den Korridor unseres Gebäudes entlang bis zur Wache, die Tag und Nacht den Treppenausgang bewachte. Sie zeigte dem Posten die Bescheinigung des Kommandanten vor und erzielte damit die gewünschte Wirkung, die Wache gab ihr die Passage zur Treppe frei. Ich beobachtete oben vom Fenster aus, wie sie mit Axel ihren ersten Spaziergang auf dem Kasernenhof machte. Mehrmals wurde sie dabei von irgendeinem Posten oder Soldaten angehalten, doch sobald sie die Bescheinigung mit der Unterschrift des Lagerkommandanten vorwies, ließ man sie in Ruhe. Auf dem Kasernenhof wanderten noch einige andere Auserwählte umher, die, aus welchen Gründen oder mit Hilfe welcher Protektionen immer, eine Sonderbehandlung genossen. So begegnete Erna auf dem Kasernenhof auch der jungen Polin, ohne jedoch mit ihr sprechen zu können. Am nächsten Tag wurden wir noch mutiger. Auf Grund der tschechischen Bescheinigung, die auf Familie Fuchs-Hübler lautete, wurde ich mit dem geliehenen Kinderwagen der Frau W., in dem mein Junge saß, ebenfalls bei der Wache durchgelassen. Diese Ausflüge an die Kasernenhofluft machten wir in den nächsten Tagen dann mit Hans zusammen gemeinschaftlich zu viert, sehr zum Ärger der Wachen, denen das nicht sehr behagte, die aber keine Handhabe fanden, uns trotz der Bescheinigung zurückzuweisen.

Einzelne Leute, darunter vor allem Prager Volksdeutsche, die sofort nach ihrer Inhaftierung geschickt und clever ihre verwandtschaftlichen Beziehungen zu Angehörigen des tschechischen Volkes ins Spiel gebracht und entsprechende Hilferufe an diese Verwandten gesandt hatten, wurden verschiedentlich aufgerufen und mit Gepäck angeblich in die Freiheit entlassen. Daß es tatsächlich so war, konnten wir ihnen nur von Herzen wünschen. Solange wir in der Kaserne lagen, kamen sie jedenfalls nicht zurück, später allerdings haben wir sie trotz ihrer engen verwandtschaftlichen Bande zu Tschechen wieder mit uns leiden sehen.

Demgegenüber stand eine Vielzahl von Neuzugängen. Es verging kein Tag, an dem nicht weitere Gruppen von Deutschen auf den Kasernenhof gebracht und von dort aus zu uns in die engen, sehr überfüllten Räume eingewiesen wurden, die immer mehr Heringsfässern ähnelten. Stroh wurde nicht mitgeliefert, so daß die Neuen mit einem erkämpften Platz auf dem kalten Steinfußboden zufrieden sein mußten. Die Neuankömmlinge waren meist Versprengte, die man einzeln und nicht in Gruppen oder Trecks in der Nähe von Prag aufgegriffen hatte, oder es waren Prager Deutsche, die sich bei Beginn des Aufstandes zu ihren tschechischen Verwandten oder Freunden geflüchtet und sich dort verborgen gehalten hatten. Geschont wurde nicht! Selbst wenn sie bereit waren, wieder Tschechen zu werden, half das den meisten wenig, sie wurden von den aufgebrachten und rachsüchtigen Tschechen als Kollaborateure und Verräter in Acht und Bann getan und zu den Deutschen in die Auffanglager gesteckt. Für ganz wenige mag es Hilfe gegeben haben. Dazu mußten sie allerdings schon sehr maßgebliche und einflußreiche Kreise als Fürsprecher haben, die ihre Rückverwandlung vom Deutschen zum Tschechen glaubhaft bezeugen und plausibel erklären konnten; für etwas einzutreten, was auch nur den geringsten Anschein einer deutschen Einfärbung hatte, war damals aber nur für eine kleine Minderheit von Tschechen denkbar. Unter den Neuzugängen befanden sich ferner auch solche Prager Deutsche, die vor dem 9. Mai Prag in Richtung Sudetenland verlassen hatten und, als sich die ersten Wogen nach dem Prager Aufstand gelegt hatten, treu und brav mit dem gesamten Gepäck wieder nach Prag heim- und zurückgekehrt waren, wo sie indes sofort von den Tschechen brutal festgenommen und in eines der Auffanglager eingeliefert wurden.

Wo man ging und stand, hörte man jetzt immer öfter, daß die Hyberna-Kaserne geräumt werden sollte, da sie für die nunmehr in aller Eile aufzustellende tschechische Armee benötigt würde. Die uns durch Flüsterpropaganda zugetragenen Parolen reichten von einer Überführung der Deutschen in ein altes Kloster[46] in der Nähe von Prag über einen endgültigen Abtransport bzw. Abschiebung nach Deutschland bis zu einer Verlagerung ins Landesinnere. Genaue Informationen hatten wir nicht und konnten auch nichts Glaubwürdiges in Erfahrung bringen. Umso mehr wuchs unsere innere Unruhe, denn nur die zweite Möglichkeit, die wir seit dem ersten Tag unserer Inhaftierung ersehnten, konnte uns beglücken, während die erste und die letzte Möglichkeit nur weitere Leiden und Nöte versprachen.

Die Nachricht, daß wir nun endgültig in das in der Nähe von Prag gelegene Kloster kommen sollten, verdichtete sich schließlich immer mehr, und eines Abends gegen 20 Uhr wurde uns mitgeteilt, daß binnen einer Stunde alle mit Gepäck abmarschbereit zu sein hätten. Nur die sehr Kranken könnten gefahren werden, alle anderen müßten zu Fuß gehen. Nach dieser Anordnung steigerte sich die Aufregung und das Durcheinander zur Hektik. Erna, die wegen ihres Herzleidens keine weiten und anstrengenden Strecken gehen konnte und so elend aussah, wie sie sich auch fühlte, wurde auf die schnell zusammengestellte Liste der Kranken geschrieben. Sie wollte unter allen Umständen natürlich Axel mitnehmen. Unsere paar Habseligkeiten hatten wir bereits gepackt, und es war inzwischen schon dunkel geworden, als der Gegenbefehl durchkam, daß der Abmarsch auf unbestimmte Zeit verschoben sei. Wir atmeten irgendwie erfreut auf, weil wir an diesen Zeitgewinn die Hoffnung knüpften, nun doch noch von hier aus direkt nach Deutschland entlassen zu werden, statt in das außerhalb Prags liegende Kloster übersiedeln und dort weiter auf unbestimmte Zeit in Haft bleiben zu müssen.

---

[46] Vermutlich ist hier das Kloster Strahov gemeint, das in den ersten Monaten nach der deutschen Kapitulation in der Tschechoslowakei als Hauptsammellager und Durchgangsstation für Internierte im Prager Stadtgebiet diente, Dokumentation der Vertreibung, 2. Beiheft, S. 73.

Wir waren jetzt schon fast 14 Tage in der Prager Kaserne eingesperrt, und Pfingsten stand vor der Tür. Am Freitag davor erhielten wir nochmals Besuch von Hern K., unserem tschechischen Freund. Ihm wurde aber diesmal nicht mehr erlaubt, sich mit uns zu unterhalten. Wir wurden von der diensthabenden Wache abgeholt und in ein Zimmer geführt, wo uns Herr K. ein Paket mit Kuchen und ein paar Kleinigkeiten überreichen durfte, dann aber wurde er schnell wieder von der Wache hinausgeleitet, ohne überhaupt nur ein paar Worte mit uns wechseln zu dürfen. Unsere Hoffnung, von ihm etwas in Erfahrung zu bringen, wie es wohl um unser aller Schicksal bestellt sei, erfüllte sich leider nicht.

Aber noch am selben Abend um 20 Uhr kam überraschend eine Liste ins Lager mit Namen von ca. hundert Personen, auf der auch wir, Fuchs-Hübler, aufgeführt waren. Die auf der Liste stehenden Personen sollten am nächsten Morgen um 7 Uhr abmarschbereit antreten, um in ihre Wohnungen in Prag entlassen zu werden. Ein sehr großes Glücksgefühl überkam uns, Erna und ich haben in dieser Nacht kein Auge zugemacht vor Freude! All unsere Zimmernachbarn beneideten uns, daß wir Glücklichen nach Hause durften, nicht so Frau W. und Mutter, die ja immer noch auf eine Nachricht über das Ergehen ihres Alexander warteten. Von manchen wurden hastig Namen und Adressen auf Zettel geschrieben und uns zugesteckt, mit der Bitte um sofortige Erledigung oder Beförderung. Natürlich versprachen wir das, glaubten wir doch fest daran, wirklich in unsere Wohnungen entlassen zu werden. Frau W., die nur ein Schatten ihrer selbst war, lebte etwas auf, als ich ihr zusicherte und versprach, mich sofort im Krankenhaus „Bulowka" nach dem Ergehen von Alexander zu erkundigen. Dankbar bot sie mir an, ihren Kinderwagen, der mir ja schon für die Kasernenhof-Ausflüge mit Axel geliehen worden war, bei unserem Auszug am nächsten Morgen in die Benediktsgasse für die Beförderung von Axel und den Transport von Gepäck zu benutzen und ihn ihr dann wieder zurückzubringen. Erst lehnte ich ihr so gut gemeintes Anerbieten ab, dann fand ich den Vorschlag aber doch sehr praktisch und nahm ihn dankend an. Wie naiv, einfältig und optimistisch wir alle waren, sollten wir schon zwölf Stunden später erkennen und erfahren.

In aller Herrgottsfrühe des Pfingstsamstag schnürten wir unsere Bündel wieder mal und traten unten auf dem Kasernenhof unter Bewachung in Zweierreihe an. Axel thronte im entliehenen Kinderwagen, für ihn war wenig Platz, weil wir auch einiges Gepäck darin verstaut hatten. Draußen war es um diese Zeit noch recht frisch. Aber wir spürten in der freudigen Erregung, unmittelbar vor der Entlassung zu stehen, nichts von der Kälte des Maimorgens. Die Morgenkost hatten wir noch nicht gefaßt, weil die Ausgabe immer erst um 1/2 8 Uhr erfolgte. Wir standen alle geduldig und warteten, zwischendurch wurden unsere Namen immer wieder aufgerufen, und wir antworteten jedesmal mit „Hier". Neue Wachposten zogen auf, man schien auf irgend etwas zu warten, worauf, war nicht zu ergründen, denn alle, die auf der Liste aufgeführt waren, standen vollzählig auf dem Kasernenhof. Es wurde bereits 9 Uhr, und nichts ereignete sich. Die Sonne schien jetzt schon heiß auf den wartenden Haufen Menschen, die Kinder wurden unruhig und entfernten und lösten sich aus den anstehenden Reihen, Mütter liefen hinter ihnen her und holten sie zurück. Plötzlich ein Zeichen und der Zug setzte sich in Bewegung, aber nur etwa zehn Meter und schon stand er wieder. Erneutes Warten. Dann erfuhren wir, daß unsere Papiere vom Polizeipräsidium noch nicht da seien, wir ohne diese aber nicht entlassen werden könnten. Wieder mußten wir stehen und stehen. Wir hatten keinen Bissen im Magen, dazukam die sich steigernde Hitze. Eine Frau wurde ohnmächtig und fiel um. Sie blieb auf dem Hof liegen. Nach einer Weile kam sie wieder zu sich und stellte sich erneut in die Reihe. Von einem der Wachposten, die dem Zug zugeteilt waren, erfuhren wir nun, daß wir in der aufgestellten Formation zum Polizeipräsidium gebracht würden, um dort einzeln vorgeführt zu werden; warum und aus welchem Grunde, teilte er uns nicht mit. Die Aussicht, geschlossen und unter Bewachung durch die Prager Innenstadt zu ziehen, an die wir alle seit unseren Erlebnissen vor bald zwei Wochen nur schaudernd zurückdenken konnten, bewirkte, daß eine panische Angst ausbrach und Leute, die noch fünf Minuten vorher keinen Zentimeter von ihrem Platz gewichen wären und eine drohende Haltung eingenommen hätten, wenn es jemand gewagt hätte, weiter nach vorn vorzudringen, traten jetzt unaufgefordert und freiwillig zurück, und ehe wir das so recht begriffen, standen wir plötzlich mit unserem Kinderwagen vorn an der Spitze des Zuges. Uns war es nun ganz egal! Als sich der Zug aber wirklich in Marsch setzen sollte, wurden wir wegen des Kinderwagens wieder nach hinten zurückgewiesen. Ich war zusammen mit noch einer jungen Frau die einzige von diesen ca. hundert Personen, die ein Kind unter zwei Jahren und einen Kinderwagen hatte.

Gegen 10 Uhr vormittags marschierten wir dann endlich los. Wir passierten das Haupttor der Kaserne und schlugen vom Hyberna-Platz aus die Richtung zum Graben und Wenzelsplatz ein. Von den vielen Wachposten, die noch auf dem Kasernenhof um uns herumgestanden waren, begleiteten uns jetzt nur noch vier Mann, zwei vorn und zwei hinten, alle vier bewaffnet mit Gewehr oder Karabiner. Mit gemischten Gefühlen sahen wir uns dem so vertrauten Stadtbild gegenüber, nichts hatte sich im Grunde geändert am faszinierenden Fluidum der Stadt. Strahlende Frühlingssonne über dem „Goldenen Prag", auf dem Graben das gewohnte Bild mit Passanten, Straßenbahnen und Fahrzeugen. Niemand schien sich von unserem Zug stören zu lassen, unbehelligt zogen wir auf der rechten Fahrbahnseite den Graben, die Prachtstraße Prags, entlang, die auf den Wenzelsplatz einmündet. Ich bemerkte hier und da zerbrochene Schaufenster und Fensterscheiben, weitere Spuren des Aufstandes oder Zerstörungen durch Kampfhandlungen waren nicht zu sehen, vielleicht waren sie beseitigt worden. Plötzlich entdeckte ich auf der einen Straßenseite eine uns wohl gut bekannte Tschechin X., die, wie viele andere, mit einem gewissen Interesse und unverhohlener Genugtuung dieses ärmliche Häufchen Deutscher musterte. Als sie Erna und mich erkannte, sah sie mit wohl ostentativ gezeigter Verachtung über uns hinweg. Irgendwie gab mir das einen Stich ins Herz und jetzt erst wurde mir so recht klar, daß wir uns nach der Auslöschung des tschechoslowakischen Staates durch Hitler und sein Regime nicht allzu sehr wundern durften, jetzt unsererseits irgendwie die Rechnung bezahlen zu müssen. Unsere Wache führte uns vom Graben aus durch die Viktoriastraße in eine kleine Gasse, an der links das Polizeipräsidium lag. In dieser Gasse wurden wir nun schon wieder heftig und haßerfüllt von Tschechen beschimpft, angespuckt, getreten, gestoßen und mit Gegenständen beworfen, so daß wir froh waren, als wir die Toreinfahrt erreichten, durch die wir in den Innenhof des Polizeipräsidiums gelangten. Hier im Hof wurde Halt gemacht. Erschöpft, ausgenommen und ziemlich kraftlos sanken wir alle auf unsere Koffer und Gepäckstücke, denn andere Sitzgelegenheiten fanden sich nicht auf dem gepflasterten Steinhof, der mitten in der gleißenden, heiß brennenden Sonne lag. Starker Hunger und Durst quälten uns. Zwei Stunden ließ man uns in der sengenden Sonne schmoren. Es gab wieder Ohnmächtige und Szenen der Verzweiflung. Von der angekündigten Einzel-Vernehmung unseres Trupps und irgendwelchen Vorbereitungen hierfür war nichts, aber auch gar nichts zu bemerken. Es schien, als ob der Sinn des ganzen Unternehmens darin bestanden hätte, uns hier leiden zu lassen und es mit anzusehen, vermutlich aus Rache für das, was man selbst hatte erdulden müssen! Nach dieser „gewalttätigen" heißen Wartezeit hieß es plötzlich zu unserem großen Erstaunen auf einmal: „Zurück, Kehrt, Marsch", und auf demselben Weg, den wir schon uns hinschleppend gekommen waren, zogen wir wieder zurück, zunächst jedenfalls. Was das zu bedeuten hatte, war absolut rätselhaft und völlig unklar. Es konnte sich wohl eigentlich nur um eine Schikane handeln, um uns zu quälen. Unsere abermalige Zurschaustellung und eine öffentliche Vorführung auf der Straße löste bei Passanten und Neugierigen jetzt mehr aktive Reaktion aus. Es begann mit derben Handgreiflichkeiten und harten Schlägen, mit denen man uns traktierte, und als unsere Bewachungsmannschaft vor solchen brutalen Übergriffen zaghaft versuchte, uns zu schützen, flogen uns harte Gegenstände, Steine und Brocken verschiedener Materialien um die Ohren oder in den Rücken bzw. ins Gesicht und an den Kopf! Aus den weit geöffneten Fenstern der Häuser, an denen wir vorbeiziehen mußten, wurden wir nun auch von oben mit faulen Tomaten, Kartoffeln, Kohlen und Kübel voll Dreck und Unrat beworfen. Für uns war das mehr als nur eine Heimzahlung, eine echte Bedrohung, der wir nun noch nach fast zwei Wochen nach dem Prager Aufstand ausgesetzt waren. Unsere Bewachungsmannschaft, unter deren Schutz wir befehlsgemäß durch die Prager Straßen zu ziehen hatten und die für unseren Schutz zu sorgen hatte, verhütete tatsächlich Schlimmeres! Wir wurden dann wohl auch deshalb nicht denselben Weg über den Graben und die anderen Hauptstraßen zurückgeführt, sondern machten mehrere Umwege und passierten kleinere Straßen und Gassen in Richtung Hyberna-Kaserne. Bevor wir aber dieses Ziel erreichten, bogen wir kurz davor nach links ab zum Hyberna-Bahnhof. Am Haupteingang des Bahnhofs wurden wir nur vorbeigeleitet und zum Eingang des Güterbahnhofs gebracht. Hier machten wir Halt! Wieder langes Warten auf das, was zu unserer erneuten Bestürzung nun wieder auf uns zukommen sollte. Wohin wollte man uns eigentlich von hieraus wegschaffen, weiter nach Osten oder wirklich in die Heimat? In unserer Phantasie schien uns jedoch jedes Unheil möglich. Zu optimistischen Gedanken waren wir in unserem angsterfüllten Gemüt kaum fähig. Ein Zeichen, ein Befehl, und wir setzten uns erneut in Marsch, weiter hinein in das unübersichtliche Areal des Prager Güterbahnhofs. Ziemlich weit draußen kamen wir wieder zum Stehen!

Unsere Wachen, die uns bisher geführt und kommandiert hatten, wurden jetzt von plötzlich auftauchenden Polizisten und Zivilisten abgelöst und verschwanden von der Bildfläche. Wir standen und warteten, bis neue Befehle und Kommandos kamen. Der erste Befehl, an alle gerichtet, lautete: „Die Männer nach rechts, die Frauen nach links aus der Reihe heraustreten". Ein aufgeregtes wildes Durcheinander brach los, weil die Frauen, die halbwüchsige Söhne oder den alten Großvater bei sich hatten, sich nicht von ihnen trennen lassen wollten. Es gelang außer Erna nur sehr wenigen, die Familientrennung zu verhindern. Sie aber erkämpfte sich diese Bevorzugung mit ihrer vom Kommandanten der Kaserne ausgestellten Bescheinigung und durfte Hans, der 16 Jahre alt, aber krank war, bei sich, das hieß bei unserer kleinen Familie behalten, und er wurde auch bis zum Ende unserer Internierung nicht mehr von uns getrennt. Außerdem erreichte Erna, daß ein noch nicht 14-jähriger Junge, der sich uns auf dem Hof der Hyberna-Kaserne angeschlossen hatte und der Tonschi (Kosename von Anton) genannt wurde, bei uns bleiben durfte und nicht zu den Männern kam, obwohl er mit seiner stattlichen Größe schon recht männlich wirkte. Ihn hatte man irgendwo bei Prag festgenommen, als er noch schnell in Richtung Karlsbad zu Verwandten reisen wollte, weil ihn seine in Prag wohnenden Eltern dort in Sicherheit wähnten. Sein Gepäck hatte man ihm restlos abgenommen, bevor er in die Hyberna-Kaserne gebracht worden war. Wir hatten uns schon dieses großen Kindes auf dem Kasernenhof, wo er mit nichts in der Hand hilflos und verlassen dastand, angenommen, und zum Dank half er uns nachher auf dem Marsch beim Tragen unserer Habseligkeiten. Die angetretenen Männer wurden abgeführt, aber nicht in Richtung Stadt, sondern die Eisenbahnschienen entlang, weg von dem fernen Häusermeer. Verzweifelt schauten ihnen die Frauen nach. Wir standen weiter in der unerträglichen Sonnenglut herum, vor der wir weder durch Bäume noch ein schattenspendes Dach geschützt waren. Das Warten wurde zur Qual. Endlich erging die Aufforderung, uns mit der Bewachung erneut in Bewegung zu setzen. Wir trotteten unseren Wachposten hinterher, die sich immer weiter von den belebten Teilen des Güterbahnhofs entfernten. Ich habe fast sechs Jahre in Prag gelebt und kannte die Stadt recht gut, daß aber der Güterbahnhof in Breite und Tiefe diese Ausdehnung besaß, war mir völlig neu; es mag auch sein, daß ich es nur damals so empfand, weil jeder meiner Schritte in dieser Stunde in die Unendlichkeit zu gehen schien. In weiter Ferne sahen wir irgendwelche Baulichkeiten, auf die wir zumarschierten, und als wir näher kamen, entdeckten wir dahinter zwei geschlossene Güterwagen. Rechts und Links davon war schon freies Land. Direkt vor den Güterwagen wurde uns Halt geboten. Nach einer relativ sehr kurzen Wartezeit wurden die Türen der beiden Waggons aufgeschoben, und wir mußten nach namentlichem Aufruf einzeln hineinklettern. Eine fast sengende Hitze schlug uns entgegen; die geschlossenen Waggons hatten stundenlang in der Hitze gestanden, und die Luft im Inneren kochte!

In dem Waggon, der sich als Viehwagen entpuppte, wurde zu unserer Überraschung erneut eine Gepäckkontrolle von Uniformierten durchgeführt. Darauf waren wir nun wirklich nicht mehr gefaßt gewesen, und so wanderte aus Gepäckstücken und Säcken wiederum manch versteckter begehrenswerter Gegenstand in die Hände unserer Ordnungshüter. Uns selbst wurde diesmal nichts weggenommen, weil Axel auf unseren wenigen wertvollen Sachen lag und darauf eingeschlafen war. Nachdem die Filzung im Viehwaggon durchgeführt und erfolgreich abgeschlossen war, durften wir nochmals aussteigen und das schräg gegenüberliegende Güterbahnhofs-Klo der Reihe nach benutzen. Neben dem kleinen Güterbahnhofsgebäude entdeckte jemand zum Glück noch einen Wasserhydranten, und sämtliche uns zur Verfügung stehenden Gefäße wurden, ohne daß eine Erlaubnis dafür vorlag, schnell mit Wasser gefüllt. Danach wurden die Türen des Waggons zugeschoben, und wir warteten auf unsere Abfahrt ins Ungewisse. Das dauerte abermals eine irrsinnig lange Zeit. Die Hitze im Viehwaggon wurde nach dem Schließen der Waggontür wieder unerträglich. Wir waren alle schweißgebadet von der Glut der im Wagen herrschenden Temperatur. Endlich war es dann so weit, die Tür unseres Waggons wurde geöffnet, und unsere neue Bewachung, zwei Zivilisten mit umgehängten Karabinern, stiegen zu uns ein. Sie ließen wenigstens die Türen an beiden Seiten des Viehwagens einen Spalt offen, um etwas Frischluft zu bekommen. Einer der beiden Wachposten riß schnell vom Boden des Waggons eine Bohle heraus und gab uns mimisch und gestisch zu verstehen, daß wir die so verstandene Öffnung als „Toilette" benutzen könnten. Jetzt endlich begann die Fahrt. Von einer Güterzug-Lokomotive gezogen setzte sich das Transportgut in Bewegung! Wohin es wohl ging? Das Ziel blieb für uns unbekannt und unbestimmt. Wir vermuteten, nach Sibirien! Als Fahrtrichtung glaubten wir durch die leichtgeöffneten Schiebetüren zwar nicht den Osten, sondern den Süden ausmachen zu können, aber letztlich war das vollkommen unbedeutend, denn unser Zug, der nur aus einer Lok und unseren zwei Waggons bestand, hatte seine Fahrt in Wirklichkeit noch gar nicht richtig aufgenommen. Es erschien uns alles so sinnlos abzulaufen. Wir wurden abgekoppelt, auf ein anderes Gleis geschoben, abgehängt, angehängt, hin und her gefahren, rangiert und umrangiert, und dabei befanden wir uns selbst nach mehreren Stunden noch immer oder wieder auf dem Gelände des Prager Güterbahnhofs. Nach den diversen Rangiermanövern wurden unsere beiden Güterwagen dann letztlich an einen vermutlich fahrplanmäßigen Güterzug angehängt, und mit diesem Güterzug rollten wir dann endlich in unsere nächste Zukunft. Beim Hinausfahren aus Prag nahm ich Abschied von einer Stadt, die ich lieb gewonnen hatte und wohl auch immer in liebenswerter Erinnerung behalten würde, trotz allen Unglücks, das uns in den letzten Wochen dort widerfahren war.

Abtransport nach Kuttenberg (Kutná Hora)

Nachdem wir Prag hinter uns gelassen hatten, ging unsere Fahrt, wenn auch unterbrochen durch einige Stopps, langsam zwar, aber stetig vorwärts. Wohin wir fuhren, wußten wir noch immer nicht. Wir hatten nur den vagen Eindruck, als ob sich der Zug in südlicher Richtung bewegte. Auf einem größeren Bahnhof, dessen Namen wir durch die schmalen Türschlitze, die zudem von den Wachposten verdeckt waren, nicht erkennen konnten, hielten wir wieder einmal eine längere Zeit. Wie, warum, weshalb und wieso war schon keine Frage mehr für uns. Von irgendwoher besorgte einer unserer Wächter zu unserer großen Überraschung eine warme Suppe für unsere beiden Kleinkinder. Wir beiden Mütter staunten nicht wenig über so viel Menschenfreundlichkeit und dankten ihnen sehr dafür. Die Kinder waren diesen ständigen Anforderungen kaum noch gewachsen. Für alle anderen Insassen des Waggons gab es nichts zu essen, es sei denn, die Reisenden griffen ihre stillen Reserven an, sofern sie welche hatten, aber Wasser, um den Durst zu stillen war ja vorhanden und hatte den Hunger zu kompensieren! Für Axel hatten wir zum Glück noch immer etwas von dem guten Kuchen, den uns Herr K. in der Kaserne noch vor unserem Aufbruch mit unbekanntem Ziel übergeben hatte. Während wir auf die Weiterfahrt unseres Güterzuges warteten, sahen wir durch den Spalt der Waggontür einige Soldaten den Bahnsteig entlang kommen. Unruhe und Schrecken verbreitete sich gleich, als wir die russischen Uniformen erkannten! Sie blieben vor unserem Waggon stehen, schoben die Tür von draußen einfach auf, wechselten ein paar kurze Worte mit unseren Posten, die keine gehorsame Position einnahmen und den Russen sofort den Blick ins Waggoninnere freigaben! Die russischen Soldaten schauten uns gar nicht an, sondern ließen ihre Blicke über das Gepäck, die Bündel und über den Fußboden gehen, wo alles Mögliche herumstand und -lag. Einer der Russen entdeckte dann auch, was sie suchten und brauchten. Er zeigte auf ein deutsches Wehrmachts-Kochgeschirr, das auf dem Fußboden in einer Ecke vollgefüllt mit Wasser stand. Das sollte man ihm geben. Keiner rührte sich, und niemand händigte es ihm aus. Erst auf mehrmaligen unmißverständlichen Befehl gab es die Besitzerin, in Deutsch heftig protestierend, schließlich heraus. Die Russen grinsten nur und zogen damit, nachdem sie das Wasser ausgeschüttet hatten, zufrieden ab. Wie wir nun sehen konnten, gingen sie quer über die Schienen auf ein anderes Gleis zu, wo ebenfalls ein Güterzug stand. Vor einem Tankwagen blieben sie stehen; ein anderer russischer Soldat erschien hinter dem Tankbehälter, das Eßgeschirr wurde ihm hingereicht, und jetzt wurde klar, daß es dabei um den Empfang einer Alkohol-Ration ging. Weitere Beobachtungen konnten wir nicht mehr machen, weil sich unser Güterzug wieder in Bewegung setzte. Das wertvolle Kochgeschirr blieb damit für die nachtrauernde Besitzerin auf immer verloren.

Von unserem Viehwagen sahen wir nun durch den etwas geöffneten Türspalt wieder das in satter Vorsommerpracht liegende böhmische Land. Die Sonne dieses heißen Maitages schickte sich an, langsam im Westen unterzugehen, und die Luft, die jetzt würzig und duftig bis in unseren stinkenden Waggon hereinkam, ließ uns die Erbärmlichkeit unserer Situation noch deutlicher erkennen. Gegen 9 Uhr abends erreichten wir das Ziel, was man für uns ausgesucht hatte. Wir waren in Kuttenberg (Tschechisch: Kutná Hora), einer kleinen Bezirksstadt im mittleren Böhmen gelandet und sollten hier ausgeladen werden. Unsere Bewacher sprangen aus dem Waggon und gaben knallharten Befehl, schnell und rasch auszusteigen. Da unsere beiden Eisenbahnwaggons bei Prag ans Ende des Güterzuges angehängt worden waren, standen wir ziemlich weit draußen auf dem Bahnhofsgelände zwischen den Schienen, während der Güterzug mit den zwei von Menschen entleerten Wagen langsam weiterfuhr und ziemlich schnell hinter einer Biegung verschwand! Mit unseren Wachposten marschierten wir mit Sack und Pack und Kinderwagen bis zum Ausgang des Bahnhofs, wo wir von Polizisten und anderen uniformierten Tschechen in Empfang genommen wurden. Erneut wurden anhand einer Liste unsere Namen aufgerufen, und als das geschehen war und „tatsächlich" niemand fehlte oder abgängig war, ging es in straffer Marschkolonne, begleitet von einem neuen Bewachungstrupp, der jetzt aus schwer bewaffneten Uniformierten bestand, einem wiederum unbekannten Ziel entgegen. Unsere Posten, die uns von Prag nach Kuttenberg gebracht hatten, blieben zurück und sind vermutlich später wieder nach Prag zurückgefahren. Unsere beiden Bewacher waren ja recht human und freundlich zu uns gewesen, während jetzt die Neuen schon äußerlich furchterregend auf uns wirkten und noch ein unbeschriebenes Blatt waren!

Der Bahnhof Kuttenberg, provinziell und kleinstädtisch, liegt ziemlich weit draußen vor der Stadt, und wir mußten die sich lang hinziehende Straße zur Stadt, die bergauf und bergab verläuft, stur entlangmarschieren. Von der freien Landschaft und der Stadt mit ihrem Umfeld nahmen wir kaum etwas wahr, wir waren vollkommen übermüdet, ausgelaugt und hungrig. Als wir endlich zu den ersten Häusern der Stadt kamen und dann durch die Straßen trotteten, sahen nur wenige Leute auf den Bürgersteigen, mehr neugierig als gehässig, zu unserem armseligen Häuflein hinüber. Der Aufstand im Lande hatte hier offensichtlich einen ruhigeren Verlauf genommen. Wir bemerkten da keine so haßerfüllten und rachelüsternen Menschen wie in Prag. Nur vereinzelt und ab und zu wurden uns Schmährufe und Schimpfworte zuteil, zu Tätlichkeiten kam es nicht ein einziges Mal. Ich bildete mit meinem Kinderwagen, auf dem Axel, umrahmt von unseren Koffern und anderen Gepäckstücken saß, immer eine Tempobremse und hatte meine Not, mit der Geschwindigkeit Schritt zu halten, in der uns unsere Polizeiwachen durch die Kuttenberger Straßen jagten, vielleicht, um Handgreiflichkeiten zu vermeiden, vielleicht aber auch, um früher Feierabend zu haben. So dachten wir; der wahre Grund für diese Eile, so stellte sich später heraus, war jedoch eine Anweisung, uns einfach und gezielt zu drangsalieren. Die meisten von uns hatten doch noch eine ganze Menge Gepäck zu schleppen, so daß die schnelle Gangart für sie, es waren ja Frauen und Kinder, starke Männer fehlten in unserem Trupp ganz und gar, zu einer wahren Tortur wurde! Irgendwo bogen wir von der Hauptstraße, die vom Bahnhof in die Stadt führte, nach links ab und sahen nun vor uns die sich majestätisch vor dem Abendhimmel abzeichnende St. Barbara-Kathedrale von Kuttenberg liegen. Es war für mich ein sehr besinnlicher Anblick. Doch für Romantik und Schönheitsempfindungen blieb keine Zeit, wir wurden unerbittlich weitergehetzt, und ich hatte mit dem doch schon recht altersschwachen und gebrechlichen Kinderwagen größte Mühe, mitzukommen. Auf einer Allee, in die wir einbogen, gab es zum ersten Mal eine kleine Pause. Wir hielten vor einem großen Gebäude, in dem die Polizeidienststelle und die Militärkommandantur untergebracht waren. Wir ließen uns alle vollkommen erschöpft und kraftlos auf die Erde fallen, um zu verschnaufen. Nach nur wenigen Minuten mußten wir aber wieder aufstehen, und die Polizeiwache, die uns vom Bahnhof bis hierher gebracht hatte, übergab uns jetzt an recht wild aussehende Partisanen oder wie sie sich auch immer nannten.

Unsere neuen bewaffneten Aufpasser hatten nichts Eiligeres zu tun, als uns weiterzutreiben, und in einer gezielten Hetzjagd ging es wieder hinaus aus den Wohngebieten der Stadt und auf einer Landstraße bergaufwärts in ein freies hügeliges Gelände. In der Ferne sahen wir Dörfer und Gehöfte liegen, auf die wir zumarschierten, um dann plötzlich wieder die Richtung zu ändern. Langsam ging uns bei diesem Tempo die Puste aus. Unsere Partisanen störte das in keiner Weise, im Gegenteil, sie verschärften die Geschwindigkeit noch, brüllten ihr „svinburvy"[47] (zu Deutsch: Schweine und Huren) und ihr gnadenloses „honem, honem" (schnell). Sobald einer aus dem Zug sich anschickte, sein Gepäck kurz abzusetzen, um zu verschnaufen, schossen sie wie die Pfeile heran, schwangen ihre Gummiknüppel, schlugen zu oder brüllten den Ärmsten so zusammen, daß sich der mit letzter Kraft weiterschleppte. Kranke und Alte, die wir schon von Prag her in unseren Reihen hatten, waren schon lange überfordert. Wenn sie trotzdem nicht aufgaben, sondern versuchten, tapfer mitzuhalten, so war das ein Zeichen ihres unbeugsamen Willens, nicht schlapp zu machen und damit uns vor Nachteilen zu bewahren.

Nachdem wir das erste Dorf erreicht und durchquert hatten, wurde das nächste anvisiert. Hinter dieser sehr kleinen Ortschaft, die nur aus wenigen Häusern bestand, bogen wir dann vollkommen ziellos und jäh in einen Feldweg ein, der von schweren Fahrzeugen oder Ackerwagen vollkommen zerfahren war. Ich kam daher mit meinem Kinderwagen auch nur sehr schwer voran, konnte nicht Spur halten und rutschte von einer Furche oder Vertiefung in die andere. Es dauerte nicht lange, und unsere Kutsche kippte mitsamt dem Jungen und dem Gepäck um, und der Inhalt ergoß sich auf den Weg. Axel heulte verschreckt auf und schrie dann wie am Spieß. Zum Glück hatte er sich bei

---

[47] Muß heißen: Svine kurví.

dem Sturz nichts getan, ich konnte aufatmen! Noch bevor ich ihn und das Gepäck wieder im Wagen hatte, stand einer der Partisanen neben mir, schwang drohend seinen Gummiknüppel und trieb zur Eile an. Ich ließ mich aber nicht beirren, verstaute Axel und alles andere mit flatternden Händen und eilte erst dann von dem ständigen „honem, honem" begleitet in noch größerem Tempo mit Axel los, um wieder Anschluß an unseren Zug zu finden. Wie lange wir noch kreuz und quer durch die Landschaft gehetzt worden sind, weiß ich heute nicht mehr zu sagen. Es war beinahe gespenstisch, als wir schon im Halbdunkeln von einer Anhöhe aus in ein durch die Lichtverhältnisse unheimlich wirkendes Tal schauten und dann dort hinuntergetrieben wurden. Wir erkannten ein einziges größeres Haus, ein Gehöft, das von Sträuchern oder Büschen umgeben war und in unmittelbarer Nähe eine kleine Waldung, deren Umrisse wir bei dem Zwielicht nur ahnen konnten. Die Nacht brach nun schnell herein, die Konturen des Waldes wurden ungenauer und verwischt, und instinktiv fürchtete wohl so mancher von uns, daß wir in das unheimliche Tal zwischen Busch und Waldstück getrieben würden, um, wie man es damals schändlicher Weise oft nannte, liquidiert zu werden. Wir hielten jedoch auch hier keine Minute an, sondern liefen in unverminderter Schnelligkeit durch das Tal auf den Wald zu und dann durch den Wald hindurch, bis wir nach kürzerer Zeit auf ein spärlich erleuchtetes Gasthaus stießen, wo wir endlich zum Stehen kamen. Hier vor dem abgelegenen Waldgasthof, in beängstigender Einsamkeit und der Stille der Nacht wurde mir das Beunruhigende unseres Schicksals noch drohender bewußt. Wir warteten, während unsere Bewacher vor dem Eingang der Wirtschaft längere Verhandlungen und Gespräche mit dem Gastwirt abhielten. Nach gut einer viertel Stunde etwa wurden wir von den Partisanen in einen Tanzsaal geführt, der bis auf viele übereinander gestapelte Stühle ausgeräumt war. In der einen Ecke des Raumes lag eine ziemliche Menge Stroh, das wir nehmen durften. Jeder raffte davon ein paar Arme voll zusammen und baute sich sein Plätzchen für die Nacht, möglichst an der Wand des Saales. Nach kurzer Zeit sanken alle vollkommen erschöpft und ermattet auf ihre Strohlager. Unsere Bewacher führten unterdessen ihren namentlichen Zählappell durch, weil, wie sie sagten, alles stimmen müsse, damit jeder nachher sein Essen bekäme und niemand dazu fehle! Allein das Wort „Essen" machte uns wieder munter und hoffnungsvoll, denn die meisten von uns hatten an diesem harten, schweren und sehr anstrengenden Tag nur das Wasser als Tagesverpflegung gehabt.

Dem Jungen ging es nicht gut. Schon auf der Fahrt im Viehwagen hatte ich voller Sorge gemerkt, daß seine Darm- und Magenerkrankung wieder schlimmer geworden war, und jetzt lag er fiebernd im Stroh in dieser erbärmlichen Umgebung. Ich mußte erneut einige Wäschestücke aus unserem Gepäck zerreißen, um für ihn daraus Windeln zu machen. Auf unser Essen warteten wir bis in die Nacht hinein vergeblich; unsere Wachposten ließen sich nicht wieder sehen, noch der Gastwirt unseres Etablissements. Den Wachdienst für die Nacht übernahm eine neue, kleinere Gruppe, alles bewaffnete Zivilisten. Im

Tanzsaal, der nur sehr spärlich von einer an einem Draht herunterhängenden elektrischen Birne beleuchtet war, herrschte eine verhältnismäßig schläfrige Ruhe. Da meine Familie keinen Platz an der Saalwand mehr ergattert hatte, lagen wir mit dem Rücken an einer Reihe aufeinandergestapelter Stühle, unter die wir gleich am Anfang der Nacht unser Gepäck gelegt hatten. Erna fühlte sich sehr elend, sie war vollständig erschöpft von den Strapazen des Tages und vor allem von dem Gewaltmarsch, der ihre Kräfte weit überfordert hatte. Sie fand überhaupt keinen Schlaf. Dann bekam sie einen schweren Herzanfall. Wir hatten aber kein Herzmittel, um ihr zu helfen. Es dauerte daher lange, bis sich ihr Herz langsam wieder beruhigte. Hans und Axel lagen im tiefen Schlaf neben uns, und auch ich schlief vor Müdigkeit ein. Plötzlich wurde ich von Ernas Hand vorsichtig geweckt und im selben Augenblick hörte ich draußen vor dem Tanzsaal mehrere Schüsse fallen. Dann – bevor ich mich so recht ermuntert hatte, flüsterte Erna mir zu: „Russen sind im Saal, krieche etwas weiter und tiefer unter die Stühle." Ich befolgte sofort ihren Rat und tauchte unter die Stuhlreihe. Zwei blutjunge Russen, deren Falten schlagende Stiefel, große platte Tellermützen und breite rechteckige Epauletten sich mir besonders einprägten, waren in den Tanzsaal gekommen und knallten mit ihren Pistolen wild in der Luft herum, offensichtlich waren sie stark angetrunken. Niemand im Saal regte sich, jeder schaute gebannt auf das, was sich hier tat, und wagte vor Schrecken über die unmittelbare Bedrohung durch die schießenden russischen Soldaten kaum zu atmen. Die Situation war brisant und gefährlich. Die beiden gingen bis in die Mitte des Raumes und stierten jeden an, der sich in dem Lichtkreis der trüben Lampe befand. Dabei entdeckten sie ein noch kindhaftes junges Mädchen, das mit seiner Mutter verängstigt und erschreckt im Stroh lag. Der eine der Russen griff nach dem Mädchen und versuchte, es zu sich hochzuziehen. Es sträubte sich mit weit aufgerissenen Augen, während die Mutter sie dabei, so gut sie konnte, unterstützte. Das Mädchen schrie nun aus Leibeskräften zusammen mit der verzweifelten Mutter laut um Hilfe. Die Soldaten zeigten sich unbeeindruckt, schienen aber auch nicht richtig gewalttätig zu sein. Von unseren Bewachern, die uns ja hätten schützen und behüten sollen, war nichts zu sehen, sicher wollten oder sollten sie nichts sehen und hören! Von unseren ganz wenigen deutschen Männern, es waren ja nur einige alte oder wehruntaugliche Männer bei uns, reagierte keiner auf die Bitten der Mutter um Hilfe. Ich erinnere mich bis auf den heutigen Tag, daß wir damals alle ausnahmslos über dieses Verhalten unserer deutschen Männer sehr enttäuscht und ernüchtert waren; nach unseren damaligen Vorstellungen wäre es ihre Pflicht gewesen, dem Mädchen irgendwie beizustehen. Nicht zu verkennen ist dabei natürlich, daß die beiden jungen Soldaten Pistolen hatten und damit in ihrem alkoholisierten Zustand sehr leichtfertig umgingen. Das Mädchen aber hatte Mut, sie wich keinen Zoll von ihrem Platz, auch dann nicht, als der Russe sie mit der Pistole bedrohte, falls sie ihm nicht gehorche und nicht mit ihm ginge. Der andere Russe stand beobachtend dabei. „So erschießen Sie mich doch, ich rühre mich hier nicht vom Fleck" schrie das Kind ihn an. Danach schoß der junge Soldat mit dem Revolver in die Luft. Es war aber nur ein Schreckschuß, der kein Unheil anrichtete. Darauf verschwanden die beiden russischen Soldaten aus dem Saal. Das Mädel sprang sofort auf, um sich schnellstens ein Versteck zu suchen, was in dem fast leeren Saal ziemlich töricht erschien. Mit Gepäck, Koffern und Stroh baute ihre Mutter ein Versteck für den Rest dieser aufregenden Nacht. Während draußen in der Nacht weiter geknallt, geschossen und geballert und wohl sicher auch getrunken wurde, überlegten wir alle, woher die beiden Russen wohl gekommen und warum und wohin sie so schnell wieder verschwunden waren. Zum Schluß war uns dann aber schon alles egal, wichtig allein war letztlich nur, den Willen zu haben, sich nicht gleich aufzugeben, sondern für das bißchen Leben zu kämpfen. Schließlich fielen wir, vollkommen übermüdet und von den Tages- und Nachtgeschehnissen zermürbt, in einen unruhigen Schlaf.

Schon sehr früh am Morgen wachte ich frierend und sehr hungrig auf. Draußen hörte ich den Regen vom Himmel rauschen. Es goß wie mit Gießkannen, ein trostloser Vorgeschmack auf den kommenden Tag. Als ich Axel (an diesem unfreundlichen Morgen nannte ich ihn liebevoll und zärtlich „Axlicek", ein Kosenamen unserer Pani Hr., meiner Zugehfrau in Prag, die den Jungen sehr gemocht hatte und er sie noch mehr!) sauber machte, schien er mir nicht mehr so hohes Fieber zu haben. Auch er verlangte hungrig nach Essen und bekam dann gleich den vorletzten Rest des schon recht trockenen Kuchens von K.'s, den er langsam ohne Genuß vor sich hin mampfte. Da wir für ihn nichts mehr zu trinken hatten, ging ich hinaus, um im Gasthaus oder draußen nach Wasser Ausschau zu halten. Ich sah dann auch schon verschiedene Saalgefährten unmittelbar hinter dem Gebäude an einem kleinen Bach ihre Morgentoilette verrichten. Dieses Bächlein wurde von einer Quelle gespeist, die nur wenig weiter mitten in dem Wäldchen lag. Quellwasser also, welche Köstlichkeit, genug für alle, der kleine Bach dazu, um sich zu säubern und zu waschen und das in einer fast paradiesischen Waldeinsamkeit, wenn auch im strömenden Regen, das war für uns der Morgengruß, das Festgeschenk des Pfingstsonntags 1945; Lagebestimmung: nicht exakt nachzuvollziehen, aber nicht weit von Kuttenberg in Mittelböhmen, ca. 70 Kilometer von Prag.

Toiletten waren hier draußen nirgends zu entdecken, die in der Waldgaststätte waren und blieben für die Deutschen verschlossen, so daß wir uns in das Waldstück zurückziehen mußten; von den Russen war glücklicherweise weit und breit nichts zu sehen noch zu hören. Als ich in den Tanzsaal zurückkam, fand ich den Jungen, von Erna betreut, wieder in einem recht kläglichen Zustand vor, seine Darm- und Magenerkrankung machte uns und ihm erneut zu schaffen. Ich ging also mit allen bisher verbrauchten Windeln hinaus zu dem Bach, um sie dort zu waschen, das Herz voller Angst und Sorge um mein Kind. Zum Aufhängen der Windeln bestand ja draußen keine Möglichkeit, so hängte ich die Kinderwäsche einfach über den Kinderwagen auf. Draußen rauschte der Regen weiter auf die Erde nieder. Dieser Pfingstsonntag versprach wahrlich ein heiterer Feiertag zu werden. Wir lagen fröstelnd und hungrig auf unserem Strohlager herum. Von einem Frühstück, einer Tasse Tee oder Kaffee geschweige denn einem einzigen Stück trockenen Brotes war nichts in Vorbereitung oder in Sicht. Der Wirt des Lokals, der über unseren Einzug alles andere als erfreut gewesen war, aber wohl auch mit seinem Widerstand uns überhaupt hereinzulassen sich nicht hatte durchsetzen können, lehnte deshalb jede Bitte, uns doch wenigstens selbst einen Tee oder Kaffee kochen zu lassen, kategorisch ab. Von unseren Wächtern erfuhren wir später den eigentlichen Grund seiner fast feindseligen Einstellung gegen uns. Unsere Einweisung in dieses Quartier habe auf einem Mißverständnis beruht, wir hätten hier überhaupt nicht einquartiert werden sollen, vielmehr wäre dieser Tanzksaal für ein männliches Arbeitslager vorgesehen gewesen und reserviert worden, das in der umliegenden Landwirtschaft eingesetzt werden sollte. Daher der Unwille des Gastwirtes, der eine ganz andere Einquartierung erwartet hatte, aber unseren Einzug nicht verhindern konnte!

Gegen Mittag wurde der Befehl ausgegeben, sich zum Abmarsch fertig zu machen. Draußen regnete es noch immer mit unverminderter Heftigkeit und Ausdauer, mißmutig und noch ausgehungerter als zuvor, zogen wir wieder mit Sack und Pack aus dem Tanzsaal auf die davorliegende überdachte Veranda das Gasthofes, um dort im Trockenen auf den nächsten Abmarsch zu warten. Gegen ein Uhr mittags war es dann endlich so weit; in der gewohnten Zweierreihe setzten wir uns in Bewegung. Um nicht gleich bis auf die Haut durchzunässen, hängte sich jeder irgendetwas über Kopf und Schulter. Einer von uns hatte einem der Wachposten, die uns mittags neu übernommen hatten, die Auskunft entlockt, daß es jetzt wieder direkt nach Kuttenberg ginge. Die Parole wurde weitergegeben und alle dachten besorgt an den sehr langen Weg, den wir am Tage zuvor gegangen, gehetzt und gescheucht worden waren! Trotzdem war für uns gegenwärtig das Wichtigste, durch das Hundewetter in eine, wie auch immer geartete Unterkunft gebracht zu werden, damit die qualvolle und kaum noch erträgliche Schinderei bald ein Ende mit oder ohne Schrecken fände. Wir wünschten uns einfach, egal wo und wie, ein Dach über unserem Kopf und nur einen Platz zum Verschnaufen. Den Gedanken an eine Rückkehr in die Heimat hatten wir schon verdrängt. Der Wald, durch den wir wiederum marschierten, erschien uns heute trotz des anhaltenden Regens nicht mehr so unheimlich. Bald ließen wir ihn hinter uns und wurden nun, statt auf den elenden Ackerweg des Vortages, über einen glatten, ebenen Feldweg geführt, auf dem auch meine Kinderchaise mühelos geschoben werden konnte. Schon nach recht kurzer Zeit erreichten wir die Hauptchaussee nach Kuttenberg. Wir konnten den Unterschied zum Gestern zunächst gar nicht fassen, begriffen aber dann doch sehr schnell, wie und warum heute alles so anders war. Am Tage zuvor waren wir sinnlos durch die Gegend getrieben, gejagt, schikaniert, gehetzt, geschlagen und in Angst und Schrecken versetzt und gepeinigt worden, einfach zur Strafe dafür, daß wir Deutsche waren. Unsere derzeitige Bewachungsmannschaft ging jetzt etwas humaner mit uns um. Die Alten, Kranken und Gehbehinderten, die immer wieder stehen bleiben mußten, um zu verpusten, wurden zwar wie am Vortag von den Wachposten sofort zum Weitergehen aufgefordert, das alles geschah aber immer um etliches rücksichtsvoller und mit ein klein wenig mehr Verständnis und ohne Gummiknüppel-Aktivitäten. Die Entfernung, für die wir am Abend davor ca. drei Stunden benötigt hatten, überwanden wir diesmal im gemäßigten Tempo in etwa einer Stunde, weil wir eine direkte Wegstrecke nehmen konnten, ohne den inszenierten Umweg vom Tage davor zu wiederholen. Ohne weitere Zwischenfälle erreichten wir die ersten Häuser der Stadt Kuttenberg und befanden uns nun zu unserer Verwunderung zum zweiten Mal vor dem Gebäude der Polizei- bzw. Militärdienststellen, vor dem wir schon einmal wartend gestanden hatten! Jetzt ließen wir das Gebäude links liegen und marschierten mitten auf der Straße in die Stadt hinein, die zu dieser Zeit und an diesem Pfingstsonntag und bei diesem Wetter fast menschenleer war. Die wenigen Menschen, die zu sehen waren, nahmen von unserem Haufen kaum Notiz. Plötzlich hielten wir vor einem größeren Gebäude, einem massiven roten Ziegelbau. Wie sich sehr schnell herausstellen sollte, hatten wir damit das Endziel unserer Irrfahrt von Prag nach Kuttenberg erreicht.

Das erste Kuttenberger Internierungslager

Das Gebäude, in das wir nun hineingeleitet wurden, war das ehemalige städtische Krankenhaus. Während des Krieges hatte es als deutsches Lazarett gedient und für die Einwohner der Stadt und des Landkreises Kuttenberg war dafür ein neues und modernes Krankenhaus errichtet worden. Nachdem das Lazarett von der deutschen Wehrmacht aufgegeben worden war, die Verwundeten in aller Eile abtransportiert und die deutschen Militäreinheiten abgerückt waren, hatten die Tschechen das alte Krankenhaus zu einer Aufnahmestation für die vielen deutschen Flüchtlinge, die durch das Land zogen, umfunktioniert und dann unmittelbar anschließend als Internierungslager eingerichtet. Eine Ausnahme hatte es ganz am Anfang allerdings noch für die schwerkranken und schwerverletzten Flüchtlinge gegeben, sie waren zunächst in das neue Krankenhaus eingewiesen und auch dort versorgt worden; schon nach sehr kurzer Zeit war es aber damit vorbei, und auch sie landeten in dem alten Krankenhaus, wo es keine ärztliche Hilfe gab.

Beim Eintritt in das Gebäude kamen uns neugierig die ersten deutschen Internierten entgegen, bei denen wir uns, schon halb verhungert, erst einmal nach Essensmöglichkeiten erkundigten! Wir wurden dann von der tschechischen Lagerverwaltung in den ersten Stock des Hauses geschickt, und während wir dort noch auf die Einweisung in die einzelnen Räume warteten, sank Erna vor Erschöpfung und Überanstrengung ohnmächtig zu Boden. Sofort fragte ich im Verwaltungsbüro nach einem Arzt. Man holte den hier ebenfalls internierten Medizinstudenten Friedrich N., der mangels einer besseren Lösung den Lagerarzt ersetzen mußte. Er half Erna mit einem Herzmittel, welches sich unter den Medikamenten fand, die er sich aus den zurückgelassenen Beständen des Lazarettes hatte besorgen können. Wegen des wirklich sehr besorgniserregenden Zustandes von Erna sorgte unser Arzt in spe, ein Sudetendeutscher mit perfekten tschechischen Sprachkenntnissen, sofort dafür, daß Erna zunächst einmal in ein bis dahin leerstehendes Zimmer des ersten Stocks gelegt wurde und ich mit Hans und Axel ebenfalls dort einziehen durfte. Die übrigen Mitglieder unseres Prager Transports wurden auf die einzelnen Zimmer des ersten Stockwerks verteilt. Sämtliche Räume waren hell und sauber und hatten doppelte, übereinanderstehende Holzbetten mit Strohsack. Das alles erschien mir nach den hinter uns liegenden drei qualvollen Wochen fast traumhaft schön. Noch zuversichtlicher wurden wir, als wir die erste warme Suppe aus der Lagerküche zugeteilt bekamen.

Die schon vor uns hier angekommenen Deutschen hatten von Anfang an eine gewisse Hausordnung für das Lager geschaffen. Initiatorin war Frau D., die deutschstämmige Witwe eines tschechischen Professors, und das Ehepaar N., er Medizinstudent, sie Kindergärtnerin; alle drei sprachen perfekt tschechisch. Frau D. hatte sogleich den Küchendienst organisiert, die von der deutschen Lazarett-Verwaltung zurückgelassenen Nahrungsmittelvorräte erfaßt, eine Aufteilung der Räume in Zimmer für Männer, für Frauen und für Familien durchgeführt und ein großes Zimmer des Hauses als Krankenstube eingerichtet. Das Studentenehepaar hatte die ärztliche Versorgung der nach und nach rasch anwachsenden Zahl von Kranken übernommen.

Uns Neuankömmlingen schienen die „alten Lagerinsassen" im allgemeinen bester Stimmung zu sein. Sie besaßen fast ausnahmslos noch ihre auf die Flucht mitgenommene Habe einschließlich reichen Proviants und eiserner Reserven und glaubten, weil man sie unmittelbar vor unserer Ankunft erneut registriert hatte, sie sollten für die Rückkehr in ihre Heimat gruppenweise zusammengefaßt werden. Die Schlesier zum Beispiel sollten danach zusammen im Fußmarsch zurückgeführt werden. Am nächsten und übernächsten Tag unseres Einzuges in das Lager wurden fast pausenlos Listen und Aufstellungen für den Abtransport nach Süd-, West-, Ost- und Norddeutschland aufgestellt. Wir, Familie Hübler-Fuchs, ließen uns natürlich auch auf einer der Listen für den Abzug nach Westdeutschland setzen. Einer der noch etwas rüstigeren Männer übernahm jeweils als Führer die Aufstellung und Vorbereitung der angeblich geplanten Marschgruppen. In unserer Küche, die ja für ein Krankenhaus und dann für ein deutsches Lazarett zugeschnitten und daher gut ausgestattet war, herrschte reges Leben. Fast bis in die Nacht hinein wurden alle verfügbaren Lebensmittel, die zum Teil wohl auch noch aus früheren tschechischen Ablieferungen stammten, zu Marschverpflegung verarbeitet. Tatsächlich gingen dann auch in den ersten Tagen nach unserer Ankunft einige Marschgruppen vom Internierungslager Kuttenberg in Richtung Schlesien oder Süddeutschland ab.[48] Wir Zurückbleibenden winkten den Scheidenden nach und mußten uns mit den von ihnen geerbten Hausratsartikeln, Wäsche und Kleidungsstücken trösten. Sehr viel später hörten wir dann einmal, daß die ersten Marschgruppen unterwegs wieder aufgefangen und in ein anderes tschechisches Internierungslager eingeliefert worden seien; da konnten wir froh sein, daß wir nicht dabei waren.

Nach dem Aufbruch der Flüchtlingsgruppen blieb unsere Lage unbefriedigend und undurchsichtig, aber wir brauchten wenigstens fürs erste nicht mehr zu hungern, weil die von den Frauen geführte Küche aus den noch vorhandenen Lebensmittelreserven für ein karges, jedoch regelmäßiges Essen sorgte. Außerdem gab es in dem Gebäude jetzt auch mehr Platz. Den ehemaligen Operationssaal, in dem unsere Familie wegen Ernas Herzanfall vorerst ein-

---

[48]   Es handelte sich um jene wilden Austreibungsaktionen bei denen insgesamt 700000 bis 800000 Deutsche während der Monate Mai bis August 1945, besonders aus den deutschen Sprachinseln und den Grenzgebieten der Tschechoslowakei nach Süddeutschland und Österreich abgeschoben wurden. Auf der Potsdamer Konferenz im Juli/August 1945 erhoben die Großmächte dagegen Einspruch und die unorganisierten Aktionen mußten eingestellt werden, Dokumentation der Vertreibung, 2. Beiheft, S. 57.

quartiert worden war, mußten wir allerdings räumen, weil er künftig als Wöchnerinnen-Zimmer dienen sollte. Dafür konnten wir jedoch in ein anderes sehr ordentliches Zimmer wechseln, welches an sich für Leichtkranke gedacht war. Hier lagen wir Vier und unser immer fröhlicher Tonschi, zusammen mit einer Berliner Familie, deren Mitglieder, wie wir, auch an einer ruhrähnlichen Darmerkrankung litten. Nach und nach wurden dann noch andere Kranke in unseren Raum gelegt, so daß wir schließlich 14 Personen waren; jeder hatte unten oder oben ein Holzbett mit einem Strohsack. Es herrschte bei uns eine recht nette Stubenkameradschaft, man versuchte einander zu helfen und bei guter Stimmung zu halten. In unserer Stube lag unter anderem ein junges Mädchen aus Sachsen, das nach einer schweren Operation in einem tschechischen Krankenhaus in Böhmen nach Kuttenberg in das Lager gebracht worden war und nun, weiß wie der Kalk an der Wand, auf ihre Genesung wartete. Ein anderes junges Mädchen von 15 Jahren aus Ostpreußen hatte auf dem Treck einen schweren Gelenkrheumatismus bekommen und lag schmerzverzerrt und steif auf ihrem Strohsack, neben ihr sorgte sich ihre Mutter, die ihr indes ebensowenig helfen konnte, wie unser Medizinstudent N., der ihr täglich eine Spritze gab, die aus dem zurückgelassenen Arzneimittelvorrat des ehemaligen deutschen Lazaretts stammte. Auch aus dem Leichtkrankenzimmer zog ich mit meiner Familie und Tonschi indes wieder aus, und nach weiteren Umquartierungen landeten wir zuletzt in einem ehemaligen medizinischen Behandlungsraum bzw. kleinen Operationssaal; sämtliche Apparate, Instrumente und Operations- bzw. Behandlungstische und Liegen waren herausgeräumt und Betten dafür aufgestellt. Recht zufrieden waren wir nun mit dieser Unterkunft, da es sich um einen großen und geräumigen, hellen und sauberen Saal handelte, den wir uns zu 17 Personen teilten.

Die partielle Räumung des Gebäudes durch die abziehenden Flüchtlinge hatte für uns noch weitere Konsequenzen. Eines Tages hielten russische Soldaten ihren Einzug in unserem Internierungslager. Unsere Bestürzung war ungeheuerlich, denn was das bedeutete, wußten wir alle und ahnten Schlimmes! Wir waren im Erdgeschoß und in der ersten Etage des Gebäudes untergebracht, die Russen wurden in das zweite Stockwert über uns gelegt. Es waren junge russische Soldaten, die mit dem Einmarsch der Roten Armee ins Land und auch nach Kuttenberg gekommen waren. Hier waren sie, gemäß einem alten Brauch in der Tschechoslowakei, mit Brot und Salz willkommen geheißen worden, das hatten wir schon in Erfahrung gebracht. Auf dem Hof hinter unserem Krankenhaus wurde unmittelbar darauf ein Militärfuhrpark stationiert. Daran angrenzend lag ein schöner Park mit einer sehr großen feudalen Villa, die als russisches Offizierskasino diente; hier herrschte Tag und Nacht mächtiger Betrieb und reges Leben. Alle Kasinobesucher mußten über den Hinterhof des Krankenhauses; ihre Fahrzeuge hielten nur kurz auf dem Hof, ließen ihre Fahrgäste aus- oder einsteigen und fuhren wieder ab. Geparkt wurden dieses Personenautos nicht auf dem Hof, da das offenbar nur für größere Mannschafts- und Nutzfahrzeuge erlaubt war.

Nach dem Einzug der russischen Soldaten in unser Krankenhaus waren wir keine Nacht mehr sicher vor ihnen. Für die Russen waren unsere verschlossenen Türen kein Hindernis. Sie versuchten, sie einfach mit Gewalt einzutreten. Ob nüchtern oder betrunken, sie bedrohten und terrorisierten uns jede Nacht.

Um ihr Eindringen zu verhindern, schoben wir Abend für Abend Schränke, Tische und Betten so vor die Türen, daß zwischen ihnen und der gegenüberliegenden Wand kein Raum mehr war, und durch die Verkeilung der Möbel das Öffnen der Türen wesentlich erschwert wurde. Wenn dadurch das Einbrechen in die Räume auch oft verhindert werden konnte, so gab es doch nur wenige Nächte, in denen die gellenden Schreie von Frauen nicht durchs Haus hallten, die von den tschechischen Wachen, die uns behüten und beschützen sollten, bewußt nicht zur Kenntnis genommen, oder besser, einfach überhört wurden. In einem Zimmer des Hauses ging es dagegen recht fidel zu. Es war der Raum, in dem während der Nazizeit als Volksdeutsche geltende Frauen aus polnischen Gebieten lagen; sie genossen jetzt besondere Rechte und Vorteile und öffneten Russen gern ihre Tür. Unter unseren jungen deutschen Frauen und Mädchen fanden sich auch öfter Freiwillige, die, sei es, um sich durch ihre Liebesdienste eine bessere Ernährungsgrundlage zu verschaffen, sei es, um ihr trostloses Dasein aufzulockern und etwas abwechslungsreicher und lebensvoller zu gestalten, sich nicht scheuten, mit den Russen zu gehen. Wenn die Russen in ihren Räumen zu einem geselligen Abend einluden, zogen immer einige Frauen und Mädchen hinter den Einladenden her, selbst wenn es mitten in der Nacht war. Manche Mädchen und Frauen hatten sich mit den russischen Soldaten so gut angefreundet und eingelassen, daß sie nicht nur mit Liebesgunst, sondern auch mit Lebensmitteln, Zigaretten, Speck, Wurst und anderen Vorteilen bedacht und verwöhnt wurden. Wir anderen mußten, um von unseren russischen Mitbewohnern Lebensmittel zu erhalten, mit dem Anbieten wertbeständigerer Gegenstände ins Geschäft zu kommen versuchen. Zu diesem Zweck schickten Erna und ich, in einem ersten Versuch, unseren lieben Tonschi, der mit zu unserer Familie gehörte, zu den Russen, um Kontakt mit ihnen aufzunehmen. Als Prager Deutscher mit dem perfekten Tschechisch konnte er sich schon bei den Russen verständlich machen. Er bot unten auf dem Hof bei den Soldaten eine Armbanduhr an und fand gleich einen russischen Interessenten. Für die Armbanduhr wollte der russische Soldat zwei Brote, ein Pfund Zucker, ein Pfund Schmalz oder Butter geben. Als Tonschi mit dieser Nachricht zu uns zurückkam, holten wir eine unserer Uhren aus unserem Versteck hervor und schickten ihn damit wieder auf den Hof zu den Soldaten. Tonschi kam auch bald mit den für uns unvorstellbaren Kostbarkeiten zurück, nur waren die zuerst versprochenen Lebensmittel rapide reduziert worden. Aber was sollte es, nach Wochen konnten wir uns endlich mal satt essen. In den folgenden Tagen wurde von allen Internierten weiter mit den Russen um Tauschgeschäfte gehandelt, verhandelt und gefeilscht. Die Russen konnten einfach alles gebrauchen und sahen wohl einige Dinge zum ersten Mal in ihrem Leben. Es waren viele asiatische Gesichter darunter. Am meisten waren Gegenstände von bleibendem Wert, wie Uhren, Silber und Schmuck gefragt. Im Gegensatz zu unseren Leidensgefährten, die als Flüchtlinge oder Evakuierte irgendwo im Lande aufgegriffen worden waren, hatten diejenigen von uns, die, wie wir aus Prag gekommen waren, nicht mehr viel Wertvolles bei sich. Uns hatte man seit unserer Inhaftierung ja schon so oft gefilzt und so vieles weggenommen. Weil ich persönlcih aber doch mit viel Glück etwas mehr gerettet hatte, stieg ich sehr bald auch selbst in dieses Tauschgeschäft ein. Einmal geriet ich dabei an einen schon recht alkoholisierten jungen Russen, der partout die Bluse von mir haben wollte, die ich anhatte. Er wurde aufdringlich und frech, so daß ich es vorzog, die Flucht zu ergreifen. Ich raste vom Hof unseres Lagers aus in Richtung Haus zur Eingangstreppe, die zu den unteren Wirtschaftsräumen des ehemaligen Krankenhauses führte. Hier angelangt, sah ich den Russen hinter mir herkommen und jagte die Stufen zum Eingang runter, wollte da die erste Tür öffnen, fand sie aber verschlossen. Ich hastete weiter, fand dann eine nicht abgesperrte Tür, hörte auch schon die Soldatenstiefel auf der Kellertreppe hinter mir, floh in den nächsten Raum und war nun in der Waschküche des Krankenhauses. Kessel, Bottiche, Eimer und Waschzuber standen an den Wänden entlang auf dem Steinfußboden, aber kein Schrank, kein Spind noch ein anderes geeignetes Versteck, in das ich mich hätte verkriechen können. Dann sah ich eine zweite Tür in der Ecke des Raumes, ich riß sie auf. Die Tür führte auf einen schmalen Gang, von dem aus drei, vielleicht auch vier weitere Türen abgingen. Rasch verließ ich den Raum, zog die Tür wieder leise hinter mir zu, betrat den engen Gang und stürzte bis zur hintersten Tür, die ich aufstieß, um micht dort irgendo zu verbergen. Beim Betreten des Raumes sah ich nichts, wo ich mich hätte verstecken oder in Deckung gehen können, sondern nur einen Riesenhaufen benutzter und unsauberer Wäsche, die auf den Fußboden geworfen war. Ich setzte zum Sprung an und landete unter dem Wäscheberg. Ich lag bewegungslos unter dem Haufen, hielt den Atem an, den es mir vor Ekel fast verschlug, und lauschte angestrengt auf die mich verfolgenden Schritte des gestiefelten Russen. Türen wurden aufgerissen und wieder zugeknallt, doch dann hörte ich, daß die Tür bei mir aufgerissen wurde und der Soldat den Raum betreten hatte. Unmittelbar vor dem Wäschehaufen blieb er stehen, ich spürte ihn fast körperlich, wie er suchte, ohne mich unter dem Haufen entdecken und finden zu können. Irgendwann verließ er jedoch endlich, es schien mir wie eine Ewigkeit her zu sein, den Raum wieder, und ich war mit viel Glück davongekommen. Noch eine Weile blieb ich angewidert in den von Blut, Eiter und Unrat verdreckten Wäschestücken hocken. Erst als ich glaubte, ganz sicher zu sein, daß mein Verfolger auch wirklich verschwunden war, wagte ich mich aus meinem Versteck hervor und vorsichtig schlich ich mich wieder nach oben, um so schnell als möglich in die Waschräume unseres Lagers zur Säuberung und zum Kleiderwechsel zu kommen.

Das Leben, das wir jetzt führten, bedrückte uns allmählich mehr und mehr. Über die hygienischen Verhältnisse konnten wir uns zwar nicht beschweren noch beklagen; wer wollte, konnte sich und seine Wäsche und Kleidung sauber halten, aber der allgemeine körperliche Zustand wurde schlimmer und schlechter. Wir lebten mehr oder weniger von den Lebensmitteln, die wir bei den Russen eintauschten; wer nichts mehr zu tauschen oder zu verhökern hatte, der kam dem Verhungern nahe, denn von dem Lager-Essen allein konnte auf die Dauer niemand mehr so recht existieren. Morgens gab es eine Scheibe Brot mit einem dünnen schwarzen Kaffee-Ersatzgetränk, mittags drei bis vier Pellkartoffeln oder eine Suppe ohne Inhalt und abends zwei dünne Scheiben Brot mit derselben Kaffee-Ersatz-Flüssigkeit wie am Morgen.[49] Mein Axel war infolge der Hungerei und des Fehlens geeigneter Kleinkindernahrung auch und schon wieder in einer recht schlechten Verfassung und machte uns allen ernsthafte Sorgen. Er war nur noch Haut und Knochen und konnte sich allein nicht mehr auf den Füßen halten, so daß er von meinem oder Ernas Arm nicht mehr herunterkam, wenn wir mit ihm auf den Fluren und dem Hof, wo wir uns bewegen und aufhalten durften, auf und ab gingen. Das Sauberhalten der Kleinkinder, die durchweg mit Darmerkrankungen zu tun hatten, war uns erleichtert worden, seit wir uns heimlich Zugang zum Lagerraum verschafften, in dem wir Soldatenwäsche des ehemaligen deutschen Lazaretts entdeckt hatten.

Auch unser nervlicher Zustand war nicht mehr sehr stabil. Wir saßen untätig und unruhig herum und warteten darauf, daß sich irgend etwas ändern oder ereignen würde. Von der Außenwelt waren wir völlig abgeschlossen, wie von einer Mauer umgeben. Wir wußten nicht, wie es draußen nach dem eingeläuteten Frieden nun wirklich aussah. Die einzigen Nachrichten, die zu uns drangen, stammten aus Flüsterpropaganda und waren daher im höchsten Maße fragwürdig. Von einer Vorbereitung weiterer Entlassungen in die Heimat war schon lange keine Rede mehr; es wurde uns zu verstehen gegeben, daß die Amerikaner angeblich keine Deutschen mehr in ihre Besatzungszone hereinließen.[50] Vom Internationalen Roten Kreuz, von dem wir geglaubt hatten, daß es sich um uns kümmern müßte, war weit und breit nichts zu sehen und zu hören. Hinzu kam, daß wir mit immer neuen schweren Schicksalen und Leidensgeschichten konfrontiert wurden, die sich um uns herum abspielten. So kam zum

---

[49] Ähnliches wird auch aus dem Lager Hagibor am Stadtrand von Prag berichtet. Die furchtbaren Zustände dort kamen durch den Bericht des britischen Parlamentsangehörigen R. Strokes an die Öffentlichkeit. Er berichtete von der Tagesration: Frühstück – Schwarzer Kaffee und Brot, Mittags – Gemüsesuppe, Abends – Kaffee und Brot, wobei das am Abend verteilte Brot (1/2 Pfund pro Person) auch für morgens reichen mußte, Dokumentation der Vertreibung, Bd. IV, 1, S. 63.

[50] Die Behörden der US-Zone Deutschlands handelten im Sinne der Alliierten, die einen Aufschub der Austreibung aus der Tschechoslowakei verlangt hatten, bis der Alliierte Kontrollrat das Problem geprüft hatte. Die Überführung der deutschen Bevölkerung aus der ČSR in „ordnungsgemäßer und humaner Weise" legte die Potsdamer Konferenz fest, Mitteilung über die Berliner Konferenz der Drei Mächte, Punkt XIII, Ordnungsgemäße Überführung deutscher Bevölkerungsteile, in: Wolfgang Benz, Potsdam 1945. Besatzungsherrschaft und Neuaufbau im Vier-Zonen-Deutschland, München 1986, S. 224f.

Beispiel Paula Z., eine Ostpreußin mit ihrer Mutter bei uns im Lager an; sie war nur mit einem Hemd und einer Schürze bekleidet und hielt ein neugeborenes Kind im Arm, das sie kurz zuvor in einem böhmischen Straßengraben zur Welt gebracht hatte. Frau Dr. H. aus dem Rheinland brachte man mit abgerissenen Fingern ihrer rechten Hand zu uns. Auf der Flucht mit ihren drei Kindern hatte eines der Kinder eine Handgranate gesehen und aufgehoben, die, in dem Augenblick, als die Mutter sie wegnehmen und fortwerfen wollte, explodiert war und ihr die Finger zerfetzt hatte. Sie kam allein in unser Lager Kuttenberg, ihre Kinder waren von ihr getrennt worden. Ihre Habe bestand nur aus dem, was sie auf dem Leib trug, die Sorge und Ungewißheit um ihre Kinder ließ sie im Lager nicht mehr zur Ruhe kommen. Diese gräßlichen Wahrheiten, die wir mit ansehen mußten, machten uns tief betroffen. Da war auch eine junge Frau, die schlimm bei einer Schießerei zwischen Deutschen und Tschechen einen Splitter ins Rückenmark abgekriegt hatte und dadurch querschnittgelähmt war. Sie erwartete ein Kind. Einer anderen jungen Frau war bei dem entsetzlichen Durcheinander von einem deutschen Panzer der Unterschenkel abgefahren worden; notdürftig ärztlich versorgt, kam sie mit ihrer kleinen Tochter zu uns. Ein Fall hat uns alle besonders erschüttert. Eine Mutter mit einer etwa 14 Jahre alten Tochter und einem etwas jüngeren Sohn stießen zu uns. Die Mutter hatte mit ansehen und erleben müssen, wie ihre Tochter mehrmals von russischen Soldaten vergewaltigt wurde. Das überstieg die Kräfte der Frau. Sie wurde irrsinnig. Mit einer Zwangsjacke holte man die Tobende aus unserem Lager ab. Nach kurzer Zeit erfuhren die beiden Kinder, daß die Mutter gestorben sei. Eines Tages wurde ein etwa 10 bis 12jähriger Junge mit notdürftig verbundenen Händen ins Lager eingeliefert. Tschechen hatten versucht, so erzählte er, ihm die Pulsadern aufzuschneiden. Ihm waren aber nur die Sehnen verletzt worden. So kam er ganz allein und hilflos bei uns im Internierungslager an.

Frau Lotte Sch. aus Breslau/Schlesien, die im Krankenzimmer unseres Lagers vier Wochen zu früh ihr zweites Kind mit einer Steißgeburt zur Welt brachte, erhielt durch den als Arztersatz fungierenden Medizinstudenten N. insofern Hilfe, als er nach Überwindung der ersten Aufregung entschlossen zur Lagerleitung lief und bat, Frau Sch. wegen der Infektionsgefahr in das neue städtische Krankenhaus zu überführen. Ein Krankenwagen kam, mit dem Neugeborenem im Arm fuhr man Frau Sch. in die Klinik, stellte dort Mutter und Kind aber zunächst nur in einem Badezimmer des Krankenhauses ab. Nach etwa einer halben Stunde erschienen die Krankenträger mit dem Bescheid, daß Deutsche hier nicht versorgt und behandelt würden! Also wurde Lotte Sch. mit Kind wieder ins Internierungslager zurückgebracht. Die erste Vermutung der Infektion bestätigte sich und die Wöchnerin bekam das Kindbettfieber. Nach ca. sechs Wochen hatte die junge Mutter das Fieber endlich überwunden, einige Wochen später war das Kind tot, verhungert, weil es wegen fehlender Muttermilch nicht gestillt werden konnte. Gleiches widerfuhr auch den anderen hier im Lager geborenen Kindern. Nur eine Mutter, (von etwa zehn Wöchnerinnen) war kräftig genug, ihren Säugling zu stillen. Da es weder für die Wöchnerinnen noch für die Neugeborenen Milch oder Milchsuppen, sondern nur mit Wasser gekochte Suppen gab, mußten alle im Lager geborenen Säuglinge, bis auf die eine Ausnahme, verhungern. Ein tschechischer Pfarrer vom Pfarramt der evangelischen Böhmischen Brüderkirche in Kuttenberg (Kutná Hora) hatte es auf sich genommen, für die Toten des Lagers einen Platz auf dem Friedhof von Kuttenberg zu beschaffen, wo die Kinder zum Teil im Sarg, die Erwachsenen in einem Papiersack beigesetzt werden konnten. Über die Männer, die unmittelbar nach ihrer Einlieferung ins Lager mit unbekanntem Ziel fortgeschafft worden waren – es waren ausschließlich wehrunfähige oder zu alte, zu kranke und zu junge Leute – hörten wir, daß sie den Polen ausgeliefert und in die oberschlesischen Bergwerke gesteckt worden seien.[51] Schon von Anfang an wurden wir in dem Lager ständig von tschechischen Soldaten und Partisanen überwacht; sie hatten Zutritt zu sämtlichen Zimmern und Räumen und kontrollierten alles, was im Hause vorging. Eines Tages tauchten neben unseren gewohnten Bewachern mehrere Polizisten und ein Zivilist, Herr T., mit einer Krankenschwester ohne Berufskleidung auf. In ihrer Begleitung befand sich Frau D., die uns als Lagerorganisatorin bereits bekannt war. Sie wurde jetzt offiziell als Verbindungsperson zwischen den Tschechen und Deutschen vorgestellt. Die sich damit abzeichnende tschechische Lagerleitung richtete sich im Parterre des ehemaligen Krankenhauses zwei leerstehende Räume, die bisher nur von unseren Bewachern zum gelegentlichen Ausruhen und Plaudern benutzt worden waren, als Büro ein. Zunächst wunderten wir uns über diesen Aufwand, es war ja so lange auch ohne das alles gegangen. Aber nur zu bald wurde uns der Grund dafür richtig klar, als von heute auf morgen die wenigen Männer, die noch im Lager waren, und die kinderlosen jüngeren Frauen zur Arbeit kommandiert wurden. Das war nur der Anfang, mit der Zeit steigerte es sich. Zuerst gab es den Arbeitsappell vereinzelt, dann öfter und nach und nach regelmäßig. Von einem Abtransport in die Heimat war nun überhaupt nicht mehr die Rede.

Täglich wurden jetzt von der tschechischen Lagerverwaltung unter der besonders rücksichtslosen Regie von Herrn T. arbeitsfähige Frauen und Mädchen, neben den paar noch in Frage kommenden Männern zu 7 Uhr morgens zum Arbeitsappell auf den Hof befohlen. Dort fanden sich tschechische Bauern ein, und andere, die Helfer für Feldarbeiten und landwirtschaftliche Tätigkeiten brauchten. Hierbei wurde eines Tages auch unser junger Freund Ton-

---

[51] Die tschechischen Austreibungskommandos versuchten besonders Deutsche aus den Kreisen entlang der schlesischen Gebirge in das polnisch besetzte Schlesien abzuschieben. Dort wurden sie von polnischen Grenzstreifen aufgegriffen und zurückgeschickt. Die Abgeschobenen irrten tagelang im Niemandsland hin und her oder gerieten schließlich auch noch in die polnischen Austreibungsaktionen oder konnten unter schwersten Bedingungen nach Sachsen fliehen, Dokumentation der Vertreibung, Bd. IV, 1, S. 107; vgl. auch Dokumentation der Vertreibung, Bd. I, Die Vertreibung der deutschen Bevölkerung östlich der Oder-Neiße.

schi einem Bauer zugeteilt, der ihn gleich mitnahm. Nie wieder haben wir etwas von ihm gehört. Auch von der Stadtverwaltung und einigen kleineren Kuttenberger Betrieben sowie von Handwerkern und Geschäftsleuten wurden Arbeitskräfte bei der Lagerverwaltung angefordert. Die Stadtverwaltung benötigte Arbeitskräfte für die Reinigung von Kasernen, Unterkünften und Wohnungen, öffentlichen Toiletten, Schulen, Behörden, Friedhöfen und Grünanlagen. Geschäftsinhaber, Gewerbetreibende, Gastwirte und Hausbesitzer aus Kuttenberg und näherer Umgebung holten sich deutsche Internierte als Waschfrauen und Arbeiterinnen und setzten sie zum Putzen der Fenster, Fassaden, Türen und Tore sowie Schaufenster und Gartenmauern ein. Manchmal hatte man den Eindruck, daß die Tschechen sich damit nur wichtig machen oder einfach ihre Distanz zu den Deutschen demonstrieren wollten. In der ersten Zeit kam es auch noch öfter zu Ausschreitungen und Tätlichkeiten gegen Deutsche. Gewehrkolben und Knüppel wurden eingesetzt, um das Arbeitstempo zu beschleunigen und sich zugleich Luft zu verschaffen gegen alles was deutsch war. Besonders aktiv waren hierbei die tschechsichen Partisanen. Von den russischen Soldaten muß ich dagegen sagen, daß sie in Kuttenbeg nach dem, was ich von ihnen hörte und selber erlebte, nicht brutal waren, sondern den Deutschen eher nachsichtig und mitleidig-verächtlich behandelten.

Da ich mit einem Kleinkind unter zwei Jahren zunächst nicht arbeitspflichtig war und sowohl Erna als auch Hans vom tschechischen Amtsarzt für arbeitsuntauglich erklärt worden waren, hörten wir Einzelheiten über diese Greueltaten und niederträchtigen Geschehnisse während der Zwangsarbeitszeit außerhalb des Lagers nur von denen, die es betroffen hatte. Zusammen mit anderen Frauen und Müttern wurden wir für die Arbeiten im Lager eingesetzt. Wir taten Dienst in der Küche, hatten die Flure und Treppen, die Krankenzimmer, Toiletten, Keller, den Boden und die Bäder turnusmäßig zu säubern und erledigten im übrigen alles das, was sonst an Arbeit in einem Gebäudekomplex dieser Größenordnung anfiel. Alle paar Tage wurden außerdem einige Frauen bestimmt, die mit unserem obersten Lager-Chef, Herrn T., in die Stadt gehen mußten, um die von ihm für das Lager eingekauften wenigen Lebensmittel zu tragen. Auf diesen Einkaufsgängen sammelte ich meine ersten Eindrücke von der kleinen Provinz- und Ackerbürgerstadt, in die wir verschlagen worden waren. Auf den Straßen herrschte am Tage reger Betrieb, belebt durch die vielen Uniformierten der russischen Besatzung und die hin- und herrollenden Militärfahrzeuge. Alle größeren Hotels, Gasthöfe und sämtliche öffentlichen Gebäude waren vom russischen Militär requiriert. Die Sowjet-Fahne flatterte neben der tschechischen überall vor oder von den besetzten Gebäuden und Häusern.

Und eines Morgens erging der Arbeitsappell auch an Frauen mit Kleinkindern, zu denen ich gehörte. Zusammen mit einer jungen Zimmernachbarin aus Sachsen, Hilde K. und anderen Frauen sollte ich bei einem Landwirt zum Rübenhacken antreten. In Zweierreihen wurden wir zackig von einem tschechischen Soldaten mitten auf dem Fahrdamm durch die Stadt geführt, und nach über einer Stunde Fußmarsch kamen wir weit draußen auf dem Lande zu einem kleineren Bauernhof, wo wir von dem Bauern erst einmal unser Handwerkszeug empfingen und zwar Hacken, mit denen wir das Unkraut aus dem vollkommen verkrauteten Rübenacker ausjäten sollten. Anschließend wurde jedem von uns eine Scheibe trockenes Brot ausgehändigt, und dabei stand eine Kanne mit heißem Kaffee und zwei Blechbehälter. Wir gingen nach dieser Stärkung auf das abseits hinter dem Hof liegende Ackerland und begannen in den langen Reihen der total verunkrauteten Zuckerrübenpflanzen mit unserer Arbeit. Es war ein sehr heißer Junitag, die Sonne stand sehr hoch und schon nach kurzer Zeit ließ uns die ungewohnte Arbeit schlapp werden. Außerdem scheuerten unsere völlig ungeeigneten Schuhe die Füße wund. Von Erholungspausen oder Schwächeanzeichen wollte unser Aufseher, dem nichts entging, nichts wissen, so daß wir trotz schmerzender Rücken und hochroter, weil ungeschützter Köpfe bis kurz nach Mittag durcharbeiten mußten. Wieviele Rübenpflänzchen statt Unkrauts ausgehackt worden sind, aus Versehen, aus Unkenntnis oder aus Wut und Rachgelüsten, wage ich nicht mehr zu sagen. Damals hat es mich persönlich jedenfalls irgendwie gefreut, etwas Aufsässiges tun zu können und es jemandem heimzuzahlen, so töricht das auch gewesen sein mag.

Wir wurden dann zu dem Bauernanwesen- und Haus zurückgeführt und bekamen im Hof ein Mittagessen, das aus Knödeln und Soße bestand und das wir im Schatten eines alten Baumes gierig verschlangen. Außerdem war eine Pumpe auf dem Hof, aus der wir nach Herzenslust herrliches, kühles Brunnenwasser trinken konnten. Gleich nachdem unser Aufpasser sein Mittagsmahl mit dem Bauern und dessen Angehörigen, selbstverständlich getrennt von uns, eingenommen hatte, wurden wir wieder auf den selben Rübenacker geführt. Inzwischen war die Mittagshitze noch unerträglicher geworden, aber wir schafften die Arbeit, bis wir am späten Nachmittag ins Lager zurückgebracht wurden. Dort angekommen, warfen wir uns vollkommen müde, zerschlagen, hungrig und wie ausgenommen von der Hitze und der ungewohnten Arbeit auf unsere harten Strohsäcke! Am nächsten Morgen wiederholte sich der Vorgang. Von unserer Wache wurden wir auf demselben Weg zum selben Bauern, aber auf einen anderen Zuckerrübenacker dirigiert. Mittags dasselbe Essen, nur weniger, aber das Brunnenwasser von der gleichen Güte und Qualität, und soviel man mochte. Etwas anders war es mit dem Wetter bestellt, die Sonne hielt sich wegen einer bevorstehenden Wetteränderung verdeckt, so daß wir nicht so rote und heiße Köpfe bekamen.

Tags darauf bekam ich, wieder zusammen mit Hilde K., ein Arbeitskommando in der Stadt bei einer Behörde. Wir hatten mehrere Amtsstuben von Farbresten und Malerdreck zu säubern und alles zu putzen und auf Hochglanz zu bringen, natürlich immer unter Polizeiaufsicht. Anschließend durften wir dann noch eine stattliche Reihe nicht sehr properer Klos in dieser Behörde gründlich saubermachen und reinigen, was wohl, nach dem Alter des Drecks

zu urteilen, jahrelang vergessen worden war. In der nächsten Zeit folgten für
mich diverse und sehr unterschiedliche Arbeitseinsätze im Raum Kuttenberg.
Ich putzte, schrubbte Klosetts, räumte Bau- und Maurerdreck weg, mistete
Kasernen aus, säuberte und transportierte verstaubte und demolierte Möbel,
putzte Schulen, Wohnungen, Keller und Dachböden, Fenster, Läden, Gitter,
Türen, Tore, erledigte alle möglichen Arbeiten auf Friedhöfen, in Gärtnerei-
en, in der Landwirtschaft einschließlich das Ausmisten von Kuh- und Pferde-
ställen, in Handwerksbetrieben und nicht zu vergessen, fegte ich so manche
Straße und Gasse der Stadt mit Polizeischutz, selbstverständlich. Kein Einsatz,
zu dem man die Internierten heranzog, fand ohne Polizeischutz und ohne
Aufsicht eines bewaffneten Wachpostens statt. Mittags wurden wir, bis auf
ganz wenige Ausnahmen, ins Lager zurückgeführt, damit wir uns für die
schwere Arbeit und zur Stillung unseres ständig nagenden Hungers an unserem
Wassersüppchen aus der Lagerküche stärken konnten. Abends bekamen die
arbeitsfähigen Lagerinsassen ein oder zwei Pellkartoffeln mehr; wie ich verzichteten die meisten auf die „Sonderration", wenn man die bettelnden und
verhungerten Kinder sah, die sich bei der Essensausgabe gierig auf das Essen
stürzten!

Eines Tages wurden Hilde K. und ich einem für uns neuen tschechischen
Arbeitgeber zugeteilt und von ihm zur Arbeit abgeholt. Er führte uns auf
kurzem Wege unter Benutzung der Bürgersteige statt der Fahrstraße an unsere
Arbeitsstelle, die sich zu unserem Erstaunen durch das über dem breiten Eingang angebrachte Schild als Restaurant entpuppte. Der Besitzer der Gaststätte
dirigierte uns nun beide in das obere Stockwerk des Hauses, wo sich ein mit
Parkettfußboden ausgestatteter Tanzsaal befand, der mit Kleiderspinden und
zweistöckigen Holzbetten vollgestopft war. Der Gastwirt erklärte uns in recht
schlechtem Deutsch, was wir hier zu tun hätten. Die Möbel sollten innen und
außen abgewaschen, gesäubert und dann zusammengestellt werden, um später
aus dem Tanzsaal, der während des Krieges für die Unterbringung von Fremdarbeitern einer Kuttenberger Fabrik beschlagnahmt gewesen war, abtransportiert zu werden. Für diese Arbeit durften wir uns heißes Wasser aus der im
Parterre liegenden Küche holen und bekamen außerdem von der Chefin des
Hauses eine Büchse echter Schmierseife von hervorragender Qualität. Wir
arbeiteten beide sofort mit Feuereifer und zu unserem Erstaunen ohne Aufsicht und Bewachung. Das uns zur Mittagszeit zugedachte Essen brachte uns
der Gastwirt höchstpersönlich auf einem Tablett nach oben. Es bestand aus
Suppe, Fleisch, Gemüse und Nachtisch, dazu für jeden eine Flasche Limonade.
Wir schwelgten und genossen, aber natürlich wanderte mehr als die Hälfte
meines Essens in mein kleines Töpfchen, das ich immer bei mir hatte, um für
meine drei im Lager festsitzenden „Sorgenkinder" Erna, Hans und Axel bei
jeder Gelegenheit etwas Eßbares abzweigen zu können.

Am Nachmittag, als wir schon mit den Möbeln fertig waren und mit dem
Putzen der großen Saalfenster begonnen hatten, fuhr der uns von Herrn B.
bereits angekündigte Lastwagen vors Haus, tschechische Soldaten sprangen

heraus und standen gleich darauf bei uns im Tanzsaal, um die Möbel abzuho-
len. Wir waren beide allein im Saal. Der erste Soldat, der in den Raum gekommen war, fragte uns etwas in tschechischer Sprache. Hilde K. als Sächsin hatte
vor ihrer Internierung noch nie ein an sie direkt gerichtetes tschechisches Wort
gehört und konnte den Soldaten nicht verstehen, während ich das einigermaßen kapierte, aber in Deutsch unsicher antwortete: „Wir verstehen Sie nicht."
Im selben Augenblick hob er seinen Gummiknüppel, um mir ins Gesicht zu
schlagen, ich wich zurück, und als er, in Rage gekommen, zum zweiten Mal
ausholte, erschien zum Glück plötzlich Herr B. und sprang zwischen uns.
Später erzählte mir Herr B., der Wirt, daß dieser tschechische Soldat geglaubt
habe, wir seien tschechische Kollaborateure, und es war bekannt, daß diese
von ihren Landsleuten mehr gehaßt und verfolgt wurden, als die Deutschen,
deren sie habhaft werden konnten. Es gab in Kuttenberg angeblich eine ziemlich große Anzahl Kollaborateure; sie waren irgendwo in einem Gefängnis
untergebracht und eingesperrt. Später hörten wir einmal, daß sie auch zu Straf-
arbeiten schonungslos eingesetzt wurden.

Nach diesem unseligen Zwischenfall wurden wir beide verstärkt unter Druck
gesetzt. Ein weiterer Uniformierter war aufgetaucht und aufgehetzt worden,
und dauernd stand jetzt einer der Soldaten hinter uns, um uns mit einem
höhnischen „honem, honem" (schnell, schnell) bei der Arbeit anzutreiben.
Wegen der Breite und Höhe der Saalfenster mußten wir zum Putzen Leitern
benutzen, und das ständige Hinauf- und Hinuntersteigen erschwerte uns natürlich ein sehr zügiges Arbeiten, zumal uns die Angst im Nacken saß. Mit rasen-
dem Herzklopfen und fliegenden Händen putzten wir, auf den hohen Leitern
stehend, die riesengroßen Scheiben, begleitet von zornigen, bösen Worten des
wuterfüllten Tschechen. Nur der ständigen Anwesenheit des Herrn B., der
nicht aus dem Saal wich und der immer wieder versuchte, die Partisanen von
uns abzulenken, um neuen Tätlichkeiten vorzubeugen, hatten wir es zu verdan-
ken, daß wir einigermaßen glimpflich davon kamen. Es schien uns eine Ewigkeit zu dauern, bis wir auf der Straße den zweiten Lastwagen vorfahren sahen,
der schon erwartet wurde. Jetzt begann der Abtransport der Möbel. Es dauerte
nur noch kurze Zeit, und wir waren unsere Peiniger los. Wir atmeten auf und
wohl auch Herr B., der sich für die ihm zugeteilten Arbeitskräfte, auch wenn
sie ja nur Deutsche waren, irgendwie verantwortlich fühlte. Für unsere Arbeit
erhielten wir von ihm, er war schon beachtlich gutherzig zu uns, noch ein
Abendessen, und um 18 Uhr brachte er uns wieder, auf dem Bürgersteig mit
uns gehend, ins Lager zurück. Im Büro der Lagerverwaltung machte er gleich
für den nächsten Tag unseren erneuten Arbeitseinsatz in seinem Restaurant
perfekt.

Der zweite Tag verlief mit normaler Arbeit im Restaurant und den vielen
Räumen und Gelassen[52] des Hauses, einschließlich Toiletten und Pissoirs! Weitere uns beängstigende Aufregungen und Überforderungen blieben uns er-

---

[52] Veraltet für kleiner, dunkler Raum.

spart, unser Lohn war eine für uns einfach exzellente, sehr gute, hervorragende Verpflegung, die bei unserer Hungerei einen unschätzbaren Wert darstellte. Aber allein aus diesem Grunde hätten wir gern im Restaurant noch tagelang weiter arbeiten mögen, doch das Arbeitskommando war leider damit für uns beendet.

Täglich neue Einsätze mit schwerer, schmutziger Arbeit bei immer schlechter werdender Lagerverpflegung folgten. Inzwischen waren schon sieben im Lager zur Welt gekommene Säuglinge verhungert; das letzte von ihnen starb erst mit zwei Monaten, es war am längsten am Leben geblieben. Auch von den Erwachsenen starben laufend Leute an Unterernährung und Kraftlosigkeit. Ein evangelischer Pfarrer vom Pfarramt der evangelischen Böhmischen Brüderkirche und ein katholischer Geistlicher der Barbarakirche in Kuttenberg, beides Tschechen, versäumten in keinem dieser Todesfälle, die Sterbenden mit Trost und Sterbesakramenten zu versehen. Das war die einzige Hilfe und Wohltat, die man von der Kirche aus den Deutschen schuldig zu sein glaubte. Das Sterben der Menschen spielte sich, ob bei Tage oder in der Nacht, in den Gemeinschafszimmern und Räumen der Lagerinsassen ab. Die Leichen wurden nun von den dazu bestimmten alten Männern in das Leichenhaus des neuen städt. Krankenhauses geschafft, dort in einen Papiersack genäht und dann auf dem Kuttenberger Friedhof formlos der Erde übergeben. Das Leben ging für die anderen weiter, und mit jeder Todesnachricht verlor sich mehr und mehr das Gefühl für Trauer und Leiden, wir stumpften ab, und jeder für sich sann nur noch über Möglichkeiten nach, mit dem Leben davon zu kommen. Ich selbst glaubte, trotz aller Mühen, Leiden und Demütigungen sowie Bestrafungen, weil wir deutsche Menschen waren, fest daran!

Von Seiten der Russen nahm die Bedrohung weiter zu.[53] Nacht für Nacht kamen sie nun sogar aus der Nachbarschaft und aus der Stadt, meistens im betrunkenem Zustand, ins Lager, ohne von der tschechischen Wache, die uns ja wohl hätte schützen sollen, daran gehindert zu werden. Wochenlang bauten wir unsere Barrikaden und Sperren vor den nicht abschließbaren Türen auf und verstärkten die Abwehr noch durch unsere ganze Körperkraft. Auch wurden Frauen von uns auf ihrem Weg zur Arbeit oder zurück ins Lager angefallen und vergewaltigt, darunter ein Mädchen von etwa elf Jahren. Selbst ältere Frauen waren, wenn jüngere nicht greifbar waren, vor ihnen nicht sicher. So erging es zum Beispiel unserer ersten Lagerköchin, die schon Anfang sechzig gewesen sein muß. Da sie jedoch bei allen äußerst unbeliebt war, weil sie sich

---

[53] Auf S. 86 erwähnt die Verfasserin, die Russen seien gegenüber den Deutschen nicht brutal gewesen, hier spricht sie nun von der zunehmenden Bedrohung, die von ihnen ausging. Diese bezog sich im wesentlichen auf die Angst der Frauen vor Vergewaltigungen. Brutalitäten von russischer Seite, wie sie die Tschechen ausübten, werden allerdings, auch in zahlreichen anderen Erlebnisberichten, eher verneint. Das hängt aber auch damit zusammen, daß das brutale Verhalten der sowjetischen Soldaten unmittelbar nach ihrem Einmarsch in die ČSR, in der Erinnerung bereits verblaßt war, Dokumentation der Vertreibung, 2. Beiheft, S. 53; vgl. Dennler, Böhmische Passion, S. 180 ff.

allzu arrogant als Tschechin aufspielte – sie selbst war eine gebürtige Tschechin, aber als Ehefrau eines Deutschen mit uns inhaftiert – konnten wir uns in
diesem Fall eines schadenfrohen Lächelns nicht erwehren, was letztlich doch
recht schäbig war; wie abgestumpft müssen wir damals schon gewesen sein.
In diese Zeit fällt auch ein Erlebnis ganz anderer Art, was mir aber doch
gleichfalls neue Unruhe einbrachte. Bereits von Anfang an hatte ich mit meiner Lagerstatt, die ich im oberen Bett eines unserer zweistöckigen Bettgestelle
gefunden hatte, Schwierigkeiten. Der Strohsack, auf dem ich lag, war derma-
ßen hart und drückte mich immer so sehr, daß ich bei aller Müdigkeit nicht
recht zur Ruhe kam. Zuerst schien es mir nur eine Frage der Gewöhnung zu
sein. Eines Abends aber, als ich mit dem eisenharten Strohsack wieder einmal
gar nicht mehr zu Rande kam, begann ich, das Bett mit der Matratze zu
untersuchen. Die Ursache allen Übels zeigte sich bald! Es war eine, wie sich
später herausstellen sollte, scharf geladene Maschinenpistole, die wohl ein
verwundeter deutscher Soldat vor seinem Abtransport aus unserem damals als
Lazarett dienenden Lager bzw. beim Räumen des Lazaretts in dem Strohsack
versteckt hatte. Ich wagte nicht, sie näher zu inspizieren. Mir wäre auch nicht
in den Sinn gekommen, irgend etwas mit dieser „Kanone" zu inszenieren; das
Stadium der Resignation und Lebensmüdigkeit hatte ich überwunden und war
mir im übrigen klar darüber, was ich in einem Raum, in dem so viele Menschen
lagen, mit einer solchen Waffe anrichten konnte. Ich wartete daher erst mal
den Morgen ab und machte dann aber sofort Meldung über diesen Fund, zumal
ich wußte, daß für uns auf Waffenbesitz eine hohe Strafe stand. Meine Waffen-
fund-Meldung alarmierte die Lagerleitung derart, daß nun jeder Raum, jedes
Bett bzw. jeder Strohsack, jeder Schrank und mindestens zum zehnten Mal,
jeder Koffer und jede Tasche von jedem Insassen des Lagers untersucht und
durchwühlt wurden. Ich vermute im Nachhinein, daß die ganze Aktion keine
weitere Waffe zutage gefördert hat.

Einen etwas aus dem Rahmen fallenden Arbeitseinsatz bekam ich eines
Tages wieder zusammen mit Hilde K. Wir wurden von einem Polizisten zu der
Kuttenberger Wohnung eines Kollaborateurs geführt, die wir in einem einfach
unbeschreiblichen Zustand vorfanden. Schon beim Öffnen der Wohnungstür
durch unseren Polizeibeamten kamen uns Lawinen von Büchern, Zeitungen,
Papiere, Akten sowie Hausratsgegenstände aller Art, wie Kochtöpfe und Tie-
gel, Pfannen und Kannen und dazwischen zersplittertes Glas und zertrümmer-
tes Porzellan entgegen. Mit dem Polizisten mußten wir uns erst mal einen Weg
über Berge von aufgehäuften Sachen bahnen, um die Wohnung überhaupt
betreten und besichtigen zu können. In keinem Zimmer der großen Wohnung
war auch nur ein Möbelstück heil geblieben, alle Einrichtungsgegenstände
waren zertrümmert, verwüstet und vernichtet, ja förmlich zerkleinert. Auf dem
Fußboden lag der jeweilige Inhalt der Schränke, Kommoden, Etageren und
Schreibtische wild herum. Besondere Wertgegenstände waren dagegen nirgends zu entdecken. Man konnte daraus schließen, daß die Wohnung von den
Russen oder Tschechen geplündert worden war, bevor sie amtlich versiegelt

und abgesperrt wurde. Auch die Küche bot sich uns als wüstes Durcheinander und in einem vollkommen verlotterten Zustand dar. Unsere Aufgabe war es nun, diese Wohnung aufzuräumen und zu säubern. In der total verschmutzten Toilette der Wohnung fanden wir einen großen Wäschekorb, den wir als Transportmittel benutzten. Von der Wohnung, die im ersten Stock des Hauses lag, mußten wir den Wäschekorb mit dem Müll auf den Hinterhof des Hauses schleppen, um ihn dort zu entleeren. Wie oft wir diese Tour an jenem Tag gemacht haben, den Korb füllen, hinunterschleppen, auskippen, hinauftragen und wieder füllen, haben wir nicht gezählt. Beim ersten Hinuntertragen der schweren Last begleitete uns unser Polizist und gab uns auf dem Hof den Platz an, wo wir den Dreck abzuladen hatten, dann machten wir unseren Weg immer allein, und der Polizist blieb oben in der Wohnung. Beim x-tenmal entdeckten wir in einem der Nebengelasse des Grundstücks einen sehr jungen Russen, der in einem Waschbottich saß und genüßlich badeten. Wir taten so, als ob wir ihn nicht gesehen hätten, aber eine unheilvolle Vorahnung stieg sogleich in uns auf; die jedoch zunächst vollkommen unbegründet war, weil der Russe nur sein Bad auskostete und im übrigen vielleicht auch den Polizeischutz beobachtet hatte.

Bei den Aufräumungsarbeiten fanden sich im Laufe des Tages auch für uns noch einige recht brauchbare Dinge, die wir zunächst beiseite legten, am Ende des Arbeitstages aber tatsächlich mit Erlaubnis unserer Wache mit ins Lager nehmen durften. Wir hatten aus dem Schutt einige wenig angeschlagene Tassen, Töpfe, Stricknadeln, Nähzeug, kleinere Wollknäuel und Waschpulver beiseite geschafft, und ich entdeckte zudem einen handgestrickten Unterrock, der allerdings noch nicht ganz vollendet war. Er wurde im Winter 1945/46 von Erna zu einem hübschen Pullover für Axel umgestrickt. All diese Dinge durften wir behalten, es war ja auch wirklich nichts Besonderes darunter, aber für uns begehrenswert! Sobald wertvollere Gegenstände auftauchten, wurden sie wie selbstverständlich von unserem Polizisten für sich requiriert.

Mittags wurden wir zum Essen ins Lager geführt und nach einer Stunde wieder zurück zur Arbeitsstelle gebracht. Wir räumten in der Wohnung weiter den Müll und den Abfall auf und transportierten ihn ab. Um die Vesperzeit verspürte unser Polizist wohl ein großes Verlangen nach einem Kaffee oder einem Pilsener Bier und ließ uns wissen, daß er kurz dienstlich weggehen müsse, aber spätestens in einer Viertelstunde wieder zurück sei. Allein gelassen, besahen wir uns erst mal die vielen herumliegenden Bücher und stellten dabei fest, daß es sich um die Bibliothek eines tschechischen Philosophieprofessors handelte. Während wir noch am Stöbern und Lesen waren, hörten wir leise Schritte, und plötzlich stand unser am Vormittag frisch gebadeter Russe, jetzt in voller Uniform, mitten im Zimmer und grinste uns an. Obwohl uns beim Auftauchen solcher Uniformträger stets der Schreck in alle Glieder fuhr, taten wir jetzt beide recht lässig und naiv und baten ihn, uns beim Abtransport der schweren Bücher zu helfen. Und er half! Kraftvoll trug er den Wäschekorb, vollgepackt mit schweren Büchern, nach unten und kam nach wenigen Minuten mit dem leeren Korb zurück. Just in diesem Moment tauchte auch unser Polizist unmittelbar hinter ihm auf, worauf sich der Russe stante pede davon machte; wiedermal waren wir davongekommen, und unsere Arbeit ging unter Polizeiaufsicht weiter.

Dieses Arbeitskommando dauerte noch mehrere Tage, und unser Polizist schien nicht nur mit unserer Arbeit, sondern auch sonst rundum zufrieden zu sein, hatte er mal die Gelegenheit gehabt, doch schon einiges von Wert und teilweise von Qualität, was unzerstört und heil in der Wohnung zurückgeblieben war, für seinen privaten Gebrauch abzuzweigen. Ohne Neid sahen wir zu, wie er die Sachen in aller Ruhe in Kartons und Kisten verpackte, die wir ihm dann auf dem Wege zum Lager bis vor seine eigene Wohnung tragen durften. Etwas Eßbares, um das wir ihn brennend beneidet hätten, war sowieso nicht dabei. Wir hatten ganz zum Schluß den Mut, ihn zu fragen, ob wir uns ein paar unversehrt gebliebene deutsche Bücher und einige für uns nützliche Kleinigkeiten, wie zum Beispiel Bleistifte, Schreibpapier und Bindfaden, mitnehmen dürften, was er uns großzügig gestattete.

Ein anderes Mal wurden wir zwei zur Reinigung einer Wohnung abkommandiert, in der eine Zeitlang Russen gelebt hatten. In welchem Zustand wir hier die Toilette und den Weg dorthin vorfanden, ist kaum zu beschreiben. Der Zugang von der Wohnung zur Toilette führte durch die Küche und von da aus über die weitgezogene Pawlatsche. (Die Pawlatsche ist ein offener Gang an der Hofseite eines Hauses, wie man ihn im böhmisch-mährischen und österreichischen Raum viel antrifft.) Ich kannte die Pawlatschen von den Häusern der Prager Altstadt her und fand das immer sehr gemütlich und traut. Hier in dem alten Kuttenberger Haus hatte die Pawlatsche eine riesige Länge und zog sich balkonartig über die gesamte Seitenfront des rückwärtigen Hauses. Während eine Pawlatsche sonst, meist mit Blumen geschmückt, vielleicht als Abstellplatz oder zum Wäschetrocknen, mitunter auch als Auslauf für die Kinder benutzt wird, schienen die russischen Bewohner während ihres Aufenthaltes in der Wohnung in den offenen Laubengang eine völlig andere Zweckbestimmung gesehen zu haben. Sie müssen wohl gemeint haben, dieser Vorbau sei Bestandteil der Toilette und folglich wie ein Klosett zu benutzen. Jedenfalls ließ der Zustand der Pawlatsche keinen Zweifel daran, daß Toilette und Pawlatsche der Einfachheit halber als Einheit behandelt worden waren. Die Ausmistung der Toilette samt Pawlatsche erforderte den Einsatz von weit über 100 Eimern Wasser, und niemand kann sich vorstellen, wie froh wir waren, als dieses 'Werk' vollbracht war.

In ähnlicher Weise, wie die Juden während der Naziherrschaft mit dem gelben Judenstern gekennzeichnet worden waren, so bekamen wir deutschen Internierten jetzt eine weiße Armbinde, auf der in Schwarz der große lateinische Buchstabe „N" als Ňemecí (= Deutsche) aufgedruckt war. Wir hatten die Armbinde anzulegen, sobald wir das Lager verließen, was jedoch nur erlaubt war, wenn wir zur Arbeit gehen mußten. Im Lager selbst trugen wir die Armbinde nicht.

Ansonsten ging das stumpfsinnige Lagerleben in gewohnter Weise weiter. Die Lagerinsassen, die arbeitsunfähig, das heißt krank oder alt oder sehr jung waren, verbrachten, vom ständigen Hunger abgesehen, ihre Tage verhältnismäßig unbehelligt; sie wurden lediglich zur Gemeinschaftsarbeit in Haus und Küche eingeteilt und hatten ihre Räume, in denen sie sich meistens aufhielten, ordentlich und sauber zu halten. Zu bemitleiden waren sie aber trotzdem alle, da sie von ständigem Hunger und zunehmenden seelischen Qualen geplagt wurden. Nicht besser erging es den vielen Kindern sämtlicher Altersstufen, die sich im Hause, unten im Hof vor dem Gebäude oder auf der angrenzenden Rasenbleiche tummelten, soweit die hier zum Trocknen ausgelegte oder aufgehängte Wäsche der Hausbewohner dafür Raum ließ. Wir waren immerhin ca. 200 Menschen in diesem Lager.

Speziell für die weiblichen Internierten mit ihren besonderen Problemen wurden die Verhältnisse immer schwieriger. Nacht für Nacht forderten die Russen jetzt deutsche Frauen und Mädchen. Sie nahmen sich, was ihnen in der Dunkelheit über den Weg lief. Die Toiletten bei Dunkelheit oder mitten in der Nacht zu benutzen, war für jede mit großer Gefahr verbunden. Tatsächlich gab es aber unter den weiblichen Internierten genug, die freiwillig, obschon nicht immer ganz uneigennützig, sich den Russen zur Verfügung stellten, um anderen Frauen die Schändung zu ersparen. Wir haben es ihnen nie vergessen und waren ihnen dankbar. Ich möchte nach über 40 Jahren im Namen vieler der „Lili" aus Ostpreußen, der Lili Marlen, wie wir sie alle nannten, und was sie nicht ungern hörte, danken, daß sie auf diese Weise uns vor manchem Unheil bewahrt hat. Sie war ein liebes junges Menschenkind von etwa 19 Jahren, das durch Kriegs- und Familienereignisse aus der Bahn geworfen war und nach all dem, was sie durchgemacht hatte, keine Vorbehalte gegen einen großzügigen Umgang mit russischen Soldaten zeigte. Sie und noch einige andere Mädchen schafften es natürlich nicht, die Russen an ihrer Brutalität zu hindern, deshalb gellten beinahe jede Nacht die Hilfeschreie geschändeter Frauen durch das Haus. Wir hörten auf den Gängen und Treppen das dumpfe Trampeln von Soldatenstiefeln, die gehetzten Schritte fliehender Frauen, das Wimmern von Kindern und das hysterische Gekreisch von Frauen, die Zeuge der tierischen Vergewaltigungen waren. Oft zeigten sich die immer in Gruppen auftretenden Russen für ihre gemeinen und rohen Abenteuer erkenntlich und verschenkten Brot und Zucker an ihre Opfer. Und man nahm es, es ging einfach ums Überleben, und wie man es schaffte, war schon egal. Ähnliches war zu beobachten, wenn bei der Leitung unseres Internierungslagers Frauen für die russische Küche und für die Soldaten- und Offiziersunterkünfte, von denen es in Kuttenberg mehrere gegeben haben muß, angefordert wurden. Es war nur zu verständlich, daß sich viele Frauen nach dieser Arbeit geradezu drängten, weil ein solcher Einsatz zusätzliches Essen für sie selbst und darüber hinaus Möglichkeiten bot, etwas für die an das Lager gebundenen arbeitsunfähigen Familienmitglieder und Verwandten zu tun. Als dann auch noch die Villa auf dem Nachbargrundstück des Lagers als Offizierskasino eingerichtet wurde, fürchteten alle, daß nun die Drangsale kein Ende mehr nehmen würden. Es blieb jedoch wie bisher bei den gewohnten nächtlichen Übergriffen, und für die Kinder brachte es sogar Vorteile. Die Ordonanzen, Fahrer und Melder, die den ganzen Tag auf dem Hof warteten und herumlungerten, waren zu den Kindern, die sich ungeniert bei ihnen aufhielten, stets freundlich und nett; sie gaben ihnen immer etwas zu essen, sei es Brot, Kuchen oder Speck, zum Teil auch aus erbeuteten Verpflegungsbeständen der deutschen Wehrmacht. Die deutschen Mütter sorgten zwar dafür, daß die Kinder nicht etwa bei den russischen Soldaten bettelten, hinderten sie aber auch nicht daran, eßbare Geschenke von den Soldaten anzunehmen.

Axel war nie allein mit den spielenden Kindern im Hof oder auf der Wiese zusammen, weil er kaum von meinem oder Ernas Arm herunterkam. Er war zu schwach geworden, um allein laufen oder mit anderen Kindern spielen zu können. An einem dieser warmen Nachmittage ließ ich ihn aber doch einmal von meinem Arm herunter und stellte ihn zum Laufen auf seine eigenen wackligen Füße und er lief langsam mit seinen dünn gewordenen Beinchen direkt auf einen gerade in einen Lastkraftwagen steigenden russischen Soldaten zu. Der sah ihn, nahm ihn auf seinen Arm und stieg mit ihm ins Fahrerhaus seines Militärfahrzeuges. Ich erstarrte. Eine panische Angst überfiel mich, ich bildete mir ein, er würde mit meinem Kind einfach davonfahren und ich würde das Kind nie mehr wieder sehen. Ich glaubte in dieser Sekunde, meinen Verstand zu verlieren. Russen nehmen mir das Kind! Irgend etwas setzte in mir aus, ich drehte durch und versuchte, mich zu Axel in den Wagen zu drängen, um bei ihm zu sein, ihn zu retten, zu beschützen oder ihn vom Auto herunterzuzerren. Da lachte der junge Soldat hell auf, zog das Kind auf seinen Schoß, ließ die Hupe aufheulen, nahm Axels Hand und ließ ihn auf die Hupe drücken. Axel strahlte vor Begeisterung den Russen an und blieb noch eine kurze Weile auf seinen Knien sitzen, bis der Soldat mir das Kind wieder in die Arme zurückgab, den Motor startete und davon fuhr. Axel heulte, weil er nicht mitfahren konnte, weil ich ihn runtergeholt hatte und ihm die Freude und den Spaß verdorben wurde. Ich ließ ihn heulen, ohne ihn trösten zu können und zu wollen. Der Junge konnte ja nicht wissen, was in mir vorgegangen war. Als ich mit dem heulenden Bengel in Richtung Krankenhaus zurückzog, kamen ein russischer Offizier und eine russische Kommissarin auf mich zu und fragten mich etwas, vermutlich warum das Kind so kläglich weine und schreie! Die Frage blieb ohne Antwort von mir, da wir uns sowieso nicht verständigen konnten in zwei verschiedenen Sprachen. Axel brüllte weiter, es war nun schon mehr aus Trotz und Dickköpfigkeit. Die Russin faßte schnell in die Seitentasche ihrer Uniformjacke, zog eine Keksrolle hervor und reichte sie meinem Jungen hin. Der warf verbockt den Kopf herum zur anderen Seite und griff nicht danach. Die angebotene Gabe wollte ich ganz selbstverständlich für mein Kind haben! Begehrlich und fast bittend streckte ich meine Hand danach aus. Mit einer unnachahmlichen Handbewegung schob die russische Kommissarin meine Hand beiseite, nicht etwa unbeherrscht oder heftig, und sagte in gebrochenem

Deutsch mit einem infamen und zynischen Satz „Du, deutsche Hure bekommst das nicht", und damit steckte sie die Rolle Keks in Axels Hose und verschwand mit ihrem Begleiter zu dem wartenden Militärauto.

Das alles aber änderte nichts daran, daß der Mangel an Nahrungsmitteln und damit der Hunger im Lager immer größer wurden. Um Brot, Speck und Zukker von den russischen Soldaten im Tauschverkehr zu erhalten, gab ich zusammen mit Erna nach und nach drei Uhren, zwei Ringe sowie mehrere Ketten und Armbänder her. Dabei büßte ich zweimal ein Schmuckstück ein, weil die Gegengabe nachträglich auch noch von einer persönlichen Dienstleistung abhängig gemacht wurde, die ich verweigerte. So konnte es auf die Dauer aber einfach nicht weitergehen, und ich versuchte nun, irgendwie an eine Arbeit zu kommen, die unsere Ernährungsgrundlage verbessern konnte. Es mehrten sich die Fälle, daß arbeitsfähige Frauen mit ihren Kindern und ihrem gesamten Anhang auf Grund großer Nachfrage von Seiten der Landwirtschaft aufs Land zu den Bauern geschickt wurden. Mir war von Hause aus klar, daß diese Lösung kein Honigschlecken sein konnte. Die tschechischen Landwirte verlangten sehr viel von den deutschen Arbeitskräften und waren rücksichtslose Antreiber; es kam auch schon vor, daß sie Kinder der internierten Deutschen ebenso wie alte, gebrechliche Verwandte mit einspannten und zur Arbeit zwangen. Entscheidend war, wie der einzelne tschechische Landwirt auf die Deutschen zu sprechen war, und wie er zu ihnen politisch stand. Es hat sich eigentlich erst viel später herausgestellt, daß es die meisten Deutschen bei den Bauern nicht sehr gut hatten und genau wie die im Lager gebliebenen Leidensgenossen nur sehr mühselig ihr Leben fristen konnten. Es gab natürlich Ausnahmen, in denen ein menschliches Mitgefühl den gequälten, verhungerten und vom Elend gezeichneten Deutschen entgegenkam.

Während wir noch hin und her überlegten, ob es nicht auch für uns das beste wäre, vom Lager aufs Land geschickt zu werden, weil ich ja als einziges, arbeitsfähiges Familienmitglied meine Angehörigen hätte mitnehmen dürfen, wurde ich eines Morgens vor dem üblichen Arbeitsappell zur Lagerleitung gerufen. Als ich in das Büro trat, erkannte ich sofort Herrn B. wieder, unseren so guten Gastwirt mit Herz, bei dem ich mit Hilde K. zwei Tage den Tanzsaal seiner Gaststätte in Ordnung gebracht hatte. Er brauchte und suchte dringend eine Hilfe bei der Lager-Verwaltung als Ersatz für eine Hausangestellte, die in seinem Gasthaus und seinem privaten Haushalt tätig gewesen sei, ihm jetzt aber weggelaufen war. Dabei hatte er sich an die zwei Putzhilfen erinnert, die ihm die Lageleitung schon einmal zugeteilt hatte. Seine endgültige Wahl war zu meinen Gunsten ausgefallen, weil ich seiner Meinung nach für die Arbeit in Küche, Wirtschaft und Haushalt mehr Erfahrung und Praxis mitbrachte, als die doch noch sehr junge Hilde K. Ich sollte allerdings als Dienstmädchen bei ihm und seiner Familie im Hause wohnen, was für mich bedeutet hätte, getrennt von meiner Familie zu leben. Die Lagerleitung schlug vor, eine andere Deutsche zu ihm abzustellen. Herr B. muß dann wohl aber empfunden haben, wie es in mir aussah; er blieb bei seiner ersten Wahl und entschied sich für mich. Er verzichtete sogar auf seine Forderung, daß ich in seinem Hause wohnen sollte! Wie dankbar ich Herrn B. in diesem Augenblick war, habe ich bis heute nicht vergessen. Von der Lagerverwaltung wurde nun verfügt, daß ich jeden Morgen Punkt 6.30 vom Lager zum Restaurant der Familie B. und abends zurück ins Lager gebracht werden sollte.

Gleich am nächsten Morgen begann mein erster Arbeitstag. Ich mußte meine Armbinde mit dem „N" anlegen und wurde von einem Wachposten mit umgehängtem Karabiner durch die Innenstadt von Kuttenberg zu dem Haus der B.'s geführt. Die Begrüßung durch meine Chefin, die ich ja auch schon kannte, war unpersönlich, aber nicht frostig oder herrisch. Sie gab mir auf tschechisch, sie konnte im Gegensatz zu ihrem Mann kein Wort Deutsch, die Arbeitsanweisung, die Riesenmenge an Gläsern, die am Vorabend in dem Restaurant benutzt worden waren, abzuwaschen, abzutrocknen und in die Gläserschränke im Restaurant einzuräumen. Daß ich mich fast mit Begeisterung auf diese saubere Arbeit stürzte und das Bestreben hatte, alle Arbeiten zur Zufriedenheit meiner neuen Arbeitgeber zu erledigen, war selbstverständlich. Ich wurde nach dieser von mir mit Akribie ausgeführten Arbeit zu einem Frühstück am großen Arbeitstisch in der Küche aufgefordert und durfte mich dazu hinsetzen, die Chefin gab mir Kaffee und Brote mit Butter. Als nächste Arbeit wurden mir dann aber die auf einem langen Gang liegenden Toiletten ans Herz gelegt, die ich von jetzt an jeden Tag morgens, bevor der Betrieb im Restaurant einsetzte, zu säubern hatte. Außerdem mußte ich in der Privatwohnung der Familie, die aus Herrn B., Frau B. und einer bildhübschen aparten 17jährigen Tochter Blanka bestand, verschiedene Putz- und Aufräumungsarbeiten ausführen. Bis auf das Zimmer der Tochter war die Wohnung immer leer, weil beide B.'s von morgens bis abends in der Gasthausküche oder im Restaurant zu tun hatten. Das Restaurant-Personal, bestehend aus einem Kellner und einem Kellnerlehrling, nahm wenig Notiz von mir, war aber stets nett und fast kumpelhaft freundlich, wenn wir uns bei der Arbeit oder in der Küche trafen.

Mittags war der Hauptbetrieb im Restaurant. Es gab damals, so kurz nach dem Kriegsende in der Tschechoslowakei, nur einen ziemlich bescheidenen Mittagstisch mit einem Menü und wenigen einfach anzurichtenden Schnellgerichten. Alles wurde von der Chefin selbst gekocht und portioniert. Nachdem der Andrang der Gäste im Speisesaal vorbei war, der sich auf die Zeit von 12 bis 13 Uhr beschränkte, setzte sich die Familie B. mit Personal zum Essen an den großen Küchentisch, während ich zuerst einmal die Berge von Geschirr nebst Besteck und Gläsern zu spülen hatte. Erst dann bekam ich allein an meinem Arbeitstisch mein Mittagessen, jeden Tag drei Gänge, von Frau B. zugeteilt. Am ersten Tage hätte ich vor Dankbarkeit und Rührung über diese gute Behandlung fast heulen müssen, aber auch in der Folgezeit erschien mir das alles nach den vielen Wochen des Hungerns wie ein Märchen. Gleich beim ersten Mittagessen zweigte ich von meiner Portion einen großen Teil für meine drei Trabanten im Lager ab und durfte auch alles am Abend mit ins Lager nehmen. Unmittelbar darauf bekam ich dann von der Familie B. fast regelmäßig Brot, Kartoffeln, Knödel und Soßen dazu, außerdem abwechselnd Suppen oder Gemüse. Neben meinem eigenen oft abgesparten Nachtisch bekam ich nicht selten den Nachtisch von Blanka, Herrn B. oder von dem Oberkellner, alles Geschenke für meine Familie im Lager! Alle taten mehr für mich und meine im Lager lebenden drei, als sie es wohl ursprünglich vorgehabt hatten. Auf Grund meines Fleißes und meines Arbeitseifers und vielleicht auch aus Mitleid und Mitgefühl mit unserem Schicksal haben sie mir geholfen, und mir diese schwere Zeit dadurch etwas erträglicher und leichter gemacht.

Wenn mich abends um 19 Uhr mein bewaffneter Wachposten wieder vom Restaurant abholte, galt sein Blick immer wieder meiner Tasche, in der ich all diese Kostbarkeiten mit ins Lager nehmen durfte. Sicher wußte er davon, daß ich mit Erlaubnis von Chef und Chefin Eßbares mitnehmen konnte. Kontrolliert hat keiner meiner Wachposten die Tasche, die ich jeden Tag bei mir hatte, vielmehr beschränkte sich jeder darauf zu prüfen, ob die Armbinde mit dem „N", die ich während der Arbeit bei Herrn B. nicht anzumachen brauchte, auch nicht vergessen worden war. Ohne Bewachung durfte ich in der ersten Zeit niemals einen Schritt auf die Straße setzen, obwohl bei uns Internierten wirklich keinerlei Fluchtgefahr bestand. Wohin sollte jemand flüchten, der, mittellos und ohne Kontakt zu einer helfenden Umwelt, im Lager leben mußte und als verhaßter Deutscher abgestempelt war! Zwar hatte im ersten Vierteljahr unseres Lagerdaseins eine Frau mit ihren zwei Kindern tatsächlich einen Fluchtversuch unternommen, es war eine Frau aus dem Sudetenland mit perfekten tschechischen Sprachkenntnissen, der man eine leichte Geistesgestörtheit nachsagte. Sie waren aber alle drei schon nach ein paar Stunden wieder eingefangen und anschließend zur Strafe fürchterlich verprügelt worden.

Durch meine Arbeit im Restaurant bei B.'s war unsere vierköpfige Familie zum ersten Mal vom Hungern befreit. Auch andere Lagerinsassen hatten inzwischen durch ihre Tätigkeit Möglichkeiten gesucht und gefunden, ihre Lage etwas zu verbessern. Im Lager herrschte zwar keine Zufriedenheit über die Gesamtsituation aber die seelische und körperliche Not war nicht mehr so unmittelbar und akut. Der Gesundheitszustand der Internierten hatte sich gebessert, und es starben auch nicht mehr so viele Menschen um uns herum, und gerade das hatte ja vordem bei den Überlebenden, die mit den Sterbenden auf engsten Raum zusammengedrängt waren, sehr oft zu nervenaufreibenden Depressionen geführt.

Erna machte uns indes nach wie vor Sorgen. Sie kränkelte viel, und eines Tages legte sie sich fiebernd und sehr krank ins Bett. Unser Medizinstudent und seine Frau waren wie bei allen auftretenden Krankheits- und Sterbefällen zur Untätigkeit verdammt, weil sie weder über Instrumente noch Medikamente verfügten. Bis auf ein paar sehr schmale Mullbinden und etwas Leukoplast war ohnehin von den geringen Restbeständen des aufgelösten deutschen Lazaretts nichts mehr übrig geblieben. Mir selbst war in den ersten Wochen unseres Lageraufenthalts während eines Arbeitseinsatzes beim Bohlenaufstapeln ein großer Holzsplitter in den Mittelfinger der linken Hand geraten und mit der Spitze durch die gesamte Fingerkuppe bis in die Nagelwurzel eingedrungen. Erst am Abend, als ich von der Arbeit zurückkam, durfte ich meinen Unfall melden; eine Erste-Hilfe oder ordnungsgemäße Entfernung des Holzsplitters durch einen Arzt gab es jedoch auch in diesem Fall für eine Internierte nicht, vielmehr blieb es unserem Medizinstudenten überlassen, des Splitters irgendwie Herr zu werden und ihn zu entfernen. Die Operation wurde von ihm wie in uralten Zeiten ausgeführt. Er verfügte weder über ein Mittel zur örtlichen Betäubung des Fingers oder zu einer Vereisung noch über ein Skalpell, sein ganzes Instrumentarium bestand vielmehr aus seinem eigenen Taschenmesser. Damit mußte er nun die Operation vornehmen. Das ging aber nicht mit einem Schnitt, sondern erfolgte sukzessive, weil die Schneide einfach nicht scharf genug war, um den Fingernagel zu spalten. Jod war vorhanden, eine Sepsis entstand nicht und der Mull half das Ganze zu verbinden und zu verhüllen!

Mit demselben Taschenmesser als Skalpell-Ersatz machte ich etwas später nochmals Bekanntschaft, als ich ein sehr übles, schmerzendes Karbunkel, eine bösartige Form des Furunkels zwischen Nacken und Haaransatz des Kopfes bekam. Wie Erna, die als ehemalige staatlich geprüfte Krankenschwester über entsprechende Erfahrungen verfügte, sofort feststellte, handelte es sich nicht um einen gewöhnlichen Eitererreger, sondern um einen Bazillus mit citrigem Zerfall. Starke Schmerzen, harte Schwellung und blaurote Verfärbung kennzeichneten die Umgebung des Eiterherdes. Die Behandlung erfordert unter normalen Umständen immer einen Arzt und den Einsatz von Medikamenten und Pharmaka, und meistens geht es nicht ohne Operation ab. Unser Student, der so gerne helfen wollte, war hilflos, machtlos, ahnungslos, dafür aber sehr verwegen, indem er die Operation sehr simpel gestaltete und beherzt wiederum mit dem Taschenmesser das wie ein Karfunkel glühende Karbunkel aufschnitt und den Eiter breit herausquetschte, ungeachtet all meiner Marterschreie und Folterqualen, bei denen mir Hören und Sehen verging, bis ich in eine tiefe Ohnmacht versank. Als ich zu mir kam, stand Erna mit Axel neben mir, die Wunde war inzwischen mit einem desinfizierenden Zeug gesäubert worden und brannte abscheulich, aber die Pferdekur war erfolgreich verlaufen. Der Infektionsherd war beseitigt. Die Narbe habe ich bis heute als Erinnerung nicht nur im Genick, sondern auch im „Sinn" behalten.

Ernas Krankheit, es war wieder ihr schwaches Herz, das sie ohne viel Aufhebens allein behandelte, entwickelte sich zum Glück nicht so ernst, wie wir alle befürchtet hatten, und sie konnte sich langsam wieder erholen. Axel, dessen Gesundheit seit der Internierung ebenfalls sehr anfällig war und zu vielfacher Sorge Anlaß gab, brauchte seine Tante Mausse, wie er sie nannte, einfach zu seinem kleinen kümmerlichen Leben in dieser ihn umgebenden Trostlosigkeit des Lagers.

Gerade um diese Zeit drängte mein Chef, Herr B., und wohl noch mehr seine Frau darauf, daß ich dort nun doch in der Gastwirtschaft wohnen sollte, um meine Arbeit wahrnehmen zu können, ohne täglich abends ins Lager zurückzukehren. Dagegen wehrte ich mich nun allerdings mit meinen sehr begrenzten Mitteln, weil es bedeutet hätte, meine Familie nur ab und zu sehen und versorgen zu können. Nur ein einziges Mal mußte ich eine Nacht im Hause der Familie B. verbringen und schlief dort im sehr hübschen Dienstmädchenzimmer. Anlaß war ein Festbankett, das im Tanzsaal des Gasthauses stattfand; die Arbeit ging bis in die Nacht, dafür konnte ich am nächsten Tag leckeres Essen, das übrig geblieben war, mit ins Lager nehmen. Im übrigen hatten B.'s aber doch letztlich Verständnis für meine Bitte, mich weiterhin im Lager übernachten zu lassen und mich trotzdem als Arbeitskraft zu behalten. Sie hatten wirklich ein gutes und mitfühlendes Herz, waren einsichtsvoll und brachten auch dafür sehr viel Verständnis auf. So blieb schließlich arbeitseinsatzmäßig alles beim Alten.

Nachdem die militärische Überwachung bzw. Bewachung der Insassen des Internierungslagers beim An- und Abmarsch zur Arbeitsstelle nach einiger Zeit generell eingestellt wurde, konnte ich von da an meinen Weg zur Arbeitsstelle und zurück ins Lager allein gehen. Obwohl stets mit der „N"-Armbinde gekennzeichnet, ist mir dabei bis auf einige Hände voll Dreck und unflätige Schimpfworte die ganze Zeit – über ein halbes Jahr – nichts passiert. Das Lokal lag mitten in der Stadt, gleich hinter dem Marktplatz und war vom Lager nur etwa 800 bis 1000 Meter entfernt. Jeden Morgen, wenn ich zur Arbeit ging, natürlich auch sonntags, sah ich von der in dieser Richtung leicht abfallenden Straße aus auf die recht weit vor der Stadt liegende gotische Barbarakirche, die ich nach unserer Ankunft damals in Kuttenberg auf dem Marsch vom Bahnhof in die düstere, abgelegene Waldgaststätte schon einmal etwas näher im Blickfeld gehabt hatte. Jetzt war das Gotteshaus viel weiter entfernt, und doch blieben meine Augen jeden Morgen voll Sehnsucht an ihren für mich unerreichbaren unvollendeten Türmen hängen.

Das Restaurant der B.'s war ein recht bürgerliches Lokal. Die Honoratioren der Bezirksstadt tranken am Abend ihren Schoppen Wein oder das gut gezapfte Pilsener Bier und aßen dazu eine Kleinigkeit; der Hauptbetrieb aber spielte sich am Mittag während der etwa einstündigen Essenszeit ab. Solange sich Gäste im Lokal befanden, durfte ich es nicht betreten, meine Arbeiten im Gästeraum mußte ich in der Frühe, wenn das Lokal leer war, ausführen. Gleichwohl glaubte ich, aus verschiedenen Anzeichen und Vorgängen schließen zu können, daß bei B.'s weder russische Soldaten noch Partisanen oder Kommunisten verkehrten.

Der Tanzsaal, der in der oberen Etage des Gasthauses lag und der nur ab und an für Hochzeiten, Gesellschaften oder Vereinsfeste benutzt wurde, hatte einen sehr schönen alten und echten Parkettfußboden, der jedoch während der deutschen Protektoratszeit von den darin vorübergehend untergebrachten Fremdarbeitern vollkommen verschmutzt und ruiniert worden war. Erst, als ich schon Wochen meinen Dienst versah, wurde mir aufgetragen, mit Stahlspänen, Händen und Füßen den Parkettfußboden abzuziehen. Es war meine anstrengendste Aufgabe, bei der mir lediglich der junge Kellnerlehrling etwas helfen sollte. Der aber hatte anderes im Sinn, wenn wir oben im Saal allein arbeiten mußten. Erst als ich mich bei Herrn B. über ihn beschwerte und mich wegen seiner plumpen Handgreiflichkeiten zur Wehr setzte, gab er Ruhe und ließ die ihm in meiner Gegenwart vom Chef verabreichte Ohrfeige gelten. Dagegen benahm sich der tschechische Oberkellner, der nicht wie der Lehrling im Hause der Gastwirtsfamilie wohnte sehr korrekt und war immer fair und menschlich verständnisvoll zu mir. Er besorgte mir öfter für mein tschechisches Geld, was ich ja noch in Prag gerettet hatte, Dinge, die im Handel der Stadt schwer zu bekommen waren, und natürlich auch Zigaretten; Tabakwaren konnten von den Einheimischen problemlos in jeder Trafik gekauft werden, von mir aber waren sie auf direktem Wege unerreichbar, weil ich meine mir vorgeschriebene Route vom Lager zum Arbeitsplatz und zurück nicht verlassen durfte. Die Lagerinsassen waren immer dankbar für alles, was ich organisieren konnte.

Eines Tages gab es für mich ein beglückendes und sehr erfreuliches Erlebnis an meiner Arbeitsstelle bei Familie B. Mitten in einer meiner immer sehr arbeitsreichen Wochen erschien ein ansässiger Handwerksmeister zur 9 Uhr-Frühstückszeit der Familie B. in der Küche. Hier spielte sich tagsüber alles ab, hier wurden Besuche empfangen, Verwandte und Freunde schauten mal kurz rein, und auch Geschäfte aller Art wurden hier erledigt. Ich kämpfte wie jeden Vormittag mit einem Riesenabwasch, der aus Tellern, Bestecken und Bier- und anderen Gläsern vom vorherigen Abend bestand. Nach einer kürzeren Plauderei in der Küche verschwanden die beiden Männer in einem der Nebenräume des Restaurants, der in der Mitte mit einem Billardtisch und an den Seitenwänden mit Vitrinen, Sesseln und Stühlen ausgestattet war. Ich hatte den Raum auch schon mal putzen und sauber machen müssen, er war sonst aber verschlossen und blieb bisher unbenutzt. Die Tür zu dem Raum blieb nach dem Eintritt der Männer weit geöffnet, so daß ich sehr bald entdeckte, was hier vor sich ging. Der Besucher war Polsterer und Sattler und hatte den Auftrag, den Billardtisch neu zu überziehen. Das grüne Tuch lag schon ausgebreitet über mehreren Stühlen. Trotz meiner Arbeit und der strengen Aufsicht meiner Chefin umkreiste ich unruhig und mit begehrlichen Augen die Eingangstür zum Billardzimmer. Ich sah mehrmals, wie der Polsterer dem alten Bezug mit seinem Handwerkszeug zu Leibe ging und kombinierte bereits, was man mit dem alten Stoff alles machen könnte, wenn man ihn hätte! Ich mußte es einfach schaffen, das verblichene aber nicht durchlöcherte Tuch zu ergattern! Ich mußte nun sofort handeln und faßte mir deshalb ein Herz, ohne länger zu zögern, hereinzugehen und um das Tuch zu betteln. Entschlossen ging ich in den Raum zu Herrn B. und fragte ihn direkt, ob er mir das alte Billardtuch schenken würde, damit ich für mein Kind eine Hose oder eine Jacke machen könnte. Er sah mich etwas mitleidig, aber wohlwollend an, wandte sich dann an den Handwerksmeister und sprach leise mit ihm. Offensichtlich hatte der Meister den alten Stoff für sich requirieren wollen, nun aber nickte er und gab sein Einverständnis und seine Zustimmung zu diesem Geschenk. Mein Dank galt beiden Männern, als ich ihn Tschechisch herausstotterte. Noch am selben Abend durfte ich das grüne Tuch, das auf der unteren Seite fast wie neu und richtig schön billardtuchgrün aussah, mit ins Lager nehmen. Alle bestaunten im Lager meine Beute und jeder freute sich mit mir. Es dauerte nicht lange, und unsere alte Baronin v. B., die, selbst interniert, voll aufopfernder und selbstloser Hilfsbereitschaft für jeden im Lager da war und auch sogar von der Lagerverwaltung respektiert wurde, nahm sich des grünen Billardtuches an und zauberte daraus mit Einfallsreichtum, Geschick und Geschmack für Axel ein grünes Höschen, einen grünen Janker und ein grünes Hütchen mit einer bunten, lustigen Borte daran. Alle waren wir begeistert; es sah reizend, ja geradezu elegant aus, als Axel den auf „Zuwachs" gearbeiteten Trachtenanzug das erste Mal angezogen bekam, nur der äußere Rahmen dieser kleinen Modenschau wollte überhaupt nicht ins Bild passen. Ich war damals sehr, sehr dankbar für dieses Geschenk und was daraus gemacht wurde, und noch Jahre später blieb dieses Lager-Anzugs-Bekleidungsstück das Erinnerungswürdigste unserer Internierungszeit.

Mein Arbeitseinsatz im Restaurant B. hatte sich inzwischen so eingespielt, daß man schon von einem festen Tagesprogramm sprechen konnte. Jeden Morgen, ob werktags, ob sonntags, immer zur selben Zeit um halb 7 Uhr meldete ich mich mit angelegter „N"-Armbinde bei der Wache unseres Lagers, zeigte mein Arbeitsbuch zwecks Eintragung der vorgeschriebenen Angaben vor und marschierte dann los. Nach meinem Eintreffen bei B.'s begann ich meinen Arbeitstag damit, die sechs Gaststätten-Klosetts (einschließlich Pissoirs) die sich in dem hinteren Gebäudeteil des alten Hauses befanden und über mehrere durch entsprechende Hinweisschilder markierte Gänge und Flure zu erreichen waren, zu putzen, zu scheuern und aufzuwischen. Die Toilettenanlage war im Verhältnis recht groß, modern eingerichtet und mit Fliesen und Kacheln ausgestattet. Vom ersten Tag an wurde ich angehalten, diese Arbeit mit größter Gründlichkeit zu erledigen, da die Gäste aus dem Zustand der Toilette Schlüsse auf den Gesamtzustand des ganzen Betriebes zögen. Meine Vorgesetzten schienen mit meiner deutschen Wertarbeit betreffs Toilette auch hoch zufrieden zu sein, denn sie vertrauten mir dann auch noch Bad und Klo in ihrer im ersten Stock gelegenen Privatwohnung an, während das dazu gehörige Schlafzimmer mir bis zuletzt verschlossen blieb. Nach dem Reinigen der gesamten sanitären Anlagen des Hauses war noch das Restaurant sauber zu machen. Anschließend erfolgte dann in der Küche die erste große Abwäsche des Geschirrs und der Gläser vom Vorabend. Im weiteren Verlauf des Tages wiederholte sich der Abwaschvorgang vier bis fünf Mal, ja manchmal auch sechs Mal, wenn viele Gäste das Lokal besucht hatten. Zwischendurch erhielt ich mein Frühstück und zu einer unbestimmten Zeit das immer sehr reichhaltige Mittagessen. Nachdem ich mein Tagespensum geschafft hatte, war damit der Arbeitstag für mich beendet. Ich kehrte gegen 19 Uhr auf demselben Weg, den ich am Morgen genommen hatte, ins Lager zurück. In meiner Tasche befand sich fast immer mein Abendbrot, das ich mit Erlaubnis meiner Chefs zu meiner Familie mitnehmen durfte. Ins Lager zurückgekehrt, legte ich auf der Wache mein Arbeitsbuch vor und eilte zu meinen Lieben, die schon auf mich lauerten und neugierig waren, was ich wohl wieder an guten Dingen mitbringen würde.

An einem fest bestimmten Werktag jeder Woche blieb das Restaurant geschlossen und das Personal hatte einen arbeitsfreien Tag. Natürlich galt das nicht für mich, ich als Arbeitskraft aus dem Interniertenlager hatte täglich meine zwölf Stunden abzuleisten und kannte keinen Ruhetag.

Wie schon erwähnt, hatten B.'s eine sehr hübsche und attraktive Tochter. Sie war erst 17 Jahre alt und ging noch in Kuttenberg zur Schule, verhielt sich mir gegenüber aber anfangs sehr reserviert und ablehnend; mein Eindruck war, daß sie alles Deutsche haßte. Das änderte sich erst, als ich einmal an einem Gaststättenruhetag, an dem Herr und Frau B., der Oberkellner und der Lehrling nicht im Hause waren, mit dem Mädchen alleinblieb. Ich verrichtete meine Arbeit wie immer, fühlte mich jedoch von der Tochter Blanka meines Chefs kontrolliert, beobachtet und überwacht. Ich sollte an diesem Tag neben den üblichen Aufgaben in allen Räumen und im Restaurant die Fenster putzen. Das war insofern nicht so ganz einfach, als das Restaurant sehr große Fensterscheiben besaß, deren oberen Teil ich nur mit einer Leiter erreichen konnte. Aber die Leiter, die ich nun suchte, konnte ich weit und breit nicht entdecken. Nun mußte ich Blanka fragen, wo die Leiter stehen könnte. Sie wußte es und gab mir mit einem sehr hoheitsvollen Nicken zu verstehen, daß sie sie für mich holen wollte, verschwand in Richtung Hof und brachte sie mir. Nach einem Dankeschön meinerseits gab sie nun ihr Schweigen auf und fing an, sich zum ersten Mal persönlich mit mir zu unterhalten. Sie war ein sehr intelligentes Mädchen und sprach ein zwar nicht perfektes, aber doch recht gutes Deutsch. Später wärmte sie dann das von ihrer Mutter schon gekochte Mittagessen für uns beide auf. Zum Essen setzte sie sich nicht allein an den Familientisch, sondern nahm neben mir am Arbeitstisch Platz, um mit mir zusammen zu essen. Am Nachmittag kam dann ihr Freund, ein junger Leutnant des neuen tschechischen Heeres, sehr fesch, sehr gut aussehend, diesmal jedoch nicht in seiner tadellos sitzenden Offiziers-Uniform wie sonst, wenn er zu Blanka und ihren Eltern auf Besuch kam. Während er mich bisher nie gegrüßt hatte, wenn er mich sah und wir aneinander vorbeigingen, änderte sich das nun auch, wenngleich eine begreifliche Reserviertheit mir gegenüber bei ihm bestehen blieb. Die ganze Stimmung um mich herum tat wohl, ich fühlte mich an diesem Tage weder gedemütigt noch geknechtet oder menschlich diskriminiert. Ich erledigte an diesem Nachmittag meine Arbeit, die man mir aufgetragen hatte. Die beiden jungen Menschen kümmerten sich nicht mehr um mich und ich nicht um die beiden, die sehr verliebt ineinander waren. Ich durfte dann sogar mit Blankas sehr wohlwollender Erlaubnis eine Stunde eher die Arbeit einstellen und ins Lager zurückgehen. Alle drei Wochen fand bei B.'s ein großer Waschtag statt, zu dem eine Waschfrau aus Kuttenberg ins Haus kam, die schon lange im Dienste der Familie stand. Sie war eine rundliche Frau mit üppigem Busen, sehr gutmütig und voll Verständnis für meine Notlage. Ich mußte ihr immer bei ihrer Arbeit helfen und hatte jedesmal schon im vorhinein Angst vor diesem Tag, weil das Heben und Schleppen der schweren Eimer und Bottiche in der von Wrasen[54] und Wasserschwaden durchzogenen Waschküche für mich eine einzige Anstrengung und Schinderei bedeutete. Eine bessere Seite konnte ich dem Ganzen erst abgewinnen, als Herr B. mir nach einiger Zeit anbot, meine Wäsche aus dem Lager mitzubringen und mitwaschen zu lassen. Dafür war ich natürlich sehr dankbar, zumal ich in sein Anerbieten eigenmächtig die Wäsche unserer ganzen Familie einbeziehen konnte. Schon im Lager untersuchte ich jedes einzelne Wäschestück auf das Vorhandensein von Ungeziefer, welches uns im Lager ja nie verließ. Nach dieser „Erstentlausung" an Ort und Stelle erfolgte eine zweite in der Waschküche des Chefs unter den bebrillten und daher vielleicht nicht ganz sicher blickenden Augen der Waschfrau. Sie übersah, absichtlich oder unabsichtlich, vieles, so auch mein Entsetzen darüber, daß trotz aller Bemühungen immer wieder einige Läuse-Leichen und Nissen nach dem Kochvorgang in der Waschlauge und im Nachspülwasser herumschwammen. Hastig und ängstlich zugleich suchte ich dann, die biestigen Steine des Anstoßes herauszufischen, ehe sie eventuell von den kritischen Augen der Chefin, die alles immer sehr genau beobachtete, bemerkt wurden. Nach dem Kochen schleppten wir, die Waschfrau und ich, die ganze Wäsche, d. h. die Wäsche der Familie B., die Restaurantwäsche, die Personalwäsche und meine Lagerwäsche hinaus auf den Hof, wo unter alten Nußbäumen vorher Leinen gezogen worden waren, um die Wäsche dort zum Trocknen aufzuhängen; bei kaltem und regnerischen Wetter mußten wir die ganze Wäschelast stattdessen auf den großen Boden des sehr alten Hauses bugsieren. Wieviel böhmische Gastwirtsgenerationen schon in diesen alten Gemäuern gelebt und gewerkt haben dürften – oder war es vor alten Zeiten ein Bauerngehöft gewesen? – ist mir damals schon mal durch den Kopf gegangen. Leider reichten meine tschechischen Sprachkenntnisse nicht aus, um mich nach der Entstehungsgeschichte des Hauses und seiner Tradition erkundigen zu können, oder auch zu erfragen, wann und von wem die sehr alten Nußbäume, unter denen im Sommer auch einige Tische und Stühle für die dort gelegentlich einkehrende Gäste und Freunde bereit standen, eingepflanzt worden waren.

Wie gut ich es mit meinem Arbeitsplatz bei der Familie B. getroffen hatte, wurde mir so richtig klar, wenn ich abends im Lager von dem Schicksal anderer Internierter hörte. Viele Frauen waren inzwischen mit ihren Angehörigen aus dem Lager aufs Land in bäuerliche Betriebe umquartiert worden, wo sie sehr schwer arbeiten mußten, um für sich und die mitgebrachte Familie das Essen zu verdienen. Die meisten wurden schamlos ausgenutzt, schlecht behandelt und mit ihrem Anhang in menschenunwürdigen Behausungen untergebracht. Die wenigen, die das Glück hatten, anständig behandelt zu werden, obwohl sie

---

[54] Niederdeutscher Ausdruck für Qualm, Dampf.

das „N" am Ärmel trugen, waren natürlich dankbar, aus dem Lager heraus zu sein und mit ihren Angehörigen in menschlicher Nähe und Wärme zusammen-leben zu können; die Mehrzahl aber war übel dran. Einige wurden von den Bauern auch wieder ins Lager zurückgebracht, weil sie gesundheitlich einfach nicht in der Lage waren, die Arbeitsleistung zu erbringen, die die tschechischen Landwirte glaubten, ihnen abpressen zu können.

Auch meine Arbeitskollegin Hilde K. mit der ich so viele Arbeitseinsätze in Kuttenberg, bei Kuttenberg und um Kuttenberg herum verrichtet hatte, wurde im Hochsommer zur Erntezeit von der Lagerleitung zum landwirtschaftlichen Einsatz abkommandiert. Wie sie es uns beim Abschiednehmen damals im Lager erzählte, sollte sie mit einigen anderen Arbeitskräften auf einem größe-ren Hof eingesetzt werden und dort voraussichtlich bis zum Herbst bleiben. Im Gegensatz zu anderen Internierten, die beim Bauern gearbeitet hatten und dann vor dem Winter wieder ins Lager zurückgebracht wurden, sind Hilde K. und ihre Gruppengefährten nicht wieder zu uns ins Lager zurückgekehrt. Wir haben auch nichts mehr über sie in Erfahrung bringen können.

Der Sommer verging, der Herbst kam und mit ihm für uns neues Ungemach. Das alte Krankenhaus, in dem wir bisher untergebracht waren und mit dessen sanitärer und raummäßiger Ausstattung wir als Internierungslager einigerma-ßen zufrieden sein konnten, mußte plötzlich geräumt werden, weil es dringend für andere Zwecke gebraucht wurde; es war kein Geheimnis, daß es mit den Russen zusammenhing.[55] Wir Deutschen wurden also von heute auf morgen in einen anderen Bau verlegt.

---

[55] Vermutlich sollten anstelle der deutschen Internierten Russen einquartiert werden.

Das zweite Kuttenberger Internierungslager

Das zweite Internierungslager, in das wir jetzt eingewiesen wurden, war ein baufälliges und heruntergekommenes Gebäude. Es hatte ursprünglich zur Lagerung von Getreide gedient, darum nannte man es auch bei unserem Einzug noch immer Speicher. Später soll es dann einmal, wie wir von Kuttenberger Einwohnern in Erfahrung bringen konnten, vom Getreidespeicher zum Gefängnis oder Zuchthaus umfunktioniert und ausgebaut worden sein. Der Gebäudetrakt hatte drei Geschosse. Im Parterre befand sich ein als Büro eingerichteter Raum für die Lagerverwaltung, daneben war ein Zimmer für einen tschechischen Lagerarzt, der uns nun ärztlich betreuen sollte, und anschließend ein größeres Krankenzimmer für die bettlägerigen Lagerinsassen, das vom ersten Tag an immer überbelegt war. Die erste und die zweite Etage waren in je zwei große Räume für jeweils etwa 40 Menschen aufgeteilt, in denen die entsprechende Anzahl zweistöckiger Holzbetten mit Strohsäcken oder auch einige flache Holzbetten oder schmale Pritschen, ebenfalls mit Strohunterlagen, zur Verfügung standen. Außerdem befand sich auf jeder Etage ein Wasserklosett und eine Wasserleitung mit Kran und Ausguß, die einzige Quelle, von der die Etagenbewohner Wasser entnehmen konnten. Das Prunkstück jeder Etage war ein kleiner eiserner Ofen, der für Wärme und Beheizung der stallähnlichen Unterkunft sorgen sollte, angesichts des vor der Tür stehenden langen Winters ein schon jetzt beunruhigendes Symbol für uns alle. Die Räume des zweiten Lagers selbst wiesen neben den übereinander oder nebeneinander stehenden Liegestätten so gut wie kein weiteres Mobiliar auf. Unsere Habseligkeiten lagen unter oder auf den Betten, und nur wer Glück hatte, ergatterte beim Einzug in „unser Paradies" einen Hocker oder wie ich mit meiner Familie, einen kleinen wackligen Tisch, auf dem später die gemeinschaftliche Waschschüssel für uns und einige andere Anlieger Platz fand. Die Beleuchtung der Räume bestand aus einer an der Decke befestigten nackten Glühbirne, die nur schwaches, spärliches Licht verbreitete, aber besser als eine Funzel war. Um 10 Uhr abends mußte das Licht gelöscht sein. Wenn jemand von der Wache den Raum betrat, wurde „Achtung" gerufen, und wir mußten, auch wenn wir schon ausgezogen waren, in ehrfurchtsvoller Haltung vor den Betten oder Pritschen stehen. Im Speicher hatte man für die wenigen Männer, Knaben und Jünglinge einen Extraraum bereitgestellt, der sich türlos an den Großraum anschloß. Hiermit sollte offenbar der Geschlechtertrennung, vielleicht eine inzwischen angeordnete Auflage für Internierungslager, Genüge getan werden.[56] Hans wurde dadurch nachts räumlich von uns getrennt, konnte sich aber tagsüber jederzeit im „Frauengelaß" aufhalten. Der zu dem Grundstück gehö-

---

[56] Die vorliegenden Berichte aus den verschiedenen Internierungslagern erwähnen

rende Hof, der das große Gebäude an drei Seiten umschloß und einzäunte, stand den sich im Lager aufhaltenden Erwachsenen und vor allem den Kindern zur Verfügung. Während sich die größeren Jungen besonders von einem alten vollkommen verrotteten und verrosteten Autowrack angezogen fühlten, das in einer Ecke des Hofes stand, war für die kleineren Kinder mit ihren schon etwas größeren Mädchen und die kleineren Buben ein winziger Erdhügel die Hauptattraktion. Hier wimmelte es infolge der sehr begrenzten Auslaufmöglichkeiten zu jedes Tageszeit, ausgenommen die alles andere in den Schatten stellenden Zeiten der Essenausgabe, von Kindern, die sich mit Stöcken, Löffeln und anderen Gegenständen den Hügel streitig zu machen versuchen. Axel, der in diesem eingekerkerten Kinderleben und dieser mitleidlosen Daseinsform damals ein überaus zarter und scheuer Junge geworden war, hielt sich aus all dem Treiben völlig heraus und schaute immer nur aus einer gewissen Entferung distanziert zu; erst, wenn sich der Hügel geleert hatte, und das war gewöhnlich gegen Abend, bestieg er ihn in Siegerpose und spielte darauf ganz für sich allein.

Bei der Errichtung des Internierungslagers war in dem Hof eine Bretterbude oder eine primitive Baracke auf- bzw. eingebaut worden, in der ein großer Kessel stand. In diesem Kessel wurde das Lageressen für uns gekocht. Unsere beiden Köchinnen, Frau R. und Frau L., waren mit Einsatzbereitschaft bemüht, aus dem Wenigen, was ihnen zur Verfügung stand, das Beste zu machen. Alle im Lager lebenden Internierten mußten sich drei Mal am Tage dort bei Wind und Wetter, bei Regen oder Schnee anstellen, um die ihnen zustehende Verpflegung in Empfang zu nehmen. Am Anfang unserer Internierung im Speicher gab es zum Frühstück den immer gleichbleibend schlechten Kaffee-Ersatz und eine Scheibe trockenes Brot, mittags Suppe von Kartoffelschalen und abends dasselbe und eine Scheibe trockenes Brot. Wer die Schalen für die Suppe der deutschen Internierten gespendet haben mag, weiß ich nicht zu sagen, damals vermuteten wir aber alle, daß sie aus der Küche der russischen Soldaten oder auch aus dem russischen Offizierskasino stammten. Die Rote Armee hatte wohl ein ziemlich großes Aufgebot an Soldaten in Kuttenberg stationiert. Als die Rote Armee im November 1945 aus Kuttenberg abzog, sah ich auf dem Wege vom Lager zu meiner Arbeitsstelle zufällig auch, wie ihre Lastwagen vollbepackt mit Fahrrädern, Näh- und Schreibmaschinen sowie Gebrauchsgütern und Industrieerzeugnissen der Tschechen durch die Hauptstraße von Kuttenberg in Richtung Sowjetunion rollten. Zugejubelt wurde den russischen Befreiern von Seiten der tschechischen Bevölkerung kaum.

Nach dem Abzug der Roten Armee wurde die Lagerverpflegung etwas besser. Die Suppe wurde jetzt von ganzen Kartoffeln und nicht mehr aus Schalen gekocht, war also etwas dicker und nahrhafter und wurde öfter mal mit getrocknetem Gemüse, Erbsen oder Rüben verfeinert. Auch Kohlsuppen be-

zwar auch getrennte Räumlichkeiten für Männer und Frauen, eine wohl natürliche Maßnahme; eine dahingehende Verordnung scheint allerdings nicht bestanden zu haben.

reicherten die magere Auswahl der wenigen Standard-Gerichte des Internierungslagers. Sogar Margarine wurde nun in kleinen Mengen den Eintöpfen beigegeben und selbst zu den Brotrationen erhielten wir etwas davon. Zum Essen und Getränkeempfang hatte jeder mit den notwendigen Gefäßen, wie Topf, Henkelmann oder Konservenbüchse anzutreten. Übrigens gab es jetzt auch schon mal Zucker für unsere Frühstücksmahlzeit, so daß manche dazu übergingen, ihre Brotscheibe zunächst mit Senf, den man sich organisieren konnte, zu schmieren und dann mit Zucker zu bestreuen. Für die meisten von uns eine vollkommen unbekannte Delikatesse!

Im Lager gab es Wachposten, die uns sehr feindlich gesinnt waren, aber auch solche, die wohlwollend und verhältnismäßig gut zu uns waren, das heißt, daß sie auch schon mal übersahen, wenn Frauen, die das Lager verließen, um zur Arbeit zu gehen, heimlich ihre Kinder auf die Arbeitsstelle mitnahmen, weil es dort für sie etwas Essen oder andere Annehmlichkeiten gab; in Frage kam das natürlich nur dann, wenn der Arbeitgeber ein privater Haushalt war. Hier wurden unsere Frauen – ebenso wie das vielleicht heimlich mitgebrachte Kind – oft fast rührend und sehr menschlich behandelt. Sie wurden mit Essen und Trinken versorgt und erhielten die Erlaubnis, ein Bad zu nehmen oder Wäsche zu waschen und anderes mehr, alles Dinge, die zu tun und zu gewähren der tschechischen Bevölkerung an sich nicht erlaubt war. Obwohl diese Verbote streng gehandhabt wurden, gab es doch sehr viele Arbeitgeber, die ein Herz für die deutschen Frauen und Kinder hatten und sich nicht so genau daran hielten. Und einige tschechische Arbeitgeber steckten den deutschen Frauen auch noch Essen in die Tasche, damit sie es für ihre Angehörigen ins Lager mitnehmen konnten. Aus den gekochten Kartoffeln, die so ins Lager gelangten, wurde dort mit Senf und Wasser ein Kartoffelsalat zubereitet, den vorwiegend die arbeitsunfähigen Erwachsenen und die Kinder bekamen, die das Lager nicht verlassen und sich darum keine zusätzliche Nahrung beschaffen konnten. Mitgebrachtes Obst, Brot und manchmal auch Marmelade waren ebenfalls wertvolle Hilfen gegen den Hunger, der die meisten plagte. Die nicht mehr arbeitsfähigen Insassen mußten gleichwohl für die mehr als erbärmliche Lagerkost auch noch arbeiten, indem sie im Lager zum Säckeflicken eingespannt und gezwungen wurden.

Die Kosten zum Unterhalt des Internierungslagers brachten die werktätigen Frauen und Mädchen durch ihrer Hände Arbeit auf, da der jeweilige Arbeitgeber, zu dem sie geschickt wurden, den Lohn für ihre Arbeit an die Lagerverwaltung (wohl sicher auf kommunaler Ebene) abzuliefern hatte. Ob für die landwirtschaftlichen Betriebe, die ja bei einer einzigen Arbeitskraft meistens den ganzen Familienanhang mit übernahmen, eine besondere Regelung galt, ist mir nicht bekannt.[57]   Obwohl Bedrohung, Druck und Zwang von Seiten

---

[57]   Nach Bekanntmachung des Ministeriums des Innern vom 2. 12. 1945 über die Richtlinien zur Durchführung des Dekrets des Präsidenten der Republik über die Arbeitspflicht der Personen, welche die tschechoslowakische Staatsbürgerschaft verloren haben

der Wachen und der Verwaltung des Lagers mit der Zeit nachließen, blieb das in der Masse Zusammenlebenmüssen auf so engem Raum und unter so unhygienischen und widerwärtigen Verhältnissen schwer erträglich. Verbitterung, Reizbarkeit und Aggressionen griffen immer mehr um sich. Alle gaben sich natürlich Mühe, mit dem gemeinsamen Schicksal auch weiterhin fertig zu werden und möglichst friedlich nebeneinander herzuleben, doch wurde es, je länger die Qual dauerte, doch schwerer. Angst und Hoffnung auf eine baldige Erlösung aus der Unfreiheit und Knechtung wechselten häufig. Manchmal war es schon eine Erleichterung mit den anderen Leidenden über den aufgestauten Unmut, die Wut und das Gefühl der Ohnmacht zu reden, zu diskutieren und auch mal zu jammern, ja theoretisch nach Auswegen und Schlupfwinkeln zu suchen, die es praktisch nicht gab, und sich gegenseitig etwas vorzumachen und couragiert zu tun, ohne es zu sein! Manchmal mußte man sich einfach den Kummer von der Seele reden, der uns täglich neu beschlich, man brauchte ein Ventil, wenn man nicht platzen sollte. Gemeinsam quälte uns alle der Ausblick auf eine verdammt trostlos erscheinende Zukunft, besonders der Kinder wegen, die, so meine ich, am meisten gelitten haben. Zusammengepfercht mit vielen fremden Menschen unterschiedlichster Art, eingepreßt und nur beschränkt und eingekeilt auf engstem Raum, ohne rechten Auslauf, ohne vernünftige Beschäftigung, ohne ausreichende Nahrung und Bekleidung, ohne sachgemäße Ordnung, ohne ausreichende medizinische Betreuung und in beschämenden und miserablen hygienischen Verhältnissen lebend, haben sie alle zusammen eine so unglückliche seelische und physische Entwicklung durch- und mitgemacht, daß sie später wohl oft nur schwer ihr Gleichgewicht finden konnten.

In Gruppen saßen wir oft abends bei Licht oder im Dunkeln beisammen und träumten mitunter schon mal von einer wieder schöneren Zukunft, die wir nach dieser schweren Abbüßung für das, was im Namen der Deutschen passiert war, trotz allem glaubten, verdient zu haben. Heimlich und unverhüllt flossen Tränen der Verzweiflung, der Hoffnungslosigkeit, der Sehnsucht nach einem Zuhause und einer Wiedervereinigung mit den Menschen, die man liebte und sich herbeiwünschte. Es wurde natürlich auch gelacht und gescherzt und zwischendurch waren wir ausgelassen, fröhlich, manchmal voller Zuversicht und im Glauben an Gott und ein gütiges Schicksal, das uns wieder gesund nach Hause bringen sollte, in eine Heimat, von der wir nicht einmal recht wußten, wie sie jetzt nach dem verlorenen Kriege aussehen würde! Über das, was inzwischen in Deutschland und in der Welt geschehen war, haben wir uns nur sehr unzulänglich informieren können, da wir ja von allem abgeschnitten waren

(19. 9. 1945), Amtsblatt Nr. 500, Artikel II, mußte der Arbeitgeber die Arbeit nach entsprechenden Sätzen entlohnen und die nach allen Abzügen verbliebene Summe den frei (außerhalb eines Lagers) lebenden Personen auf die Hand und im Falle der im Lager lebenden Personen, an die Lagerverwaltung ausbezahlen, Dokumentation der Vertreibung, Bd. IV, 1, Anlagen S. 284 ff.

und nur zufällig und ganz sporadisch, zum Beispiel wie ich im Restaurant B. durch die Balkenüberschrift in einer tschechischen Zeitung, einmal etwas von den exorbitanten Veränderungen erfuhren, die sich draußen in der Welt abgespielt hatten und durchgeführt wurden. Genaues sahen und hörten wir erst, als wir nach über einem Jahr seit Kriegsende in unser aufgelöstes Vaterland zurückkehren konnten.

Es muß schon kurz vor Weihnachten 1945 gewesen sein, als es in unserem alten baufälligen Speicher, an den wir uns hatten gewöhnen müssen, zu einer hoffnungsvollen Unruhe der gesamten Wohngemeinschaft kam. Es wurde plötzlich publik, daß eine alte Frau im Lager, die mit ihren zwei Enkelkindern auf der Flucht aufgegriffen und in unser erstes Lager eingeliefert worden war, in Richtung Berlin entlassen werden sollte. Der Grund dafür, warum sie mit den Enkelkindern als erste fortgehen durfte, blieb für uns unklar! Wir vermuteten einfach optimistisch, daß das der Anfang einer sukzessiv einsetzenden, für uns alle kurz bevorstehenden generellen Maßnahme wäre und mithin die Ausreise kurz bevorstünde. Obwohl die Frau damit vom ersten Moment an ein gewisses Risiko einging, war sie gern bereit, an Angehörige in der Heimat, deren Adressen wir ihr mitgaben, eine Nachricht über unseren Verbleib zu übermitteln. Und sie wurde vollgestopft mit Adressen von uns allen! Tatsächlich hat sie wohl auch alles gut über die Grenze gebracht, denn außer von mir selber, weiß ich von zwei anderen Frauen, die mit mir interniert waren, daß die Angehörigen damals eine Nachricht über unsere Internierung in Kuttenberg erhalten haben. Sofortige Rückfragen der betreffenden Familien über das Internationale Rote Kreuz blieben ohne Resonanz, wie auch die Anfang 1946 aufgegebenen Suchmeldungen, die von den Tschechen einfach nicht beantwortet wurden. Wieso und warum das so war, habe ich erst 40 Jahre nach meiner Internierung von dem Generalsekretariat der Direktion des Deutschen Roten Kreuzes in München in Erfahrung gebracht. Auf meine diesbezügliche Anfrage heißt es in dem Antwortschreiben:

„Am 12. August 1949 trat das VI.[58] Genfer Abkommen zum Schutz von Zivilpersonen in Kraft. Am 19. Dezember 1950 unterzeichnete die ČSSR[59] dieses Abkommen. Dies sind die Fakten. Für den Schutz der Zivilbevölkerung, und hierzu gehörten auch die Internierten, wurde erst vier Jahre später nach dem zweiten Weltkrieg gesorgt. Verhandlungen liefen bereits seit 1936 auf dieser Ebene, doch wurden diese durch den Ausbruch des Krieges erst einmal zunichte gemacht. Partiell hatte das Internationale Rote Kreuz die Möglichkeit, auch Internierungslager vor der Ratifizierung des VI. Genfer Abkom-

---

[58] Fehler im Originalbrief, der der Herausgeberin zur Verfügung stand; muß heißen: IV. Genfer Abkommen.
[59] Das Deutsche Rote Kreuz irrt sich in der Kurzbezeichnung der Tschechoslowakischen Sozialistischen Republik, denn in den Jahren 1918 bis 1960 lautete die Abkürzung ČSR.

mens zu besuchen und zu betreuen. Es konnte jedoch nicht überall gleichzeitig tätig werden.

Im letzten Krieg ist auf allen Seiten sehr viel Unrecht geschehen, sehr vieles, was die Ratio des Menschen übersteigt. Ich glaube, man sollte einfach versuchen, darunter einen Schlußpunkt zu setzen".

Der Winter in diesem Unglücksjahr 1945 kam sehr zeitig mit Nässe und Kälte, wogegen der Speicher nur sehr geringen Schutz bieten konnte. Die dünnen Wände des alten Gebäudes überzogen sich bald mit glitzernden Eiskristallen. Um uns vor der Kälte abzuschirmen und uns gegenseitig zu wärmen, krochen wir nachts eing zusammen; bekanntlich frieren hungernde Menschen mehr als satte!

Zu alledem war es auch nicht mehr weit bis Weihnachen. Von einem Fest der Liebe konnten wir nur träumen, aber die reale Gegenwart hielt uns davon ab, sentimental zu werden. Wenn wir in der Adventszeit abends an unser Zuhause dachten, das fern und unerreichbar schon weit hinter uns lag, wurden nicht nur sensible Speicherbewohner weich, sondern jeder von uns sinnierte und grübelte darüber nach, wie lange wir wohl noch in diesem Gemäuer gefangen gehalten sein würden. Letztlich machte sich jeder von uns etwas anderes vor, ohne es selbst zuzugeben. Zu Weihnachten wurden ein paar Versuche gewagt, mit den Kindern wenigstens ein paar alte Weihnachtslieder zu singen. Die Kinderaugen blieben glanzlos und die Stimmung wurde noch trauriger. Zum Bescheren gab es zu dem schönsten Fest des Jahres sowieso nichts. Und da wir nicht mal einen Weihnachtsbaum als Symbol auf einer Postkarte zur Hand hatten, verdrängten wir dieses Fest der Christen in aller Welt.

Von unserer Lagerverwaltung aber, fast vergaß ich es zu erwähnen, erhielt jeder von uns, ob groß oder klein, ein nicht sehr großes Weißbrot in Zopfform als Weihnachtsgeschenk, ein ungewohnter Leckerbissen für die schon jetzt acht Monate in der ČSSR[60] Inhaftierten in Kuttenberg. Ich selbst bekam von der Familie B. an den Weihnachtsfeiertagen, an denen ich natürlich wie immer vom frühen Morgen bis zum frühen Abend Dienst hatte, ein besonders gutes und reichhaltiges Essen mit großen Portionen für meine Familie zum Mitnehmen. Außerdem schenkten mir meine Arbeitgeber selbstgebackenen Kuchen, Weihnachtsgebäck und eine Tüte mit guten böhmischen Plätzchen. Dadurch wurde das Weihnachtsfest für uns im Speicher wenigstens, was den Magengenuß anbelangt, freundlicher gestaltet.

Als Weihnachten dann hinter uns lag, waren wir eigentlich froh darüber, weil wir letztlich alle in eine zu sentimentale Stimmung versetzt worden waren, die wir einfach bekämpfen mußten. Wir nahmen uns nun alle vor, uns an Silvester nicht wieder so wehmütigen und traurigen Gefühlen hinzugeben, sondern zu versuchen, das Neue Jahr mit mehr Optimismus und Hoffnungen zu begrüßen! Da sich alle in unserem Wohnabteil Mühe gaben, zu einem etwas fröhlicheren Verlauf des Abends beizutragen, wurde es dann auch eigentlich fast gemütlich, nett und lustig. Zwei hatten es unternommen, ihre Mitbewoh-

---

[60] Muß heißen: ČSR; siehe Anm. 59

ner und Raumgenossen in einem Gedicht zu glossieren und ein bißchen auf die Schippe zu nehmen. Diese einfachen Verse sind erhalten geblieben. Eine von uns hat sie durch sämtliche Kontrollen gebracht und als Mitbringsel und Souvenir für uns alle erhalten:

Vom Schicksal der deutschen Internierten in Kutná Hora!

Schwer ist das Schicksal zu ertragen,
das uns in die Tschechei[61] verschlagen,
mit unserer Freiheit ist es aus,
und fern sind wir von Hof und Haus.
Statt im eigenen Heim zu sitzen,
in Kuttenberg wir im Lager schwitzen.
Frühmorgens geht's zur Arbeit schon,
Kartoffelsuppe gibt's als Lohn.

In dieser Trübsal bittrer Stunden,
haben sich einige zusammengefunden.
Sie hatten sich früher nie gesehn
und sind nun gezwungen, sich zu verstehn.
Sie alle, die hierher gereist,
üben sich jetzt im Gemeinschaftsgeist,
doch letztlich bleibt jeder Egoist,
und erklärt die gezwungene Gemeinschaft für Mist,
denn was einst Hitler zum Ziel sich erkoren,
hat ganz beträchtlich an Reiz verloren!

Doch da unser Lager so eine Art Zoo,
sind wir manchmal auch ganz froh,
denn die verschiedenen lieben Tierchen,
bereiten uns täglich manches Pläsierchen,
und oft wird noch in später Nacht,
gescherzt, geplaudert und gelacht.
Jeden einzelnen zu beschreiben,
muß wegen Raummangels unterbleiben.
Wir wollen uns daher auf die beschränken,
an die wir auch noch später denken.

Fangen wir an mit der frommen Helene,
fett war der Körper und dünn die Beene.
Sie arbeitete bei der Molkerei

---

[61] Von den Nationalsozialisten kreierter Begriff, der für Böhmen und Mährern als Schimpfwort benutzt wurde und auch heute noch nicht ganz aus dem Sprachgebrauch verdrängt ist.

und lebte von Diebstahl und Hochstapelei.
Mit sieben Koffern war sie gekommen,
die hatte sie unterwegs an sich genommen,
den Inhalt, bestehend aus schönen Kleidern
mußte sie erst zurecht sich schneidern.
Dann machte sie damit für Deutschland Reklame
und spielte im Lager die große Dame.
Von früh bis spät mit Gemiez und Gemauze
bewegte sich ihre Revolverschnauze,
und wußte sie keine Antwort mehr,
wurde sie einfach ordinär.
Doch wollen wir hier ihr nicht bestreiten,
daß sie besaß auch zarte Seiten,
Denn kam nach Hause Helena
flugs war ihr Paris auch schon da.
Gar zu verlockend in die Näse,
stieg ihm Helenes guter Käse.
Der Hunger brachte ihn zum Girren
und tat ihm bös den Geist verwirren.
Doch schließlich ward von Tag zu Tage
ihm Lenes Liebe mehr zur Plage.
Als sie entschwand, war er beglückt,
die Freude macht ihn fast verrückt.
Froh rief er aus: „Famos, famos"
Ich bin die alte Schachtel los.
Zwar aus ist's mit den Weidegründen,
doch werd ich wieder neue finden.

Als schönste Blüte stehet da
unsere Maria Reczukova.
An ihrem wallenden Hängebusen
könnten gleich zehn auf einmal schmusen.
Im ganzen war sie zwei Zentner schwer,
doch lief sie munter hin und her.
Als Klatschbase war sie rühmlichst bekannt,
und daher auch Zimmer-Kommandant,
denn leider wird in der Kanzlei
sehr geschätzt die Klatscherei.
Willst Du dorten ein dich schmieren,
mußt Du klatschen oder denunzieren,
dann bist Du geachtet und beliebt
und gute Arbeitsstellen es für dich gibt.
Weil Maria auf Erden so heilig schon,
bekam sie auch einen Pflegesohn,

doch dauerte ihre Heiligkeit,
leider nur kurze Zeit.
Er hat zur Wut sie hingerissen,
weil stets er hat sein Bett beschissen.
Sie rief dann aus: „Du Hurensohn,
warum gehst du nicht auf den Thron
oh, du verfluchtes faules Schwein,
wann wirst du endlich sauber sein."
Ja, ihre Pflicht, die tat sie gern,
denn alles geschah im Namen des Herrn.

Aus Schlesien kam in unsere Näh'
die große Familie Riedellier
Das Wort führt stets der Herr Papa,
denn schon früh morgens war er da.
Zum Anfang wollte man ihn plagen,
Kartoffelsäcke auszutragen.
Empört rief er aus: „Das ist mir zu schwer,
ich bin von Beruf Bürosekretär."
Der Himmel hat seinen Protest erhört,
kein Tscheche mehr seinen Frieden stört.
Von Töchtern umringt ihn ein lieblicher Kranz,
von Begeisterung erfüllt für Musik und Tanz,
besonders Frau Ertel das zierliche Ding,
erfreut uns durch ihren schmissigen Swing.

Nun wenden wir uns zu Marias Freund,
der es mit ihr so gut gemeint.
Eben 26 Jahre, bleich das Antlitz, wild die Haare,
wütend durch die Gegend rast
Itsche unser Lagerarzt.
Oh, Friederich, oh Friederich,
Du bist ein arger Wüterich.
Aufbrausend wie ein Wirbelstoß
gehst Du auf Deine Opfer los.
Nur den Patienten schreibst Du krank,
der reif ist für den letzten Gang.
Wen da quälen kleinere Leiden,
tut gut daran, Dich ganz zu meiden,
denn sonst fliegt diesem armen Tropf,
Deine Grobheit an den Kopf.
Leider fehlt bei Deiner Jugend,
Dir noch der Beherrschung Tugend.
Lernst Du sie nicht mit der Zeit,
bringst Du es bestimmt nicht weit,

denn statt andere zu erziehn,
blick auf Deine Fehler hin,
denn sonst fliehn Patienten von Kultur
vor Entsetzen Deine Spur,
und Du erwirbst in der Gemeinde,
sicherlich noch manche Feinde.
Auch vor Ohrenblaserei
halte Dich, wenn möglich, frei.
Laß Dich bringen nicht zum Rasen
vom Geklatsche alter Basen.
Vor allem laß Dich nicht verführen,
andere zu denunzieren.
Sowas, Friedrich, merke Dir,
bringet doch nur Ärger Dir.

In unserem munteren Verein
muß stets auch Ursel Hübler sein,
doch Tanz allein kann sie nicht laben,
sie muß auch ihre Zigaretten haben.
Läßt Sie vom Rauchen nicht bald ab,
bringt sie das Nikotin ins Grab.
Auch ist sie dem Kartenspiel ergeben
und kann ohne Sensation nicht leben.
Oft vertreibt sie uns die Zeit,
mit ihrer Berliner Schnoddrigkeit,
und nichts entgeht, ist es noch so klein
ihrem boshaften Züngelein.
Die Ursel ist ein Kaufmannsgenie,
darum fehlt ihr der Sinn für Poesie.
Hört sie eine Oper im Theater,
kriegt sie vor Abscheu einen Kater.
Warum singt der Tenor in einemfort,
der Dussel spricht ja kein vernünftiges Wort.
Ich steche ihm eine Gabel in den Dutt,
sonst gehe ich vor Langeweile kaputt!

Schlank von Antlitz, schmal von Wuchs
ist Ursels Freundin, Ernchen Fuchs.
Auch im schlimmsten Menschengewühle,
behält sie den Sinn für schönere Gefühle
und sagt, daß ihrer edlen Seele
niemals die geistige Nahrung fehle.
Stünd ihr die Ursel nicht zur Seite,
erlebte sie noch manche Pleite.

Auch Paula Zulley hat was los
sie tanzet wirklich ganz famos.
Geht abends bei uns das Lämpchen aus,
schlüpft rasch sie aus ihrem Bett hinaus
und wirbelt in ihrer Pyjamahose
lustig herum wie ein flotter Matrose.

Auch Lottchen Schultz sieht man es an,
daß sie das Tanzbein schwingen kann.

Mit Spaß und Unfug ist stets am Werk
Frau Limugob aus Königsberg.
Der kleinen und kecken Mariell
krault der Teufel selbst das Fell.
Stets ist sie bereit, was auszuhecken,
um uns zu ärgern und zu necken.

Frau Leimann und Frau Rüdemann
strengen sich für die Verpflegung an.
Sie haben viel Sorge und viel Müh,
denn der Ofen brennt leider nie,
und darum sind meist die Kartoffeln nicht gar,
vielleicht wird das besser im neuen Jahr.
Mit diesem Wunsch beschlossen sei
die allgemeine Lästerei!

> Kuttenberg
> Silvester 1945
> Annette St.

An Annette

Sie hat nun ihren Mund gewetzt,
doch fühlt sich niemand arg verletzt,
im Gegenteil, wir sind entzückt
und spielen weiter hier verrückt.
Drum liebe Spötterin verzeih,
wenn Du jetzt kommst auch an die Reih.
Von Prag und Neuhof kam die lange Latte,
die Haare kurz wie eine Ratte,
die Zähne scharf, der Mund ist spitz,
sie hat so was wie Mutterwitz.
Zum Dr. phil. hat sie's gebracht,

sie singen zu hören ist eine Pracht.
In Kutná Hora kennt man sie,
als ausgesprochenes Arbeitsvieh.
Ob Haus, ob Hof, ob Krankenzimmer,
selbst auf dem Friedhof sah man sie immer
arbeiten und werken wie nie im Leben,
doch niemals wollte es richtiges Essen geben.
Bis eines Tages sie eilte davon,
nun mal zu genießen materiellen Lohn.
In einer Schule, wo junge Burschen studieren,
wollte sie bei gutem Essen die Arbeit probieren.
Wie schön sollte es sein im richtigen Bett,
ohne Ungeziefer und anderem Dreck.
Recht munter und zuweilen recht zufrieden
erschien sie besuchsweise täglich bei ihren Lieben,
zu loben und preisen der Arbeit Adel
und nicht wieder zu hören Frau Sudecks Tadel.
Die Arbeit war schwer, doch das Essen gut,
das stärkte bedeutend Annettes Mut.
Das Bäuchlein rundete sich tagtäglich,
schuld war, daß Annette aß so viel wie möglich.
Doch allein die Parole: 'Nachhause fahren'
ist ihr dann prompt auf das Herz geschlagen.
Sofort war sie wieder im 'Speicher' zur Stelle
wild wogte zu sehr der Gerüchte Welle.
Der Gedanke, nicht von der Partie zu sein,
brachte sie auf die Palme, das weiß groß und klein.
Drum wartet sie ergeben und hoffnungsfroh,
meist im Bett, auch stehend oder so.

Jetzt wurde geschimpft von der Dame in spe,
Acht Öfen mußte ich täglich putzen, oh weh!
Dieses Mistvolk beutet uns aus und läßt uns quälen
Das danken wir dem Führer, warum mußtet Ihr ihn auch wählen.
Ich will wieder leben als Demokrat,
endgültig, es war ein gemeiner Verrat.
Meine Welt war Theater und Kunstgenuß,
das kommt zuerst wieder, ich weiß, es muß!
Ich liebe Frankreich und seine Kultur,
Der Deutsche ist und bleibt immer stur.
So schimpft sie und klagt alle an.
Ich frag Dich Annette: „Fehlt Dir ein Mann?"

Doch abschließend, liebe Annett'
Wir haben Dich gern und finden Dich nett,

denn hinter diesen Tönen in Grau
verbirgst Du Dich als seelenvolle Frau!
Nicht jeder kann sein ein Optimist,
drum bleibe genau so wie Du bist.

Ursula Hübler
Kutná Hora / ČSSR [62]
Intern. tabor [63]

Nach Neujahr wurde eines Tages der Kommandant unseres Internierungslagers ausgewechselt. Die Nachricht bedrückte uns sehr und machte uns betroffen, denn wir befürchteten, daß sich unsere Lage unter dem neuen Kommandanten noch verschlechtern würde, sollte es sich doch, wie wir in Erfahrung gebracht hatten, um einen Kommunisten handeln, der zu den deutschen Internierten besonders gehässig, rachsüchtig und roh sein würde! Die Überraschung war, daß unser Argwohn sich als unbegründet erwieß. Schon sehr bald, nachdem der neue Kommandant sein Amt angetreten hatte, merkten wir, daß es uns unter dem „Neuen" besser erging als vorher. Von der neuen Leitung wurden augenblicklich straffere Bedingungen für den Arbeitseinsatz der Internierten festgelegt, so daß unsere Arbeitgeber als Lohn für unsere Tätigkeiten jetzt höhere Entschädigungen an die Lagerverwaltung bezahlen mußten. Wie der uns vorenthaltene Lohn zwischen Arbeitgeber und Lagerverwaltung im einzelnen abgerechnet und von der Lagerleitung verwendet wurde, davon erfuhren wir natürlich nie etwas. Wir konnten aber verspüren und erleben, daß sich unser Lageressen schrittweise noch ein wenig verbesserte. Die Suppen wurden jetzt gehaltvoller und abwechslungsreicher, die Brotrationen größer, und Margarine und Zucker wurden regelmäßig und reichlicher zugeteilt.

Nicht nur bei besonderen Anlässen, wie zum Beispiel Silvester, sondern auch sonst setzten wir uns immer wieder einmal zusammen, um die langen Abende und oft schlaflosen Ruhezeiten aufzulockern. Wenn das „Nachtlämpchen" ausgegangen war und der Befehl „Ruhe" durch den Raum gehallt war, wenn die Kinder eingeschlafen waren und unsere nicht immer sehr gut aufgelegte Zimmerkommandeuse friedlicher Laune war, erwachte mitunter plötzlich bei allen das Verlangen, sich wenigstens für kurze Zeit aus der ganzen Misere, die uns umgab, zu lösen und in eine andere Welt zu versetzen. So hatten wir Abende, an denen das Musische dominierte. Die beiden Musikkünstlerinnen, Mutter und Tochter St. gaben auf Bitten unserer Zimmergesellschaft für uns ihre Liederabende. Ich höre noch heute Mutter St. mit ihrer warmen schönen Alt-Stimme aus „Orpheus und Eurydike" von Gluck den Klagegesang des Orpheus singen: „Ach, ich habe sie verloren"; und wenn dann ihre Tochter Annette in der Rolle der Eurydike mit ihrem reinen Sopran in diese sich zum

---

[62]   Muß heißen: ČSR; siehe Anm. 59.
[63]   Internačni tabor heißt auf Tschechisch Internierungslager.

Duett erweiternde schmerzerfüllte Arie einfiel, erweckte das bei uns ein tief empfundenes Echo. Der Rahmen unseres „Speichers" blieb szenisch nicht so weit von der Unterwelt entfernt. Wiederholt sangen sie beide auf unseren besonderen Wunsch für uns auch aus dem Waffenschmied von Lorzing[64]: "Wir armen, armen Mädchen sind gar so übel dran, ich wollt ich wär usw." Annette, die an der Karls-Universität Prag Germanistik und Musik studiert hatte, wie auch ihre Mutter, die Mitglied des Prager Opernhauses gewesen war, haben uns an solchen Abenden viel über Musik, Oper und Gesang vermittelt.

Manchmal gab es auch Abende, wo Witze erzählt, komische und alberne Geschichten vorgetragen oder absurde Spinnereien zum Besten gegeben wurden. Wir hatten fast alle Landsmannschaften beieinander, so daß wir nicht nur Hochdeutsches, sondern auch Mundartliches aus verschiedenen Gegenden zu hören bekamen. Ein beliebtes Thema bildete immer wieder die Wunschvorstellungen über das Essen und die Nahrungsgewohnheiten überhaupt. Hier ergab es sich dann meistens, daß jede ihr Lieblingsessen im Kopf hatte und davon schwärmte, daß es, wie im Märchen, plötzlich hier vor ihr stünde. Ab und an wurden kleine Spielchen gemacht, von Mensch-ärgere-Dich-nicht über Rommé und 66 bis 17 und 4; unsere Flüchtlinge und Treckteilnehmer hatten so etwas noch in ihrem Gepäck. Sehr häufig nahmen uns Gespräche gefangen, die um die Familie und Heimat oder einfach um das „Zu-Hause-Sein", um Liebe, Geborgenheit und Ruhe nach all diesem Schrecklichen kreisten. Es war ein immerwährender Kampf gegen die Angst, gegen Krankheit, Bedrohung, Hoffnungslosigkeit und Depression. Wir alle spielten das so oft durch. Wie war es auszuhalten, daß unsere Lieben zu Hause wie wir hier in einer totalen Ungewißheit gelassen wurden, daß wir für sie praktisch wie eine Seifenblase zerplatzt waren? Warum gab es keine Verbindung zueinander? Warum mußten ausgerechnet wir, ausgerechnet alle hier Internierten für was auch immer so gestraft werden? Welches Interesse bestand eigentlich daran, uns hier festzuhalten und darben zu lassen? Diese Rätsel konnten wir nicht lösen. Aber zerreden, diskutieren und interpretieren durften wir das schon, wenngleich alles letztlich ohne Antwort blieb.

Ein paar Bücher waren im Laufe des vergangenen Jahres ebenfalls in unser Lager gekommen; einige hatte ich seinerzeit ja aus dem deutschen Bücherschatz jenes Universitäts-Professors, dessen Wohnung ich so feinsäuberlich mit Hilde K. geputzt hatte, mitnehmen dürfen. Es war nur Belletristik, aber immerhin hatten nun doch wenigstens unsere verhinderten Schulkinder, die hier in der Internierung doch völlig ohne Schulunterricht waren, etwas Stoff zum Lesen und konnten, sofern das in den Gemeinschaftsunterkünften akustisch überhaupt möglich war, vor ihren Müttern gelegentlich Proben ihrer Lesekunst ablegen. Schneidern, Häckeln, Stricken und manchmal einfach Plauschen, Klönen, Spinnen, Phantasieren und Faseln waren oft der Inhalt eines Abends, wenn wir ausnahmsweise noch nach Beginn der Ruhezeit um 22 Uhr zusam-

---

[64] Muß heißen: Lortzing.

menhocken konnten. Gegenseitige Beschwerden, Unkameradschaftlichkeit und Streitereien zwischen den Kindern, die natürlich schon mal zu Unstimmigkeiten und Rangeleien unter den Müttern führten, bemühten wir uns, in offener Aussprache klarzustellen und durch einen akzeptablen Kompromiß zu bereinigen. Je härter und brutaler uns unsere Lage erschien, um so mehr mußte uns daran liegen, untereinander Disziplin zu wahren und nach außen fest zusammenzustehen.

Bei allem guten Willen zu gegenseitiger Rücksichtnahme und gegenseitigem Verständnis konnte es angesichts des Zwanges, ständig auf engstem Raum zusammenleben zu müssen, selbstverständlich nicht ausbleiben, daß es auch zu sehr häßlichen Szenen und Auseinandersetzungen kam. Man braucht sich ja nur vorzustellen, wie hier die verschiedenen Menschen unterschiedlichsten Alters, unterschiedlichster Herkunft, unterschiedlichster geistiger, seelischer und körperlicher Verfassung hinter Gittern, verriegelten Fenstern, Türen und Eingängen normal leben konnten!? Friktionen und Aggressionen waren demzufolge unvermeidlich, was auf die Dauer der Lagerzeit eher zu als abnahm, obwohl jeder bemüht war, die Nerven nicht bei jeder Gelegenheit gleich zu verlieren.

Als Beispiel die kleine Begebenheit am Rande unseres benachbarten Wohnumkreises: Die zweistöckigen Holzbetten neben uns hatten zwei Frauen, Mutter und Tochter, inne. Sie hatten schon sehr viel Leid erfahren. Ihr Mann bzw. Vater war in Prag so zugerichtet worden, daß er an den Folgen der Schläge gleich in unserem ersten Kuttenberger Lager gestorben war. Den beiden hatte man ein etwa fünf Jahre altes Kind zur Betreuung in Obhut gegeben, das offenbar irgendwo beim Treck oder auf der Flucht verlorengegangen und dann von jemandem aufgelesen und in unser erstes Internierungslager gebracht worden war. Es war ein armes Kind, das geistig zurückgeblieben war, etwas mongoloid aussah und nichts als seinen Namen „Anita" sprechen und sagen konnte. Niemand wußte deshalb, woher das Mädchen kam und zu wem es gehörte. Nachdem es im Lager zuerst von einer alleinstehenden Frau betreut worden war, wurde es nach unserem Umzug in den Speicher den beiden Frauen zur Versorgung und Pflege zugewiesen. Das Kind war, wie sich sofort herausstellte, nicht nur geistig krank, sondern machte Tag und Nacht alles unter sich, so daß seine Betreuerinnen einfach überfordert waren, zumals es ja keinerlei ärztliche, sanitäre oder soziale Hilfe gab. Das nervöse Geschrei, Geschimpfe und Gezeter der drei nahm mitunter Formen an, daß unsere Belegschaft im Raum besonders nachts wild aufeinander losfuhr, um Ruhe zu erreichen. Geändert hat man nichts, das Mädchen blieb trotz aller Versuche und aufopfernder Bemühungen, ihm zu helfen so gut es ging, seinem traurigen Schicksal verhaftet. Vor unserer Entlassung in die Heimat wurde das Mädchen dann von der Lagerleitung den Betreuerinnen abgenommen; was mit dem Kind geschehen ist, und wohin es kam, hat niemand erfahren.

In der Folgezeit galt unser täglicher Kampf nicht mehr so sehr dem Hungern, als vielmehr dem Frieren, da in diesem alten Speichergebäude der Kalk von den Wänden fiel und der Wind, die Kälte und die Nässe durch unzählige Fugen und Ritzen drang. Und nicht zu vergessen ist unser Kampf, den wir tapfer und unverdrossen gegen die Ungezieferplage zu führen hatten. Am schlimmsten hatten wir unter den Kopf- und Kleiderläusen sowie unter den Wanzen zu leiden. Wir hatten auf unserer Etage im Männer-Raum einen verhaltensgestörten und geistig behinderten jungen Mann, den das Ungeziefer besonders quälte. Wenn der seinen Hosenbund umdrehte, glaubte man, er hätte innen ein hellgraues Band eingenäht, so viele Läuse hatten sich in der Nacht angesammelt. Die älteren Kinder zogen selbst in der größten Winterkälte keine Strümpfe mehr an, weil die Beine von Läusen und Wanzenstichen völlig zerkratzt und vereitert waren. DDT, das Läusemittel, wurde unter dem neuen Lagerkommandanten im Speicher schon mal zur Verfügung gestellt, es reichte aber nie aus. Obwohl wir uns alle Mühe gaben, uns, so gut es ging, sauber zu halten und hier und da auf den Arbeitsstellen Bekämpfungsmittel organisieren konnten, reichte das alles nicht aus, den Kampf zu gewinnen. Das Ungeziefer blieb uns bis zum Schluß treu! Was wir auch immer unternahmen, mehr als eine kleine vorübergehende Erleichterung war nicht zu erwirken!

Ich bekam sogar ein paar Mal von den B.'s die Erlaubnis, Axel zu ihnen mitzubringen, und konnte ihn auch glücklich durch die Lagerwache schleusen. Es wurde jedesmal ein kleines Badefest für mich und Axel. In einem Waschzuber durfte ich schönes warmes Badewasser für ihn einlassen, und das Badevergnügen konnte beginnen. Von einem dieser glücklichen Augenblicke wurden von dem netten Oberkellner zwei Fotos draußen im Garten gemacht, die ich noch besitze und die mir immer wieder vor Augen stehen und mich betroffen machen, wenn ich heute Aufnahmen von halbverhungerten Kindern aus der Dritten Welt sehe. Wie dankbar müssen wir sein, daß wir es so durchgestanden haben. Die wenigen Bademöglicheiten wurden natürlich nur abgesprochen und arrrangiert, wenn das Restaurant bei B.'s den betriebsfreien Tag hatte. Nach dem Bad durfte ich rasch den Jungen wieder ins Lager bringen und war immer der Rückendeckung der Familie B. gewiß, falls ich bei einer strengen Kontrolle aufgefallen wäre. Aber wie gesagt, auch diese heimlichen Bäder und die wenigen sonst möglichen Versuche gegen die Unsauberkeit im Lager anzugehen, richteten auf die Dauer nichts aus.

In mehr als unangenehmer Weise erlebte ich im Vor-Frühjahr des Jahres 1946 die Auswirkungen der Ungezieferplage am eigenen Leibe. Ich bekam einen ekelerregenden Ausschlag, der sehr bald von uns als Krätze erkannt wurde. Da es sich um eine ansteckende Krankheit handelte, durch die alles um mich herum in Gefahr gebracht wurde, mußte die Lagerleitung unterrichtet werden. Die aber nahm das alles sehr gelassen hin, da es ja nicht der einzige Fall im Lager war und bei internierten Deutschen wohl nichts Besonderes zu bedeuten hatte. Bis auf unseren Medizinstudenten, der noch immer die ärztliche Versorgung des Lagers im Auftrag des tschechischen Arztes hatte, kümmerte sich zunächst niemand um mich, obwohl seit der Umsiedlung in den Speicher nun bei schweren Krankheiten die Internierten jetzt auch ins tschechische Krankenhaus gebracht bzw. verlegt werden konnten. Meine Entzündungserscheinungen, die am Hals und am Haaransatz begonnen hatten und einen ständigen Juckreiz erzeugten, entwickelten sich, durch das viele Kratzen gesteigert, laufend zu Eiterblasen und Exemen mit anschließenden Hautverkrustungen weiter. Auf meiner Arbeitsstätte bei B.s versuchte ich meine Erkrankung, so gut ich es konnte, zu verbergen, sie wurde aber doch sehr bald von meiner Chefin entdeckt, und resolut wie sie war, handelte sie sofort. Noch am selben Abend bat sie einen im Restaurant als Stammgast gerade anwesenen Arzt, mich in der Küche zu untersuchen. Sein medizinisches Urteil konnte, aus dem Tschechischen ins Deutsche übersetzt, nur „Krätze" gelautet haben, und er gab auch sogleich ein paar Anweisungen an die Familie, wie sie sich vor Ansteckungen schützen sollte. Unmittelbar darauf stand mir eine Kopfwäsche mit Petroleum bevor, die von Frau B. persönlich übernommen und ausgeführt wurde. Danach wickelte sie die Petroleum getränkten Tücher um mein Haar und meinen Kopf zur Abtötung der Milbeneier und zur Desinfektion der befallenen Stellen. Eine Flasche des Petroleums gab sie mir für meinen im Lager bereits angesteckten Jungen mit, bei dem die Krankheit nicht ganz so schlimm zum Ausbruch kam, weil ihm sein Kopfhaar kahl geschoren war, wie bei all unseren Lagerkindern. Die durch die Krätze erzeugte Hautkrankheit breitete sich bei mir noch mehr aus und überzog die Hals- und Kopfgegend mit weitflächigen eitrigen Ekzemen. Die Infektionsgefahr wurde dadurch immer größer, und ich wurde mehr und mehr zu einem Sicherheitsrisiko, nicht nur für die Familie B. selbst, sondern auch für ihre Gäste im Haus und Restaurant. Die Folge war, daß man mich sofort durch die Verwaltung von meiner Arbeit ablöste und der Gaststätte eine andere Arbeitskraft zuwies. Meine Nachfolgerin wurde die Ostpreußin Paula Z., die ihr erstes Kind schon auf der Flucht verloren und auch das zweite Kind auf so tragische Weise hatte hergeben müssen. Bis zum Einbruch des Winters war die trotz allem immer fröhliche Paula mit ihrer Mutter bei einem Bauern auf dem Lande eingesetzt gewesen, jetzt nahm sie ihren Dienst bei der Familie B. auf. Meine bisherigen Chefs waren sofort mit der kräftigen, robusten und arbeitswilligen Ostpreußin recht zufrieden, wie Paula mir berichtete.

Obwohl ich begreiflicherweise meinem guten Arbeitsplatz sehr nachtrauerte, hatte ich doch volles Verständnis dafür, daß B.'s mich nicht länger behalten konnten. Sie waren es, soweit ich das damals übersehen konnte, dann wohl auch, die sich bei der Lagerverwaltung dafür verwendeten, daß ich wegen großer Ansteckungsgefahr umgehend in die Isolierstation des Kuttenberger Krankenhauses gebracht wurde. Dort wurde ich in ein Einzelzimmer mit einem richtigen weißbezogenen Bett eingewiesen. Das Zimmer war geheizt und alles frisch, sauber und gepflegt. Eine Krankenschwester, die mich zunächst wie eine Aussätzige behandelte, befahl mir, mich in einen anderen Raum zu begeben, wo ich meine Kleidungsstücke auszuziehen hätte, damit sie desinfiziert werden könnten. Ich tat, wie mir gesagt worden war, stand dann aber lange Zeit ziemlich blöd und nackt herum. Endlich erschien die Schwester wieder und wieß mich an, mit ins Nebenzimmer zu kommen, wo es stark nach Desin-

fektionsmitteln, Schwefel und Lysol, roch. Mitten im Raum stand eine geka-
chelte Badewanne, gefüllt mit einer farblich undefinierbaren Flüssigkeit, in die
ich mich nun befehlsmäßig zu setzen hatte, während die Schwester wieder
verschwand. Was auch immer um mich herum war und geschah, in dem Moment war mir einfach wohlig zumute, in einer Badewanne zu liegen und Wasser
rundum meinen Körper zu spüren, und ein Bad nach neun Monaten zu genießen! Ich konnte da nur die Augen schließen und ein wohliges Gefühl stieg in
mir auf. Ich hatte es bis jetzt geschafft, mich mit Axel, Erna und Hans durchzu-
schlagen, ohne Schlimmeres als diese Hauterkrankung, sprich: Krätze, davon-
zutragen, während andere schon Leben, Gesundheit und Angehörige hatten
hergeben müssen. Mein kurzes entrücktes Wohlbehagen und -empfinden wurde jäh unterbrochen als die Badezimmertür aufging und eine Schar weißbekit-
telter Ärzte, Krankenpfleger und Krankenschwestern, darunter meine mich
einweisende Schwester, eintrat und sich dicht an den Rand meiner Badewanne
postierte. Die rauhe Wirklichkeit hatte mich wieder, als der erste Befehl:
„Aufstehen, hinstellen" an mich erging. Stehend wurde ich von einem der
Ärzte nach meinen Personalien gefragt, aber nicht nur das, es ging weiter mit
Fragen über meine Familienverhältnisse, über meinen letzten Wohnsitz, über
die Stellung meines Mannes im Zivilleben, über seine politischen und militärischen Verhältnisse und anderes mehr. Während der ganzen Zeit war ich den
neugierigen, mich beschämenden Blicken dieser Meute ausgesetzt, die meinen
Körper mit abschätzenden und teils verächtlichen Augen musterten. Ich empfand diese Brüskierung so intensiv verabscheuungswürdig und obszön, daß ich
mich in meinem Ichsein als Mensch und Frau stärker verletzt und gedemütigt
fühlte, als wenn ich mit Hieben und Schlägen traktiert worden wäre. Ich konnte darauf nur mit einer absolut abweisenden und stolzen Haltung antworten.
Im übrigen wurde ein medizinisches Interesse an meiner Infektionskrankheit
überhaupt nicht bekundet! Es gab auch, bis auf Hals und Schulter, keine Stelle
an meinem Körper, die Erkrankungen, Ekzeme oder weitere eitrigen Entzün-
dungsstellen zeigte und eine genauere Körperuntersuchung erfordert hätte.
Für mich war klar, daß ich für dieses Krankenhaus-Team kein Patient, sondern
lediglich ein Schaustück zur ergötzlichen Schadenfreude war. Eine Anweisung
oder eine Therapieverordnung erfolgte nicht. Als die Gruppe mir dann endlich
den Rücken kehrte, war meine Freude an dem Bad vergangen. Kurz danach
brachte die Krankenschwester mir ein Handtuch und einen groben Kranken-
hauskittel und forderte mich auf, ihr zu folgen. Ich ging ängstlich und mißtrauisch hinter ihr her über einen fremden zugigen Gang, der aber schließlich zur
Isolierstation führte. Ziel war das Zimmer, das ich zuvor bei der Einweisung
ins Krankenhaus gesehen hatte. Hier wurde ich nun für über eine Woche
untergebracht und vollkommen isoliert. Einen Arzt habe ich in dieser Zeit
nicht mehr zu Gesicht bekommen, dafür verhielten sich die Schwestern der
Station mir gegenüber korrekt und behandelten mich so, wie es ihnen nach den
Anweisungen, die sie wohl erhalten hatten, richtig erschien, ohne dabei herz-
oder seelenlos auf mich zu wirken. Eine Salbe wurde zur Selbstbehandlung der

Krätze auf meinen Nachtkasten gelegt. Die Verpflegung für mich war, so vermute ich, dieselbe, wie sie das Klassensystem für Kassenpatienten vorschrieb. Genaueres darüber wollte und konnte ich auch gar nicht feststellen, weil ich außer mit der jeweiligen diensttuenden Schwester der Station mit niemandem zusammenkam und verloren in meinem Zimmer verbleiben mußte. Während ich auf der einen Seite das Alleinsein ganz gut vertragen konnte, verursachte mir auf der anderen Seite das Fehlen jeglichen Kontaktes zu meiner Familie seelische Not und Qual. Ich hatte ständig Angst, daß meinen im Lager befindlichen Angehörigen etwas Grauenvolles passieren könnte und ich sie nicht mehr wiedersehen würde. Und je länger ich viel zu viel Zeit für mich allein hatte, um so mehr fühlte ich mich rundum eingeschlossen von Mauern, die mich fast erdrückten und mir die Luft zum Atmen nahmen. Wie in einem Alptraum verfolgte mich ständig der Gedanke, daß das Lager in meiner Abwesenheit und ohne mich von heute auf morgen anderswohin verlegt werden könnte, fühlte Schreckliches und Unheilvolles auf mich zukommen, was mich fast wahnsinnig vor Angst machte, und das ich nicht abzuwenden in der Lage war. Nach mehr als einer Woche wurde ich dann endlich als geheilt entlassen, ohne erneut ein Krankheitsrisiko für das Internierten-Lager mit der tschechischen Verwaltung, den Wachen und den deutschen Insassen zu sein. Meine Rückkehr in den „verlausten Speicher" und das beglückende Wiedersehen mit meiner Familie gehört zu den glücklichsten Stunden meiner Internierungszeit.

Als Rekonvaleszentin genoß ich noch ein paar arbeitsfreie Tage im Lager, bevor ich wieder zum Arbeitseinsatz abkommandiert wurde. Meine alte, sehr lukrative Stelle im Restaurant B. war ja sofort nach meinem zwangsläufigen Ausscheiden mit Paula P. besetzt worden. Meine Nachfolgerin arbeitete und wohnte jetzt auch im Gasthaus und konnte von dort aus mühelos für ihre noch recht rüstige Mutter im Lager essensmäßig mitsorgen. Somit hatte ich keine Aussicht, auf meinen alten Arbeitsplatz zurückkehren zu können. Zunächst wurde ich wieder auf die unterschiedlichsten Arbeitsstellen geschickt und mußte dorthin gehen, wo man nur kurzfristig Frauen vom Lager brauchte, die man von heute auf morgen anforderte und abholte. Mein Augenmerk war speziell darauf gerichtet, erneut an einen Arbeitsplatz zu kommen, der, welcher Art auch immer, etwas Nahrhaftes für meinen „Anhang" und mich einbrachte. In Kuttenberg gab es schon bald immer mehr Familien, die für ihren Privathaushalt die billigen Putz- und Arbeitskräfte aus dem Internierungslager anforderten und sie stunden- oder tageweise für die Hausarbeit einstellten. Auf diese Weise wurde ich nach- und nebeneinander drei verschiedenen Haushalten zugewiesen. Zum einen handelte es sich um die Kuttenberger Notariats-Familie mit einer kleineren, bescheidenen Kanzlei nebst Chefzimmer des Herrn Notars und einem anderen kleinen Raum für die Sekretärin; zum anderen waren es die Privathaushalte einer alten Arzt- und einer Zahnarztfamilie, wo ich jeweils zwei bis drei Mal in der Woche mit unterschiedlichen Arbeitsstunden als Zugehfrau die Wohnungen ohne die Praxisräume in Ordnung zu bringen hatte. Auf allen drei Stellen herrschte eine sehr gepflegte, bürgerliche

Atmosphäre mit einer liberalen Haltung. Die erwachsenen Kinder, die die Familien hatten, waren schon außer Haus und lebten, wie mir die Mütter erzählten, alle in Prag. Keine der drei Hausherrinnen war von Deutschenhaß durchdrungen, im Gegenteil; denn alle drei bedienten sich gern der deutschen Sprache, wenn sie sich mit mir unterhielten oder mir ihre Arbeitsanweisungen erteilten. Alle waren liebenswürdig, tolerant, großherzig und verständnisvoll, und, was sie alle auszeichnete, ebenso wie ihre Ehemänner, die ich auch persönlich kennenlernte, war, daß sie mich nicht verbal dafür büßen ließen, daß ihre Nation viel Schreckliches durch Hitler-Deutschland erlitten hatte. Vielleicht hatten diese Familien von Kuttenberg, obwohl sie wie alle Tschechen von ihrem neuen Staat unter Androhung schwerer Strafen dazu angehalten waren, in jeder Hinsicht absoluten Abstand zu uns Deutschen zu wahren, ihre eigene Verquickung mit den Deutschen auch noch nicht ganz verdrängt; ich bin mir nämlich ziemlich sicher, daß verwandtschaftliche Verbindungen zu deutschen Familien bestanden. Daß solche Beziehungen in einem Gebiet, das seit Generationen von einer gemischten Bevölkerung bewohnt war, gang und gäbe sind, ist, wie ich es sehe, doch das Natürlichste von der Welt. Alle drei Familien halfen mir mit Essen und Lebensmitteln und ermöglichten es mir, immer etwas für meine Familie mit ins Lager zu nehmen, um sie vor dem Darben zu bewahren. Sie hielten es im Inneren ihrer Herzen wohl nicht für vertretbar, Vergeltung zu üben an Frauen, Kindern, Greisen, während die wirklich Schuldigen an den Untaten, die in deutschem Namen begangen worden sind, sich in Sicherheit gebracht oder sich der Verantwortung durch Flucht, Selbstmord oder rücksichtslose Selbstverteidigung entzogen hatten. In Kuttenberg, damals eine recht verträumte Kleinstadt, schien mir überhaupt die Bevölkerung nicht so sehr geneigt, den offiziellen Hetzparolen gegen uns Deutsche Folge zu leisten; selbst die Genossen der herrschenden Kommunistischen Partei waren davon wohl nicht restlos überzeugt. Ebenso schien es nicht allen rechtens zu sein, wie man bei der Vertreibung der Sudetendeutschen vorging. Ich fühlte mich, an der damaligen Situation gemessen, jedenfalls recht wohl bei der Arbeit, soweit ich es mit Menschen zu tun hatte, die nett zu mir waren und sich verständnisvoll bemühten und versuchten, mir mein Los etwas zu erleichtern.

Es waren nun schon Wochen ins Land gezogen, als mein früherer Chef Herr B. erneut im Lager erschien, um mich als Arbeitskraft wieder in seinen Gaststättenbetrieb zurückzuholen. Meine Nachfolgerin bei der Familie B. hatte bei der Lagerverwaltung von heute auf morgen um eine Rückversetzung ins Lager gebeten, weil sie unter keinen Umständen gewillt war, die handgreiflichen Frechheiten und Belästigungen des Kellnerlehrlings weiter über sich ergehen zu lassen. Ihrem Antrag wurde stattgegeben. Da ich meinerseits aus den bekannten familiären Gründen und ebenfalls wegen des Ärgers mit dem Lehrling nicht gewillt war, dem Wunsch des Herrn B. entsprechend ganz in seinen Haushalt zu übersiedeln, wurde eine andere Lösung gesucht und gefunden. Eine andere Arbeitskraft unter den Interniertenfrauen, die ich gar nicht kannte und deren Verhalten im Hause B. mich nicht weiter tangierte oder interessierte, wurde nun dorthin abgestellt. Ich wäre mit Rücksicht auf das menschliche Miteinander, auf das rücksichtsvolle Verstehen, auf das immer hilfsbereite und verständnisvolle Eingehen auf eine Notlage, in der man Hilfe braucht, wieder sehr gern zu B.'s gegangen, wenn daran nicht die obligatorische Bedingung, auch im Gasthaus zu wohnen, geknüpft gewesen wäre. Die Ernährungsgrundlage für mich und meine Familie im Lager wurde allerdings dadurch geschmälert und in mancherlei Hinsicht stark eingeengt. Das wußte ich und mußte es realistischerweise einfach hinnehmen.

Meine Tätigkeit in den drei Haushalten wurde all meinen Erwartungen gerecht, die ich zu dieser Zeit zu stellen in der Lage war. Weil ich dort insgesamt aber nicht, wie bei der Familie B. mit Gasthaus und Restaurantbetrieb, eine sieben-Tage-Woche zusammenbekam, wurde ich zwischendurch schon mal anderweitig zur Arbeit eingesetzt, dort, wo kurzfristig Kräfte gebraucht wurden, die man ja verhältnismäßig billig im Interniertenlager für Kuttenberg und seinem engeren Umland bekam. So wurde ich eines Tages schon Wochen nach meiner Entlassung aus dem Krankenhaus und nach dem Beginn meiner Putzfrauentätigkeit bei den Honoratioren der Stadt nebenher noch einem Arbeitskommando zugeteilt, das den Auftrag hatte, eine größere Kuttenberger Gaststätte mit Tanzsaal, Garten und verschiedenen Gast- und Speiseräumen, die von Grund auf renoviert und überholt worden waren, nach dem Auszug sämtlicher Handwerker außen und innen und von oben bis unten zu putzen, zu säubern und zu scheuern. Wir waren eine Gruppe von fünf Frauen, alle jung und kräftig, die für diesen Einsatz extra ausgesucht worden waren. Die Arbeit begann schon sehr zeitig am Morgen, und es wurde praktisch ohne Pause bis zum frühen Nachmittag durchgearbeitet. Beaufsichtigt wurden wir von dem Gaststättenbesitzer und Hausherrn, der für eine, von ihm aus gesehen, optimale Arbeitseinteilung sorgte und dementsprechend auch alles Handwerkszeug, wie Wassereimer, Schrubber, Putzlappen, Scheuersand und Tücher, Seife, Handfeger, Schippe und Bürsten zur Verfügung stellte. Wegen der ungewöhnlichen Verschmutzung des gesamten Hauses mußten ungezählte Eimer Wasser unten vom Hof aus ins Haus geschleppt werden. Die Wege waren lang und die Eimer, die wir tragen mußten, groß und schwer. Wieviel Eimer Wasser jede von uns an diesem Tag von unten nach oben, von hinten nach vorn und kreuz und quer durch die alten Gemäuer zu schleppen hatte, ist nicht zu sagen, aber alles wurde widerspruchslos hingenommen. Schon zur Mittagszeit waren wir ziemlich schlapp, müde und geschlaucht. Wir sehnten uns danach, die Arbeit beenden oder wenigstens mal eine Verschnaufpause einlegen zu dürfen. Zudem mußten wir immer wieder versuchen, das uns quälende Hungergefühl zu überlisten, indem wir uns den Magen mit Wasser füllten, wovon auch für unseren eigenen Gebrauch genügend vorhanden war. Am Nachmittag gab dann der Chef der Gaststätte endlich bekannt, daß für diesen Tag die Arbeit beendet sei und wir am nächsten Tag in der gleichen Besetzung weiterzuarbeiten hätten. Der Lohn für die heutige Arbeit sei ein Mittagessen; wir sollten uns einen Tisch und die Stühle dazu in einem Raum aufstellen und uns ausruhen, bis er uns das Essen bringen würde. Wir ließen uns das nicht zweimal sagen und sanken schon recht erschöpft auf die herbeigeholten harten Holzstühle, den Tisch bzw. die darauf verschränkten Arme als Kopfstütze benutzend. Der Hunger tat weh, aber die Aussicht auf etwas Eßbares gab uns Mut und stimmte uns erwartungsvoll. Nach einer ziemlich langen Zeit, so kam es uns Hungrigen jedenfalls vor, erschien unser Hausherr mit einem Riesentablett, darauf fünf Teller und eine Blechkanne. Für jeden von uns stellte er einen Teller mit Essen undefinierbarer Art und einem Blechlöffel mitten auf den Tisch, knallte die Blechkanne in die Mitte des Tisches, stellte ein Bierseidel daneben und verschwand durch die Tür ins Innere des Hauses. Mißtrauisch beäugten wir das vor uns stehende Tellergericht, es bestand aus einigen Scheiben Knödel und einer braun-grün-grauen Soße. Die Knödel rochen säuerlich und schimmelig und stanken schon vor sich hin, die Soße sah unappetitlich und schmierig aus. Wir fingen trotzdem an zu essen und zu kauen, zunächst tapfer, dann aber angeekelt. Das Essen war widerlich, es war verdorben, faulig und modrig, einfach ungenießbar. Keine von uns brachte einen weiteren Bissen herunter. Es war eine Arglist, was man hier mit uns trieb. Wir schimpften, tobten und erregten uns und fanden die Handlungsweise des Tschechen empörend und infam. Wie konnte er uns für die geleistete Fronarbeit einen solch krankheitserregenden Fraß geben! Wir sahen darin in diesem Moment nicht nur eine Zumutung, sondern einen ganz bewußten Affront gegen uns als Deutsche! Wir steigerten uns, so enttäuscht wie wir waren, in immer gewagtere Vermutungen und Verdächtigungen hinein und das nicht etwa leise und im gedämpften Ton, sondern mit voller Lautstärke. Damals wie heute muß ich gestehen, daß ich bei alledem die Anstifterin war, gerade so, als ob mich der Teufel geritten hätte. Und dann öffnete der Chef des Gasthauses die Tür zu unserem Raum und trat lächelnd ein. Als er auf den Tisch sah und erkannte, daß die Teller mit dem Essen fast unberührt geblieben waren, stellte er die zynische Frage, ob es uns denn nicht geschmeckt hätte?, ob wir denn gar keinen Hunger verspürten! Diese verletztende, spöttische Bemerkung brachte mich so auf, daß ich spontan den aufgestauten Gefühlen und Aggressionen in Worten Luft verschaffte, indem ich ihm meine Meinung sehr herausfordernd und schonungslos ins Gesicht schrie. Es wäre erniedrigend, demütigend und inhuman, uns Schweinefutter, an dem selbst das Vieh krank werden müßte, als Essen vorzusetzen. Er stufe uns als Deutsche noch niedriger als Tiere ein. Aber lange könnte man diese uns extrem diffamierenden Schäbigkeiten und hinterhältigen Racheakte nicht mehr ungestraft an uns auslassen. Diese Schuftigkeit überböte ja wirklich alles! Ich probte in einem Anfall von Raserei und auf- und angestachelter Wut den Aufstand, eine Auflehnung gegen den vor Heuchelei triefenden Mann und über ihn zugleich gegen die mich beherrschenden und mich knechtenden Tschechen überhaupt. Mein geradezu überfallartig aufgeflammtes Gefühl der Rage, des Hasses und der wahnsinnigen Wut setzte nun fast Irreparables in mir frei, das mich wie in einem Blackout sehr nahe in eine unmittelbare Gefahr für Leib und Leben trieb. In diesen Augenblicken hatte ich meine Sinne nicht mehr im Griff und mein Verstand schien ausgeschaltet zu sein. Einsicht und Realitätsbezug waren mir völlig abhanden gekommen.

Keine meiner Arbeitskolleginnen beteiligte sich an meiner Schimpftirade, offensichtlich erstarrten sie in Angst vor den Folgen. Durch ostentatives Schweigen hofften sie wohl, mich zur Besinnung zu bringen, damit ich mich nicht noch weiter um Kopf und Kragen redete. Die abolute Stille um mich herum löste in mir eine wohltuende Entspannung aus, eine Genugtuung darüber, dem tschechischen Mann meine ganze Verachtung für die uns allen angetanen Gemeinheiten ins Gesicht geschleudert zu haben. Die Pause, die entstand, war nur kurz. Dann brüllte er mich an, ergriff mich brutal an den Armen, schob mich, während ich mich auch gar nicht sträubte, durch die Tür auf die Straße und führte mich in Richtung Lager ab. Dabei schlug er denselben Weg ein, den wir am Morgen mit unserer Lagerwache gegangen waren. Darüber, was ich im Lager zu erwarten hatte, machte ich mir keine Illusionen. Mir war jetzt alle Aufsässigkeit vergangen, der Mut hatte mich verlassen, denn jetzt wußte ich, was ich mir eingebrockt hatte, als ich einfach lostobte, ohne mir über die Konsequenzen klar zu sein. Natürlich hatte ich das alles nicht gewollt und muß in diesen Augenblicken wohl von allen guten Geistern verlassen gewesen sein, aber was half das jetzt?! Es war schon so gelaufen.

Als wir im Lager ankamen, wurde ich zunächst in einen der Büroräume geführt. Hier wurde ich ganz allein gelassen. Mein Arbeitgeber, der Gastwirt, war sogleich bis zu dem die Aufsicht über das Internierungslager ausübenden Polizeichef vorgedrungen, um mich wegen Aufsässigkeit anzuzeigen. Nach geraumer Zeit rief man mich durch eine Wache ins Polizeiverwaltungsbüro. Dort waren bereits unser Lagerkommandant, zwei andere Uniformierte und der Gasthausbesitzer versammelt. In diesem Augenblick erschauderte ich. Die Furcht vor der Strafe, die ich ganz sicher zu erwarten hatte, ließ alles in mir erstarren. Alle Gesichter meiner Ankläger waren abweisend, eiskalt und geringschätzig, so meinte und fühlte ich es. Das Verhör begann, in Tschechisch und Deutsch; Frau D., die mit in der Lagerverwaltung arbeitete, fungierte als Dolmetscherin. Hierbei bemerkte ich sofort, daß dem Gastwirt jedes einzelne deutsche Wort, das man an mich richtete, ins Tschechische übersetzt werden mußte, weil er sonst der Verhandlung offensichtlich nicht folgen konnte. Daraus zog ich den Schluß, daß seine Deutschkenntnisse sehr lückenhaft und einfach ungenügend sein mußten und er demzufolge auch nur sehr vage Aussagen darüber machen konnte, welche Worte und Sätze – in Deutsch – ich ihm gegenüber wirklich gebraucht hatte. Ich glaubte deshalb, ihm nötigenfalls mit dem Hinweis entgegentreten zu können, daß er mich ganz einfach falsch zitiere, weil er meine deutschsprachigen Formulierungen augenscheinlich mißverstanden habe. Er behauptete dagegen, ich hätte ihm nichts als Trotz entboten, die anderen Frauen gegen ihn aufgewiegelt, den Gehorsam verweigert, mich gegen ihn und alles Tschechische aufgelehnt und darüber hinaus versucht, eine Meuterei anzuzetteln. Das schlimmste Argument, daß er richtig und überzeugend anführte, war mein hysterischer Aufschrei, daß er auf seine infame Art mit uns nicht so umspringen könnte und die Zeiten schon vorbei seien, wo man in solch menschenunwürdiger Weise mit allem, was Deutsch sei, verfahre. Diesen von mir an sich nicht wegzuleugnenden Satz konnte und durfte ich einfach nicht zugeben; hiervon hing mein Leben und das meines Kindes ab. Eine solche gefährliche Äußerung allein wäre doch schon für die Tschechen Grund genug, mich in Haft und Gewahrsam zu nehmen und in eins der unrühmlich bekannten Sonderlager der ČSSR[65] einzuliefern, was offenbar der Gastwirt im Sinne hatte. Jetzt mußte ich, um meinen Kopf zu retten, zu einer Lebenslüge greifen und behaupten, daß ich das nie gesagt hätte. Das alles sei von dem Gastwirt infolge seiner geringen Deutschkenntnisse falsch verstanden und interpretiert worden. Während ich also den ganzen Sachverhalt in dieser Weise leugnete, blieb der Gastwirt unnachsichtig und beharrte auf seiner Forderung nach einer exemplarischen Bestrafung wegen Auflehnung gegen die Staatsmacht. Die Diskussion ging hin und her, Abtransport ja oder nein, Trennung von meiner Familie für immer oder Freilassung aus der selbstverschuldeten Gefahrensituation! Diese Minuten höchster Not werden mir unvergessen bleiben! Schließlich rettete mich unser Lagerchef, indem er meinem tschechischen Gegner versicherte und dafür bürgte, daß ich mit meiner im Lager befindlichen Familie zu den deutschen Insassen gehöre, die bisher keinerlei Anlaß zu irgendeiner Beanstandung gegeben hätten und daß auch alle meine tschechischen Arbeitgeber noch niemals eine Klage oder auch nur eine negative Kritik oder Beurteilung über mich geäußert hätten. Er plädierte für Milde und Straferlaß aus menschlichen Gründen. Das führte tatsächlich zu meiner Rettung. Nachdem ich so aus der größten Gefahr meiner Internierungszeit gerade noch knapp davongekommen war, ging ich nun, ernüchtert und sanfter gestimmt, zugleich aber in meinem Verantwortungsbewußtsein gestärkt, wieder im Gleichmaß des Lagerlebens auf. Vielleicht hatte ich auch eine neue Zuversicht und Hoffnung gewonnen. Mein Optimismus, der mir immer schon geholfen hatte, stark zu bleiben und mich unter gar keinen Umständen unterkriegen zu lassen, erhielt zudem jetzt zusätzlichen Auftrieb durch eine unterschwellig grassierende Nachricht, daß die Leiden der deutschen Internierten in tschechischen Lagern von der Welt zur Kenntnis genommen würden und auch für uns in Kuttenberg in absehbarer Zeit eine Abschiebung nach Deutschland in Aussicht stünde. Verstärkt wurden diese Anzeichen einer für uns günstigeren Entwicklung auch noch dadurch, daß wir aus amerikanischen Hilfssendungen, für wen auch immer sie ursprünglich bestimmt waren, Kleidung und Schuhe bekamen. Es hieß, Genaues brachten wir nie in Erfahrung, daß die Besatzungsmacht der westlichen Teile Deutschlands uns bei einer eventuellen Entlassung aus der Internierung nur aufnehmen würde, wenn wir ordentlich eingekleidet wären![66] Diese Kleider- und Schuhspenden der Amerikaner be-

---

65   Muß heißen: ČSR; siehe Anm. 59.
66   Laut Abkommen zwischen Vertretern der amerikanischen Besatzungsbehörden und

glückten die Menschen im Speicher alle sehr, besonders willkommen waren die Sachen für unsere Kinder, die ja in dieser Zeit der Internierung in der ČSSR[67] aus fast allen Sachen herausgewachsen waren.

Die Stimmung bei uns im Lager hob sich langsam und allmählich, wir vergaßen, was hinter uns lag, zumal sich auch die Lagerverwaltung, besonders unser Kommandant, wirklich Mühe gab, uns unser schweres Los durch mehr Menschlichkeit und Toleranz zu erleichtern. Wenn dem auch enge Grenzen gesetzt waren, weil wir ja nach wie vor auf kleinsten Raum zusammengepfercht in Unfreiheit leben mußten, bekam unser bejammernswertes Lagerdasein in der ČSSR[68] aber jetzt doch ein anderes Gesicht. Die Hoffnung erhielt immer neue Nahrung, daß es mit unserem Abtransport nach Deutschland bald losgehen würde.

---

der tschechoslowakischen Regierung vom 8./9. 1. 1946 sollten die „Auswandernden mit hinreichender Kleidung ausgerüstet werden, wie Unterwäsche, passende Anzüge, Mäntel und Schuhe", wenn ihnen „wesentliche Teile davon fehlen, werden die Tschechen die mangelnden Teile bereitstellen", Protokollabdruck der Besprechung in: Dokumentation der Vertreibung, Bd. IV, 1, S. 328.

[67]   Muß heißen: ČSR; siehe Anm. 59.

[68]   Ebenso.

Ende der Internierung und Heimkehr

Es war bereits Anfang April 1946, als die Nachricht durchs Lager ging, daß die, die ihre Heimat in Westdeutschland hatten, zuerst entlassen würden. Da sowieso keiner in die sowjetisch besetzte Zone wollte, wurde nun nach möglichen Tricks gesucht, um in den Westen zu gelangen. Da die letzte Dienststelle meines Mannes vor seiner Versetzung nach Prag Stettin gewesen und die Familie Fuchs in Halberstadt (damals Ostzone) beheimatet war, gaben wir als unseren gemeinsamen Zielort die Adresse meines Bruders in Rheinhessen an. Ungezählte im Lager befanden sich in einer viel, viel schwierigeren Lage. Wohin sollten sie denn ohne Westadressenangabe gehen, wenn sie und ihr ganzer Anhang aus Schlesien, Pommern, Ostpreußen usw. stammten? Und jeder mußte doch mit irgendwelchen Papieren und Unterlagen nachweisen, daß seine Angaben auch stimmten. Der Mehrzahl der Internierten waren die meisten Papiere schon in den Wirren der letzten Kriegs- und der ersten Nachkriegsmonate auf verschiedenen Wegen abhanden gekommen; jetzt wurden auch noch die übriggebliebenen, soweit sie einen Wohnort im Osten auswiesen, vernichtet, weil man sich nur so nach dem Westen mogeln konnte. Ich selbst hatte von meinen vielen Unterlagen nur unser Familienstammbuch, meines Mannes und meinen Führerschein sowie das Abiturzeugnis noch gerettet und behalten; nichts davon stand meinem Wunsche, zu meinem Bruder ausreisen zu dürfen, im Wege. Wer aber nun gedacht hatte, unsere Entlassung stünde unmittelbar bevor, der sah sich getäuscht. Tag um Tag verstrich, ohne daß etwas dergleichen geschah, und manche fingen an, zu zweifeln und zu verzweifeln. Von mir muß ich bestätigen, daß ich bei aller Ungeduld bei guter Stimmung blieb und mir meine Zuversicht durch nichts und niemanden mehr nehmen ließ. Es mußte doch endlich die Erlösung kommen. Und sie kam! Es war wieder Anfang Mai, als der erste Transport vom Lager Kuttenberg nach Westdeutschland zusammengestellt und wie schon so oft aufgelistet wurde, nach welchem Schema auch immer.

Die Familie Hübler-Fuchs war dabei! Bevor es aber ab in die Heimat losging, wurden wir noch einmal entwürdigenden und üblen Schikanen ausgesetzt. Es fing damit an, daß die Tschechen auf dem Hof des Speichers einige Tische aufstellten. Auf diesen Tischen mußte jeder Internierte den kläglichen Rest seiner Habe, der ihm noch geblieben war, und einen Wert für jeden bedeutete, vor den Augen der Tschechen ausbreiten. Das, was ihnen gefiel und die Begehrlichkeit bei ihnen erweckte, wurde aussortiert und den deutschen Menschen weggenommen. Das wenige, das man mit Glück und Geschick verborgen und versteckt hatte, ging bei vielen am letzten Tag der über ein Jahr dauernden Gefangenhaltung für immer verloren. Als besonders gemein, erniedrigend und niederträchtig empfanden wir Frauen die Leibesvisitation, die wir in einem Raum, der vom Hof aus zugänglich war, über uns ergehen lassen mußten. In diesem Raum, in dem Männer in Uniform um einen dort aufgestellten Stuhl und Tisch herumstanden, mußte sich jede Frau bis aufs Hemd ausziehen, dann auf den Stuhl steigen und mit auseinandergespreizten Beinen auf den Boden springen. Die zuschauenden feixenden Männer der tschechischen Polizei hätten wir wohl alle zu gern anspucken mögen! Meine beiden Erinnerungsstücke und Kleinodien, die ich nach den vielen Filzungen von all meinem Schmuck noch übrig behalten hatte, blieb den Visitatoren aber trotzdem verborgen. Ich rettete die goldene Uhr meiner verstorbenen Mutter und meine eigene goldene Armbanduhr, die ich von meinen Eltern zu meiner Konfirmation bekomen hatte. Ich hatte sie vorsorglich in kleine Wollknäule versteckt, in die ich drei Stricknadeln gespießt hatte und damit zeigen wollte,wie handarbeitsfreudig wir im Lager gewesen seien. Mir fiel ein schwerer Stein vom Herzen wenigstens diesen „Goldschatz" der einen besonders persönlichen Wert darstellte, mit nach Hause nehmen zu können. Wie sich später zeigte, war es auch anderen gelungen, noch einige Wertgegenstände, wie Ringe und kleine Schmuckstücke, versteckt in Cremedosen, Marmeladen- und Margarineschachteln, in Brot und in mit Wasser gefüllten Flaschen mit in die teure Heimat zu bringen.

Der Abschied von unserem „Lager-Speicher" fiel nicht schwer, ganz anders dagegen der von den Zurückbleibenden, mit denen man über ein Jahr gelebt, gelitten und gehofft hatte. Sie alle fieberten dem Tag der Befreiung vom Lager entgegen, und endlich nach Deutschland abgeschoben zu werden. Zweifel und Mißtrauen bestimmten nach all dem Erlebten noch bis zur letzten Stunde die Situation im Speicher. Hart geworden und nun überglücklich endlich hier fortzukommen, trieb es uns zum Schluß doch die Tränen in die Augen, als wir uns mit unserer wenigen Habe zum Bahnhof Kuttenberg wieder befehlsmäßig in Bewegung setzten. Von unserem Fußmarsch durch die Stadt nahmen nur wenige Tschechen Notiz, im Gegensatz zu damals, als wir streng bewacht einmarschierten. Jetzt war alles einfach schön für uns! Am Bahnhof angekommen, wurden wir, wie bei unserer Verschickung und Verladung von Prag nach Kuttenberg vor einem Jahr, wieder in einen Viehwaggon verladen, der an einen Gütertransportzug angehängt wurde. Als sich der Zug mit uns langsam in Bewegung setzte und aus dem Kleinstadtbahnhof herausfuhr, sah ich noch einmal die Türme der Barbarakirche von Kuttenberg, zu denen ich so oft aus der Ferne hinübergeschaut hatte, vielleicht mit dem geheimen Wunsch im Herzen, in ihrer Erhabenheit etwas von der christlichen Liebe zu spüren und Mut daraus zu schöpfen. Als ich die Kirche abschiednehmend an diesem letzten Tag, an dem ich mit meinen drei Sorgenkindern Kuttenberg verließ, noch einmal grüßte, überfielen mich keine wehmütigen, sondern vielmehr sehr ungute Gedanken, und es stand für mich fest, daß mich niemand mehr in meinem Leben jemals wieder hierher bringen könnte.

Der Transportzug beförderte uns in die Nähe Prags nach Modcani[69] wo das Sammel- und Auffanglager für die Ausreise und Ausweisung der Deutschen aus der Tschechoslowakei lag. Wir verbrachten dort mehrere Tage und Nächte in Baracken und behelfsmäßig eingerichteten Schuppen, die zur vorübergehenden Unterbringung der Massen von Deutschen erstellt und primitiv hergerichtet waren. Ich traf dort unter Tausenden von Menschen einen guten Bekannten aus Prag wieder. Er war gebürtiger Sudetendeutscher aus Teplitz und als ich ihn kennenlernte in Prag, war er schon seit Jahren verwitwet. Nach seiner Gefangennahme wurde er dann halbtot geschlagen, zunächst in das berüchtigte Zuchthaus Pancrace[70] eingeliefert und ist dann als Internierter zu einem Bauern in Böhmen verfrachtet worden, wo er zwar hart arbeiten mußte, aber fair behandelt worden war. Er saß hier in Modcani[71] glücklich und zufrieden mit einer jungen Frau und ihren drei kleinen Kindern beisammen, die ich bereits aus der gemeinsam verbrachten Zeit in der Prager Kaserne her flüchtig kannte. Von ihr wußte ich nur, daß sie mit den Kindern aus Rostock stammte und in der Nähe Prags evakuiert gelebt hatte, dann dort festgenommen und in die Prager Kaserne eingesperrt worden war. Damals schon erzählte sie, daß sie bereits fast zwei Jahre ohne Nachricht von ihrem als Soldat zuletzt in Rußland eingesetzten Mann sei. Jetzt in Modcani[72] waren es ja nun schon drei Jahre, die vergangen waren, ohne voneinander ein Lebenszeichen zu haben!

Beide erzählten mir, daß sie sich im selben Dorf aber nicht beim selben Bauern kennengelernt hatten. Vielleicht ist dieses Zusammentreffen und Zusammensein in einer schicksalhaften Zeit für alle gut ausgegangen. Für alle war die nähere Zukunft mehr als dunkel und sehr wenig überschaubar. Wie werden wir alle wieder ein Zuhause finden bzw. wiederfinden, und welche Wege werden uns aus den Wirren des Krieges und der Zeit danach in eine friedliche und friedensbereite Welt führen? Fragen über Fragen, die uns beschäftigten und ohne Antwort blieben!

Nach einigen Tagen stopfte man uns endlich in die Güterwagen, die zu einem ziemlich langen Transportzug zusammengestellt worden waren. In jedem Wagen befanden sich bewaffnete Uniformträger, die uns zu bewachen hatten. Je ein Eimer pro Waggon stand für die Notdurft der darin untergebrachten Menschen bereit, jedoch wurde sofort die Auflage dazu gemacht, daß der Eimer nur in Ausnahmefällen benutzt werden dürfe. So kam es, daß wir bei jedem Halt des Güterzuges die schweren Türen des Waggons weit aufschoben, damit alle, auch die mit kleineren Kindern, schnell herausspringen konnten, um die Notdurft zu verrichten. Im Grunde genommen konnte uns aber auch das nicht mehr erschüttern, nur die Angst saß einem immer im Nacken, daß der Zug abfahren könnte, ehe die Geschäfte erledigt waren. Sich schämen,

---

[69] Muß heißen: Modřan.
[70] Muß heißen: Pankrác. Es handelt sich um eine Strafanstalt im Süden der Stadt Prag.
[71] Muß heißen: Modřan.
[72] Ebenso.

sich genieren, sich unsicher oder verlegen fühlen waren nach über einem Jahr Internierungshaft unter Lebensbedingungen, wie wir sie hatten ertragen müssen, ohnehin unbekannte Vokabeln. Verpflegung wurde uns auf dieser „Reise" nicht mitgegeben. Wir hatten von unseren nicht sehr üppigen Reserven zu leben, die jeder sicherheitshalber dafür angelegt hatte. Stehend, sitzend, oder, wenn gerade etwas mehr Platz war, auch mal zusammengerollt liegend, verbrachten wir die Fahrzeit im Waggon. Gleich am Anfang der Fahrt in unsere Freiheit sah ich durch die immer einen Spalt geöffnete Schiebetür plötzlich noch einmal das silberne Band der Moldau und die Silhouette von Prag, wo ich fünf Jahre gelebt hatte und wo der Junge in einer für mich glücklichen Zeit geboren worden war. War es mir wie ein Märchen erschienen, mit meinem Mann damals im Sommer 1939 in eine der schönsten Städte Europas, ins „Goldene Prag", zu kommen und dort zu wohnen, so lastete jetzt alles, was mit der Stadt Prag zusammenhing, wie ein Alpdruck auf mir. Ich spürte nur noch den einen einzigen Wunsch in mir, die lange, deprimierende Fahrt so schnell wie möglich hinter mich zu bringen und endlich, nach über einem Jahr, meinen Mann lebend wiederzufinden und mit Axel zusammen von ihm in die Arme genommen zu werden.

Wir fuhren, wie ich meinte und so empfand, im Schneckentempo durch eine böhmische Landschaft, die aus der Ritzenperspektive, so schön sie an diesem Maientag des Jahres 1946 auch gewesen sein mag, ohne Eindruck auf mich blieb, da mich allein der Gedanke beherrschte, so bald wie möglich das heimatliche Ziel, das uns so unmittelbar vor Augen stand, zu erreichen. Die innere Unruhe, die andauernde Angst, daß noch in letzter Minute etwas dazwischen kommen könnte, ließ das Herz schneller schlagen, weil wir das Mißtrauen nicht loswerden konnten nach den vielen Enttäuschungen, die wir hatten hinnehmen müssen. Kurz vor der bayerischen Grenze – wir glaubten, uns schon in den Regionen des Bayerischen Waldes zu befinden – verschwanden unsere tschechischen Bewacher und ließen uns allein und unbewacht in unseren Waggons zurück. Wir schoben die Türen sehr weit auf und konnten nun feststellen, daß rechts und links der Bahnstrecke der Damm übersät war von weißen Armbinden mit dem aufgedruckten schwarzen „N". Meine Armbinde warf ich nicht dazu, sondern bewahrte sie als Erinnerung an das mir gestohlene Jahr und gleichzeitig als Beleg dafür, daß ein wohlwollendes Schicksal mich und meinen Jungen bei allen Demütigungen doch vor Schlimmerem bewahrt hat. Miteingeschlossen in meine stille Dankempfindung waren Erna und Hans, die dafür gesorgt hatten, daß ich Axel dank ihrer behütenden Fürsorge und Liebe während meiner täglichen Arbeitseinsätze immer mit ganz ruhigem Gewissen im Lager habe zurücklassen können. Wir waren, nach der Zahl der Armbinden zu urteilen, nicht die ersten, die aus den Lagern der ČSSR[73] endlich in die Heimat zurückkehren durften. Und dann merkten wir, daß die Räder unseres Güterzuges, der aus deutschen Wehrmachtsbeständen stammte, über deutschen Boden

---

[73] Muß heißen: ČSR; siehe Anm. 59.

rollten, und wir fühlten, daß wir unserem heißersehnten Ziel näher kamen. Was uns dort erwarten würde, machte uns an diesem Tage wenig Sorgen. Schlimmer als in der Internierung konnte es jetzt nicht mehr kommen. Im ersten Auffanglager[74] in Deutschland, das wir anfuhren, wurden wir zunächst erst sofort entlaust und reichlich und gut verpflegt. Von da aus ging es weiter nach Schweinfurt, wo wir in einem Bunker übernachteten. Unsere Endstation war Hammelburg/Unterfranken. Dort hatte man für uns ein Massenlager hergerichtet. Kaum dort angekommen, versuchte jeder unverzüglich, Kontakte zu seinen Verwandten und Bekannten aufzunehmen. Mein Versuch, von Hammelburg aus Verbindung mit der Familie meines Bruders in Rheinhessen aufzunehmen, scheiterte durch eine Telegrammverstümmelung; aus Hammelburg hatte die Post „Hamburg" gemacht, wie erst viel später herauskam. Der nächste Versuch, bei einer meiner Schulfreundinnen, die in Heidelberg wohnte, vorübergehend eine Bleibe für uns vier zu finden, hatte Erfolg. Wir durften kommen und das, obwohl sie mit ihrer eigenen vierköpfigen Familie schon eine ihrer Schwestern mit drei kleinen Kindern, die infolge der Kriegsereignisse ebenfalls obdachlos geworden waren, aufgenommen hatte. Gemäß Weisung des Regierungskommissars Mainfranken wurde ich mit meiner Familie nun wunschgemäß in die amerikanische Besatzungszone nach Heidelberg weitergeleitet. Der Registrierschein für die amerikanische Zone lag noch nicht vor. Mit Verpflegung waren „Hübler's" bis zum 10. Mai 1946 abgefunden. Mit dem sehr kleinen Reichsmarkbetrag, mit dem wir zum Empfang in Hammelburg ausstaffiert worden waren, konnten wir nichts anfangen, da es ja nichts zu kaufen gab! Das war schon etwas enttäuschend; als wir aber glücklich in Heidelberg gelandet waren, dort eine Zuflucht bei mitfühlenden Freunden gefunden hatten, was uns so unbeschreiblich gut tat, traten die ersten Enttäuschungen in den absoluten Hintergrund.

Nach einigen Tagen kam dann mit vielen zeitgemäßen Komplikationen endlich doch eine Verbindung zur Familie meines Bruders zustande, und endlich tauchte mein Mann, der nach seiner frühen Entlassung aus der Kriegsgefangenschaft zu meinem Bruder getrampt war, weil er fest annahm, dort am ehesten etwas über mich und Axel zu erfahren, bei uns in Heidelberg auf. Er hatte nach einer umständlichen Irrfahrt, die ihn von Mainz über Hamburg und dann erst nach Hammelburg geführt hatte, nun endlich zu uns gefunden! Das Wiedersehen verlief bei aller Freude doch zunächst etwas reserviert; seit Herbst 1944 hatten wir uns nicht mehr gesehen und auch der briefliche Kontakt war abgebrochen und unterbunden. Es war inzwischen so viel geschehen, jeder von uns hatte seine unguten Erlebnisse gehabt, das meiste war ja noch gar nicht verarbeitet und alles war neu und fremd. Wir waren nicht eine Minute allein, alles spielte sich in Anwesenheit Dritter ab. So kamen wir sehr kurzfristig zu

---

[74]   Vermutlich handelte es sich hier um das Lager Wiesau, Kreis Tirschenreuth, das vom 26. 2.–30. 10. 1946 die Ausweisungstransporte aufnahm, Dokumentation der Vertreibung, IV, 1; S. 330; ebd. Bd. IV, 2, Bericht Nr. 29 von Kurt Schmidt aus Brünn, S. 168.

den praktischen Problemen, die sofort gelöst werden mußten. Mein Mann reiste noch am selben Tag wieder nach Rheinhessen zurück und war dann in der nächsten Zeit damit beschäftigt, für mich und Axel die Zuzugsgenehmigung in die damals französische besetzte Zone zu bekommen. Als dieser komplizierte Vorgang dann endlich positiv verlaufen war, holte meine Mann uns in Heidelberg ab, und wir fanden in dem Dorf, wo mein Bruder mit seiner Familie wohnte, Unterkunft, zunächst in einer Wohnung, in der während des Krieges ausländische Arbeiter untergebracht waren, und später in einem größeren Bauernhaus. Zu meinem Bruder selbst konnten und wollten wir auch nicht ziehen, weil dort schon andere engste Verwandte Aufnahme gefunden hatten. Im übrigen hatten wir nur einen Wunsch: unabhänigig, frei und ganz für uns zu sein! Erna und Hans hatten das Glück, in Heidelberg eine leere „eineinhalb-Zimmer-Wohnung" als Untermieter zu bekommen und richteten sich nach und nach dort ein.

So endete für mich ein Lebensabschnitt, der einmal glücklich und hoffnungsfroh begann, mir dann trotz Krieg noch viele schöne Stunden schenkte, mich zuletzt in Not und Elend stürzte, mich dann aber doch glimpflich davonkommen ließ und mir jetzt die Chance für einen neuen Anfang bot. Mit Prag und der Tschechoslowakei hatte ich abgeschlossen und wollte mein Leben lang nichts mehr davon sehen. Doch es kam dann anders!

Zwei Reisen in die Vergangenheit

Jahre waren vergangen. Man schrieb das Jahr 1962, als ich ganz zufällig in einem Bonner Gymnasium, welches unser Sohn besuchte, auf eine Prager Bekannte stieß, deren Sohn ebenfalls in diese Schule ging. Natürlich verabredeten wir uns wieder und frischten so unsere alte Bekanntschaft auf. Dabei konnte es gar nicht ausbleiben, daß wir auch sehr oft auf die Zeit in Prag und die spätere Internierung – Frau Margot St. war wie ich, nur andernorts interniert gewesen – zu sprechen kamen. Je mehr und je länger wir uns darüber unterhielten, umso stärker überwogen mit der Zeit die schönen Erinnerungen, während die bitteren Erfahrungen der Internierung allmählich verblaßten oder in einem milderen Licht erschienen. So ergab es sich eigentlich wie von selbst, daß langsam der Wunsch in uns erwachte, trotz allem, was geschehen war, doch noch einmal eine Reise in die Vergangenheit zu wagen. Mein Mann fand weniger Gefallen daran, weil es seiner Meinung nach nur Enttäuschungen bringen und alles wieder hochspülen würde, was man uns angetan hatte. So beschlossen wir beiden Frauen allein in die ČSSR zu fahren.

Im Mai 1965 war es dann so weit. Die Visa waren besorgt, und mit einem alten VW-Käfer fuhren wir los. An der tschechischen Grenze dauerte die Abfertigung nicht extrem lange, weil es zu dieser Zeit nur wenig Reise- und Güterverkehr zwischen Westdeutschland und der Tschechoslowakei gab. Die Paß- und Zollkontrolle war korrekt, nicht schikanös und auch nicht mit unnötigen Wartereien verbunden. Fast freundlich wurden wir von den Grenzsoldaten behandelt und durften nach genauester Untersuchung des Autos schließlich die Grenze zur Volksrepublik passieren. Uns erfüllte eine gewisse Genugtuung, jetzt nach zwanzig Jahren als freie Staatsbürger eines gleichberechtigten und voll anerkannten deutschen Staates mit einem Touristenvisum in die ČSSR zurückkehren zu können.

Unsere Reiseroute führte uns zunächst nach Pilsen, wo wir einen kleinen Stadtbummel machten. Wir beendeten unseren dortigen Aufenthalt dann aber schneller, als wir es ursprünglich geplant hatten, denn unser Drang war nach Prag gerichtet und entfesselte eine fast unruhige Anziehungskraft in uns beiden. Die ungefähr 90 Kilometer zwischen Pilsen und Prag legten wir in gemäßigtem Tempo zurück und genossen die an uns vorüberziehende Landschaft. Nachdem wir das kleine Städtchen Beraun passiert hatten, das südwestlich von Prag liegt, begann mit dem romantischen Berauner-Tal, einem Ausflugsgebiet der Prager, das auch wir recht gut kannten, für uns das „Goldne Prag", die Stadt, die wir einst so sehr in unser Herz geschlossen hatten. Wir waren ziemlich aufgeregt, als wir an den Prager Stadtrand kamen und die vertrauten Straßenbahn-Haltestellen wiedersahen. Obwohl wir beide die Stadt verkehrstechnisch zu kennen glaubten, fing die Unsicherheit und Orien-

tierungslosigkeit sofort an. Je weiter wir fuhren, um so schwieriger war es für
uns, den richtigen Weg zu finden, obwohl wir hier ja jahrelang gelebt und
gewohnt hatten.

Margot St. hatte für uns über einen befreundeten Rundfunkreporter bei
einem jungen Prager Arztehepaar ein Privatquartier besorgt, das in der Altstadt nahe der Karlsbrücke liegen sollte. Um dorthin zu gelangen, mußten wir
quer durch die Innenstadt fahren, die sich in den letzten zwanzig Jahren in
ihrer Bausubstanz zwar wenig verändert hatte, dafür aber einen so lebhaften
Großstadtverkehr und so viele Ampeln und Verkehrsschilder aufwies, wie wir
es von früher her natürlich gar nicht kannten. Wir kamen schon sehr schnell
mit unserem Volkswagen ins Stocken. Die Rush-hour hatte inzwischen eingesetzt, und wir hatten uns bereits mehrmals bei sehr höflichen Polizisten nach
dem Weg erkundigt, unter Vorzeigen der Altstädter Adresse, die wir vorsorglich mit Schreibmaschine auf ein Stück Papier geschrieben hatten, um nicht viel
in Deutsch fragen zu müssen. Immer wurde durch entsprechende richtungswei-
sende Handbewegungen oder kurze Anweisungen in deutscher Sprache bereit-
willig Auskunft gegeben. Daß wir gleichwohl so schnell nicht an unser Ziel
kamen und uns immer wieder verfransten, lag an den vielen Hindernissen, wie
Straßensperren, Einbahnstraßen, Sackgassen, Baustellen und anderen Hemm-
nissen, die uns immer wieder von unserem Ziel ablenkten. Langsam wurde es
dunkel; Fahrzeuge, Straßenlampen und die Geschäfte hatten die Beleuchtung
schon eingeschaltet, als wir hinter dem Wenzelsplatz auf den Stadtteil Wein-
berge zufuhren. Dort erwischten wir eine Straße, die wegen Bauarbeiten für
den allgemeinen Verkehr gesperrt und nur für die Straßenbahn offen war. Vor
lauter Aufregung und Freude, hier in Prag so frei herumgondeln zu dürfen,
hatten wir die Verkehrsschilder einfach übersehen. Aus der gesperrten Straße
zurückfahren konnten wir nicht, also fuhren wir mutig weiter. Zum Glück kam
weder eine Elektrische noch die Polizei, noch ging bei der Holperfahrt auf dem
zum Teil aufgerissenen Straßenuntergrund etwas an unserem VW-Käfer kaputt. Als wir die verbotene Straße hinter zu hatten, machten wir erst mal Halt
am Straßenrand, um unsere arg strapazierten Nerven zu beruhigen. Allein der
Gedanke, jetzt hier von der tschechischen Polizei erwischt zu werden, ließ
unsere Pulse schneller schlagen. Die Überlegungspause wurde immer länger,
ohne daß wir zu einem gangbaren Resultat kamen. Wir mußten mutig und
forsch nach jemandem Ausschau halten, der uns auf den richtigen Weg zurück-
half. Wir fuhren also wieder los und entdeckten nach einigen hundert Metern
dort ein stehendes Polizeifahrzeug. Wir fuhren entschlossen hinter das Polizei-
auto, stiegen aus und zeigten nun zum x-ten Mal unsere Adresse in der Prager
Altstadt vor. Ein junger tschechischer Uniformierter sah uns aus seinem Polizeifahrzeug recht freundlich an und gab uns ein Zeichen, mit unserem Wagen
hinter ihm herzufahren. Mit diesem polizeilichen Geleit erreichten wir in kurzer Zeit unser Quartier.

Unser Dank war ehrlich und aufrichtig, die Hilfsbereitschaft des Polizisten
vorbildlich. So viel Einsatzbereitschaft für zwei deutsche Frauen nach der

zwanzig Jahre zurückliegenden Vergangenheit hatten wir nicht erwartet. Es tat aber wohl, jetzt so ganz anders behandelt zu werden als damals!

Die Wohnung, in der wir nun Quartier bezogen, entpuppte sich als eine sehr bescheidene Zwei-Zimmer-Wohnung, in der außer den Gastgebern und uns auch Gäste aus der Deutschen Demokratischen Republik untergebracht waren, die uns jedoch – ich weiß nicht warum – eiskalt schnitten. Wir beiden bekamen das Schlafzimer des tschechischen Arztehepaares zur Verfügung gestellt, während das Ehepaar selbst in der Küche auf Couch und Sofa Notquartier bezog; am Tage waren beide beruflich in verschiedenen Prager Krankenhäusern tätig. Die Aufnahme von Gästen aus dem Westen erfolgte zur Aufbesserung ihrer finanziellen Verhältnisse, die trotz ihrer sozialen Stellung nicht sehr rosig waren. Ihre Wohnung war beinahe ärmlich eingerichtet, verbreitete aber eine kultivierte und perönliche Atmosphäre. Wir fühlten uns bei diesen Gastgebern vom ersten Augenblick an recht wohl und hatten mit ihnen während unseres sechstägigen Aufenthalts jeden Tag ein Plauderstündchen, wobei wir alle jedoch vermieden, in die jüngste Vergangenheit oder auch sonst ins Politische abzugleiten. Wir hatten natürlich nicht den geringsten Zweifel daran, daß wir in erster Linie Devisen bringende „paying guests" für sie waren.

Unsere Zeit in Prag nutzten wir, um das, was wir damals verlassen mußten, wiederzusehen und auf den Spuren der bereits zwanzig Jahre hinter uns liegenden Vergangenheit zu wandeln. Der erste Erkundungsausflug galt unserer früheren Wohngegend in der Altstadt, nahe dem Altstädter Ring. Es war hier und jetzt alles wie damals, die winkligen Gassen mit ihren ineinanderverschachtelten Bauten, ihren alten Häusern, ihren Gewölben und ihren dunklen Innenhöfen. Wir wanderten weiter und weiter und ließen uns gefangennehmen vom Prag der Kirchen, der Paläste und der vielen anderen Kulturdenkmäler, die bis hinauf zum Hradschin reichen, und nicht zuletzt von der Moldau mit ihren wunderschönen Brücken, ein unvergeßliches Bild, das mich immer wieder bezaubert hat. Natürlich promenierten wir über den Wenzelsplatz und den Graben, wo man jetzt freilich die frühere Eleganz, die Internationalität und den Luxus nicht mehr findet. Die Kaffeehäuser hatten ihre Fassade wenig verändert, sie waren im Laufe der Jahre grauer, älter und schäbig geworden; das Großstadt-Fluidum war nicht mehr spürbar, wie wir es noch in Erinnerung hatten, und der Putz der Häuser fing an, außen und innen abzublättern. Lediglich die internationalen Hotels, wo die Gäste aus der westlichen Welt erwartet wurden, hatten sich ein dekoratives Ansehen erhalten und waren zum Teil auch schon modernisiert worden.

Wir machten mit den Straßenbahnen und Stadtbussen Streifzüge durch Prag und Ausflüge in die unmittelbare Umgebung. Da wir zu zweit waren und jede von uns ja andere Erinnerungen mit Prag verband, reichte unsere Zeit nicht aus, um solchen Örtlichkeiten besondere Aufmerksamkeit zu schenken, die nur für eine von uns beiden eine persönliche Bedeutung hatte. Wir beschränkten uns daher mehr auf allgemeine Beobachtungen und Besichtigungen.

Wir waren immer wieder überrascht von den vielen Baustellen für Autostra-

ßen und die ganz neue Untergrundbahn. Ungeachtet dieser und anderer Veränderungen im äußeren Erscheinungsbild der Stadt blieb sie für uns das alte
vertraute Prag, und wir konnten nun auch mit einer gewissen Genugtuung
erleben, daß die während der Hitler-Herrschaft angestaute Verbitterung der
Tschechen, die sich vor zwanzig Jahren beim Prager Aufstand in oft maßlosem
Haß und zum Teil grauenvollen Exzessen gegen alles Deutsche manifestiert
hatte, nicht mehr zu spüren war. Wir wurden jetzt wieder wie alle anderen
Besucher Prags akzeptiert, wenn wir in Geschäften, Lokalen und Bussen oder
Straßenbahnen uns mit der deutschen Sprache an jemand wandten. Jeder war
höflich, zuvorkommend und nett.

Natürlich versuchten wir auch, Bekannte von früher ausfindig zu machen.
Zuerst gelang es Margot St. mit einer einstigen tschechischen Kollegin. Diese
Kollegin hatte zusammen mit Frau St. auf einer deutschen Behörde in Prag
gearbeitet und 1944 einen tschechischen Arzt geheiratet. Nach dem Umsturz
waren sie und ihr Mann als Kollaborateure eingesperrt worden. Jetzt verdiente
ihr Mann seinen Lebensunterhalt als Taxifahrer, während sie in einem Prager
Hotel einen kaufmännischen Posten bekleidete und wegen ihrer Sprachkennt-
nisse auch als Dolmetscherin eingesetzt war. Ihre Wohnung in einem Prager
Vorort war nicht sehr elegant, aber geschmackvoll und gediegen eingerichtet.
Meine frühere Bekannte, mit der ich Verbindung aufnahm, war ebenfalls
Tschechin. Ihr inzwischen verstorbener Mann war Sudetendeutscher und von
Beruf Ingenieur. Nach dem Aufstand 1945 und auch später waren ihm, wie sie
erzählte, keine Nachteile aus seiner deutschen Abstammung erwachsen. Als
ich ihre Adresse im Prager Telefonbuch fand und sie anrief, schien sie erfreut
und wünschte wie ich, uns wiederzusehen; sie wagte aber nicht, uns zwanzig
Jahre nach dem Prager Aufstand in ihre Wohnung einzuladen, sondern fragte
am Telefon, ob sie dafür in unser Quartier kommen könnte. Ganz offensichtlich hatte sie Bedenken, Deutsche in ihrer Wohnung zu empfangen. Es war
dann ein sehr netter Abend, den wir im gemieteten Schlafzimmer zu dritt
plaudernd verbrachten.

Mit dem Auto, das wir während der ganzen Zeit unseres Prager Aufenthalts
in der Nähe unseres Quartiers abgestellt hatten, machten wir dann unsere
geplante Reise nach Mittelböhmen und zwar zunächst in die Gegend von Beraun. Frau St. war in den Tagen des Prager Aufstandes in einem deutschen
Krankenhaus, in dem sie Zuflucht gefunden hatte, festgenommen worden.
Nachdem sie erst in dem Prager Zuchthaus Pankraz[75] eingesperrt worden war,
war sie dann in ein Internierungslager nach Mittelböhmen gekommen und von
dort später zur Arbeit auf einen größeren Bauernhof bei dem Dorf Lipani[76]
verschickt worden. Diesen Bauernhof suchten wir nun auf und fanden den Hof
mit den Ställen und dem Wohnhaus auch so vor, wie er in der Erinnerung von
Margot St. lebte. Nichts zu sehen war dagegen von den früheren Eigentümern

[75] Muß heißen: Pankrác.
[76] Muß heißen: Lipany.

des Hofes und dem alten Personal. Der Besitz war inzwischen verstaatlicht und in eine Kolchose überführt worden. Margot St. versuchte bei verschiedenen Leuten dort Erkundigungen über ihre damaligen Arbeitgeber einzuholen, aber das blieb leider ohne Erfolg.

Unser nächstes Reiseziel war dann Kuttenberg, wo ich nach zwanzig Jahren noch einmal der Vergangenheit begegnen wollte. Das erste, was wir von der Stadt sahen, waren die Türme der Kathedrale St. Barbara. Das erweckte in mir den Wunsch, diese Kirche, die ich während meiner Kuttenberger Internierungszeit stets nur aus der Ferne bewundern konnte, jetzt endlich richtig auch von innen kennenzulernen. Doch daraus wurde zu meinem großen Bedauern und meiner Enttäuschung nichts, weil die Türen des Gotteshauses verschlossen waren. Der Grund dafür blieb mir verborgen, ich konnte lediglich vermuten, daß es vielleicht irgendwie mit dem neuen Herrschaftssystem in der Tschechoslowakei zusammenhing[77]. Vor der Kirche saßen an diesem Vormittag mehrere alte Leute auf den Bänken, die uns schon neugierig beobachtet hatten. Ich ging sehr unbefangen zu einer der dort sitzenden Gruppe, um mich bei ihnen nach den üblichen Öffnungszeiten der Barbara-Kirche zu erkundigen. Jetzt hörte ich von den alten Leuten in gutem Deutsch, daß die Kirche weder für Besucher noch für Kirchgänger z. Zt. geöffnet sei. Gottesdienste würden hier überhaupt nicht abgehalten, weil die Kirche für andere Aufgaben und Zwecke umfunktioniert werden wird oder soll. Das erschien mir einfach unglaubwürdig und zweifelhaft.

Sehr enttäuscht über das Gehörte, das wir jedoch nicht recht glauben konnten und es deshalb anzweifelten, verließen wir die Barbara-Kirche und fuhren in die Stadt hinein. Auf dem Marktplatz stellten wir das Auto ab. Der Marktplatz hatte sich in den zwanzig Jahren überhaupt nicht verändert. So, wie ich ihn wiedersah, hatte ich ihn immer vor Augen gehabt, wenn ich im Laufe der vergangenen Jahre an meine Kuttenberger Zeit dachte! Von hier aus gingen wir nur wenige hundert Meter weiter, und ich stand wieder vor dem Restaurant der Familie B., wo ich neun Monate meines Lebens als Internierte gearbeitet und zu meinem Glück gütige Arbeitgeber gefunden hatte, die zu mir jederzeit fair und anständig waren. Das Äußere hatte sich in den zwei Jahrzehnten gar nicht verändert, selbst die Fassade war noch immer farblos grau und das große Fenster des Lokals, das direkt auf die Straße ging, glänzte vor Sauberkeit in der Mittagssonne. So sauber hatte ich es mit meiner Arbeitskollegin seiner Zeit unter der Fuchtel der uns bewachenden und antreibenden Tschechen auch geputzt! Gedanklich konnte und wollte ich mich auch gar nicht wieder so genau daran erinnern, wie es einmal vor langer Zeit war. Es lag alles so weit hinter mir an diesem Tage!

Das Restaurant führte noch immer seinen alten Namen und war wie vor zwanzig Jahren durch den breiten, gewölbten Hauseingang zu erreichen, der

---

[77] Aus politischen Gründen wurden in der ČSR keine Kirchen geschlossen; es kann sich hier nur um spezielle Öffnungszeiten der Barbarakirche handeln.

unverkennbar früher die Toreinfahrt zu dem einst als Bauernhof genutzten
Grundstück abgegeben hatte. Am Anfang der Einfahrt war jetzt eine neue
Eingangstür zum Restaurant hinzugekommen, während weiter drin in der tun-
nelähnlichen Toreinfahrt unverändert die mir so wohlbekannten Toiletten lagen. Einige Meter vor den Toiletten bog von dem Eingangsgewölbe nach wie
vor links ein schmaler Gang in Richtung Küche mit anschließenden Wirtschaftsräumen ab. Wie gut ich das alles noch im Gedächtnis hatte und wie
vertraut es mir war! Mit Reminiszenzen sehr unterschiedlicher Art betrat ich
zusammen mit Frau St. den Speiseraum der Gaststätte. Dort herrschte, es war
ja gerade Mittagszeit, reger Betrieb. Drinnen im Speisesaal, den ich so gut
kannte, war alles wie zu meiner Zeit, nur waren jetzt mehr Tische und Stühle
aufgestellt. Das Lokal war vollgestopft mit Gästen; die Zusammensetzung des
Publikums hatte sich jedoch auch gewandelt, das junge Volk überwog. Man sah
Uniformierte – Militär und Polizei mit und ohne Rangabzeichen –, Schüler und
Schülerinnen, Lehrlinge, Verkäuferinnen, Frauen und Männer vom Lande und
natürlich auch Passanten, die ich nicht einordnen konnte. Es herrschte eine
aufgelockerte, freundliche Atmosphäre, in der man sich ganz dem Geschäft
des Essens hingab. Wir hielten Ausschau nach einem leeren Tisch, fanden aber
keinen, bis uns plötzlich ein Oberkellner darauf hinwies, daß sich drei Soldaten
anschickten zu gehen. Wir nahmen dankend an dem Tisch Platz, und gleich
darauf legte uns der Ober eine Speisekarte vor, auf der mit Schreibmaschine
geschrieben zwei Gerichte mit Preisangabe usw. aufgeführt waren. Wir bestellten Schweinsbraten mit Kraut und Knödel, das berühmte böhmische Essen,
irgendeine Mehlspeise und natürlich eine Suppe vorweg. Ich war so aufgeregt,
daß ich kaum etwas von den wohlschmeckenden Speisen essen konnte, sondern nur schaute, suchte und verglich, wie und warum sich dies und das verändert hatte und wieso mich alles doch noch immer so eigentümlich berührte und
mich etwas unwirklich zurückdenken ließ.

Als der Ober später erneut an unseren Tisch kam, um weitere Bestellungen
entgegenzunehmen, faßte ich mir ein Herz, ihn auf Deutsch nach Herrn und
Frau B., meine seinerzeitigen Arbeitgeber, zu fragen. Er antwortete mir in
gutem Deutsch, daß Herr B. schon vor mehreren Jahren gestorben sei und
Frau B. jetzt im Altersheim von Kuttenberg lebe. Nun stellte ich ihm die Frage
nach Blanka, der damals 17 Jahre alten Tochter des Hauses. Seine Antwort
kam prompt: „Sie lebt noch in Kuttenberg mit Mann und Familie". Ob er mir
die Adresse oder die Telefonnummer sagen oder das Telefonbuch geben könnte, bat ich. Ja, er wollte es für mich holen und damit verschwand er! Noch
während wir den bestellten Kaffee tranken, legte mir der Ober einen Zettel mit
Name, Adresse und Telefonnummer auf den Tisch und sagte, mich sehr
freundlich ansehend: „Sie wird gleich kommen, ich habe sie angerufen!"

Und dann kam sie zur Tür hinein, nein, eigentlich kam sie zweifach herein,
einmal eine jüngere Blanka, so wie ich sie in Erinnerung hatte, und zum
anderen eine ältere Blanka. Die ältere war die „echte Blanka", die ich von
damals kannte, die junge war ihre Tochter und sah genau so aus wie ihre

Mutter vor zwanzig Jahren. Ich stand auf, und Mutter Blanka lief auf mich zu, und wir lagen uns in den Armen. Daneben stand die Tochter, die ihr gefolgt war, und tatsächlich ebenfalls „Blanka" hieß und jetzt wie seinerzeit ihre Mutter, gerade 17 Jahre alt war. Der Vater dazu war jener fesche Leutnant, der damals in der Familie B. verkehrte und sich um die Schülerin Blanka B. bemüht hatte; beide haben später geheiratet. Die junge Blanka ging auch noch in Kuttenberg zu Schule, und sie war, das hatte sie vom Papa, eine erfolgreiche Sportlerin geworden, die, wie sie mir in fließendem Deutsch erzählte, auch schon in Westdeutschland gewesen war. Wir saßen lange in dem Restaurant zusammen, zuletzt als die einzigen Gäste im Speisesaal.

So langsam mußten Frau St. und ich nun leider doch an unsere Rückreise nach Prag denken, weil wir dort am Abend eine Verabredung getroffen hatten. Deswegen konnten wir leider das gutgemeinte Angebot der „Mutter Blanka" nicht annehmen, mit ihnen nach Hause zu kommen, wo wir bald auch ihren Mann nach dessen Dienstschluß antreffen würden. Da das nun also nicht ging, wollte sie mir wenigstens noch etwas schenken und führte uns in ein Spezialgeschäft in der Innenstadt, das herrliches böhmisches Glas und Kristall ausgestellt hatte und auch zum Verkauf anbot. Ich sollte mir dort die schönste Vase oder Kristallschale aussuchen, die sie mir dann zur Erinnerung an unser Wiedersehen schenken wollte. Ich wählte eine nicht sehr extravagante, sondern eine exzeptionell bescheidene Vase; beide Blankas protestierten zwar, aber ich blieb dabei. Zum Schluß wurden Grüße an die Familienangehörigen aufgetragen und gegenseitige Besuche in Aussicht gestellt. Der Abschied war sehr herzlich und ließ bei mir vieles in der Vergangenheit in einem neuen Licht erscheinen, und als wir aus der Stadt hinausfuhren, war ich mir eigentlich ziemlich sicher, daß ich nochmals dorthin zurückkehren würde. So schnell wurde aber nichts daraus; denn ein Jahr später wurde es wieder unruhig in der ČSSR, der Prager Frühling veränderte erneut die ideologische und politische Landschaft in der Tschechoslowakei. 1968 zogen sowjetische Panzer über den Wenzelsplatz in Prag, und die ČSSR wurde noch fester in den sowjetischen Machtbereich eingebunden.

So vergingen wiederum fast zwanzig Jahre meines Lebens, bis ich mich, dieses Mal mit meinem Mann zusammen, zu einer erneuten Reise in die Vergangenheit entschloß, um noch einmal die glücklichen wie auch die sehr unglücklichen Zeiten in Prag und in Kuttenberg nachzuempfinden und mit der davon zurückgebliebenen Unruhe im Herzen endgültig Frieden zu schließen. Mein Mann und ich fuhren auf dem Transitwege mit dem Auto zunächst bis nach Dresden und von dort nach zweitägigem Aufenthalt an der Elbe entlang nach Prag; es war im wesentlichen der gleiche Weg, auf dem ich im Juli 1939 als Jungverheiratete mit meinem Mann zusammen das erste Mal nach Prag gereist war. Als wir jetzt in die Stadt einfuhren, kamen wir durch einen verkehrstechnischen Zufall an unserem ersten Domizil Holeschowitz vorbei. Der sehr bevölkerungsreiche Vorort lag ganz in der Nahe des schönen Prager Zoos.

Das Wiedererkennen war nach fast vierzig Jahren ziemlich schwer. Unsere damals ganz neu erbauten Wohnblöcke hatten inzwischen nicht etwa nur Patina angesetzt, sondern befanden sich in einem recht desolaten Zustand, so daß wir uns zunächst nur mühsam in unserer „Usmaltovny", der Straße in der wir im fünften Stock eines großen Mietblocks eine möblierte Wohnung gemietet hatten, orientieren konnten. Ebenso war es für uns nicht leicht, bei den jetzt herrschenden Verkehrsverhältnissen zu dem am Rande der Innenstadt liegenden Hotel zu gelangen, das wir über das staatliche Reisebüro Cedok gebucht hatten. Wir brauchten eine ziemliche Zeit, um das Hotel zu suchen und zu finden.

Unser Auto ließen wir am nächsten Tag auf dem großen Parkplatz des neuerbauten Hotels stehen und zogen es vor, zu Fuß in die Stadt zu gehen. Zuallererst suchten wir die Benediktsgasse auf, wo wir zuletzt gewohnt hatten. Das Haus, in dem wir zuhause gewesen waren, war baulich unverändert; die Außenfront war allerdings verwittert und sehr unansehnlich geworden. Der Hauseingang machte einen verwohnten und schäbigen Eindruck; der Fahrstuhl hatte in den vergangenen vierzig Jahren die letzten Reste seiner einstigen Eleganz eingebüßt und vom technischen Fortschritt keinerlei Notiz genommen, die Liftkabine hatte nur noch einen abgewetzten und zerschlissenen Fußbodenbelag, von ihren Wänden war jegliche Spur von Farbe längst abgeblättert, aber er funktionierte noch immer, und brachte uns bis in die von uns gewünschte Etage. Die Tür zu unserer früheren Wohnung, ohne Namensschild, blickte uns leer und fast abweisend kalt an. Trotzdem waren wir versucht, auf den Klingelknopf zu drücken, fanden dann aber beide doch nicht genug Verve, die Hemmungen zu überwinden. Das Haus schien uns wie ausgestorben und unbewohnt. Wir trafen auch niemand beim Hinuntergehen. Das Gebäude schien ohne Leben zu sein. Irgendwie hatten wir uns falsche Vorstellungen oder Hoffnungen gemacht, das wiederzufinden, was uns vor vierzig Jahren so angezogen hatte. Ziemlich desillusioniert traten wir aus dem Haus auf die Gasse, gingen um die Ecke und schauten von dem kleinen Platz aus nochmals nach oben auf die Fensterfront, hinter der wir einstmals unser Heim hatten. Wenige Minuten später standen wir dann vor der Hyberna-Kaserne, wo für mich und Tausende von deutschen Menschen ein Leidensweg begonnen hatte, von dem damals keiner wußte, wann und wie er enden würde. Jetzt brauste der Verkehr auf der Straße entlang, geschäftig und lebensfroh eilten die Leute auf den Bürgersteigen hin und her, und alles, was hier auf dem Hyberna-Platz und hinter dem Eingangstor zur großen Kaserne vor vierzig Jahren geschehen war, schien vergessen! Mir selbst wurde dabei deutlich, daß das Vergessenkönnen nicht die schlechteste Eigenschaft der Menschen ist, und ich wurde darin bestärkt, auch meinerseits einen Schlußstrich unter diese dunklen Erlebnisse zu ziehen. Die einzige Erinnerung sollte ein Foto sein, daß ich nun vom Komplex der Hyberna-Kaserne machte. Danach gingen wir weiter über den Graben in Richtung Wenzelsplatz. Auf den Spuren der Vergangenheit suchten wir nach den uns von früher her bekannten Geschäften, Lokalen, Kinos, unserer ehemaligen Bank, den Passagen und Durchgängen von den

Haupt- zu den Seitenstraßen mit den exklusiven Mode- oder kleinen Fachge-
schäften. Viel war nicht mehr davon zu sehen, es wirkte alles sehr provinziell
und vom Großstadtflair der tschechischen Metropole war wenig zu spüren. Bei
unserem Stadtbummel stießen wir zu unserem eigenen Entzücken auch auf das
berühmte Café Savarin am Graben. Als wir das Caféhaus, das zu dieser Zeit
am Vormittag wenig besucht war, betraten, fanden wir noch mancherlei von
dem vor, wie es vor vier Jahrzehnten gewesen war. Ich erkannte die alten
Hängelampen wieder, ebenso die verblichenen Tapeten an den Wänden. Dagegen war das Meublement nicht mehr wie früher mit Plüsch und Velour
bezogen, sondern war durch Holztische und Stühle sehr bescheiden ersetzt
worden, eine Einrichtung, wie man sie in jedem durchschnittlichen Kaffeehaus
überall antreffen kann. Wir waren richtig enttäuscht, das Café Savarin mit
Wiener Charme hatte sich in eine Dutzend-Gaststätte verwandelt. Schnell
tranken wir den bestellten, nicht sehr wohlschmeckenden Kaffee aus und verließen das Haus Savarin. Wir liefen wieder zurück zur Altstadt, wo wir bis zur
Mittagszeit bezaubert durch die Straßen und Gassen bummelten. Nach dem
Mittagessen in einem der vielen einfachen tschechischen Restaurants, wo wir,
wie früher, mit vorzüglichen böhmischen Gerichten verwöhnt wurden, nahmen
wir an einer Stadtrundfahrt teil. Dabei sahen wir all das wieder, was diese Stadt
so sehens- und liebenswert macht. Zum Abschluß des Tages besuchten wir
dann noch das ehemalige jüdische Viertel mit dem Alten Jüdischen Friedhof,
dem Jüdischen Rathaus und der Alt-Neu-Synagoge.

Den Vormittag des nächsten Tages verbrachten wir auf der Kleinseite, wo
wir auch in einer der zahlreichen alten Gaststätten, die wir noch aus unserer
Prager Zeit kannten, zu Mittag aßen. Den Nachmittag benutzten wir dazu
einiges von der Umgebung Prags wiederzusehen. Wir fuhren hinaus zum Bar-
randov und nach Dawle, womit sich für uns so viele schöne Erinnerungen
verbanden. Bei meinem zweiten Wiedersehen mit Prag erlebte ich eine Stadt,
in der sich, offenbar in dem Bestreben, mit der modernen Entwicklung Schritt
zu halten, vieles im Umbruch befand. Auch die Menschen erschienen mir
irgendwie verändert und verwandelt. Es kam mir so vor, als ob alles, ähnlich
wie bei uns im Westen unpersönlicher, uniformer und gleichgültiger geworden
wäre. Wenn man dann aber das Glück hatte, wie wir beide, bei Sonnenschein
in einem so malerischen stillen Winkel, wie zum Beispiel dem „Vrtba-Garten",
da auf der Kleinseite zu sitzen und vor sich hin zu träumen, war all das hekti-
sche Treiben draußen vergessen, und man war aufs neue ganz verzaubert von
dem Charme dieser Stadt.

Am Tage darauf nahmen wir Abschied von Prag und unsere Reise ging
weiter nach Kuttenberg. Obwohl mein Mann auch jetzt wieder die Befürchtung
hatte, daß der Besuch in Kuttenberg nur alte Wunden aufreißen und neuerlich
Aufregung stiften würde, glaubte ich, nicht darauf verzichten zu können, ihm
an Ort und Stelle nahezubringen, wie sich mein Leben hier abgespielt hatte.
Auch in Kuttenberg hatten wir über das Reisebüro Cedok ein Hotel vorge-
bucht. Es lag am Marktplatz und ich war vor ca. vierzig Jahren als verfemte

Deutsche hier immer daran vorbeigegangen, jetzt kam ich als Touristin mit Mann und Auto! Der Empfang im Hotel war großartig, wir hatten das größte, wenn auch nicht das schönste Zimmer in dem sehr alten Hotel. Über die Rezeption brachte ich in Erfahrung, daß meine Blanka mit Mann und Tochter schon vor Jahren längst von Kuttenberg weggezogen wäre. Ich bekam die neue Adresse, aber wir konnten unsere weitere Reise, die uns über Brünn in die Niedere und die Hohe Tatra führen sollte, wegen der bereits festgelegten Hotelreservierungen nicht mehr umstellen, um Blanka zu treffen.

Da es mit den erhofften menschlichen Begegnungen, die ja bei meinem ersten Besuch im Vordergrund standen, zu meinem großen Bedauern dieses Mal nicht klappte, nutzten wir die Zeit, um uns näher in Kuttenberg umzusehen. Als erstes zeigte ich meinem Mann das Restaurant B., wo ich so lange als Internierte gearbeitet hatte. Das Haus war verschlossen und leer, das Restaurant existierte nicht mehr. Wie wir in unserem Hotel schon gehört hatten, waren nach der Schließung der Gaststätte für einige Zeit in dem Gebäude ein Jugendheim und eine Begegnungsstätte untergebracht worden; jetzt stand es schon seit einigen Jahren unbenutzt da und wartete auf einen neuen Verwendungszweck. Dann suchten wir die Gaststätte, deren Besitzer mich seinerzeit fast ins tschechische Konzentrationslager gebracht hätte, ich konnte sie aber nicht finden. Der sich daran anschließende Gang zu den zwei früheren Internierungslagern ließ noch einmal vieles wach werden, was sich dort zugetragen hatte.

Ich wollte mich dieses Mal aber ganz bewußt nicht darauf beschränken, in der Vergangenheit zu graben, sondern wollte mir endlich auch einmal in Ruhe die Schönheiten Kuttenbergs anschauen. So besichtigten wir den steinernen Brunnen und sehr genau die Barockhäuser am Marktplatz, das Steinerne Haus, den Welschen Hof (ursprünglich ein Königspalast) und die Jakobskirche. Den Besuch der Barbarakirche bewahrten wir uns bis zuletzt auf, und jetzt endlich war auch der Zeitpunkt gekommen, wo ich zum ersten Mal das Innere dieses fünfschiffigen gotischen Bauwerks, das Ende des 14. Jahrhunderts von Peter Parler begonnen worden ist, betreten konnte. Unter der ganz privaten Führung eines gerade anwesenden Kirchenbediensteten erfuhren wir kulturgeschichtlich Interessantes über die Schätze dieses Gotteshauses von einem Tschechen, der die deutsche Sprache fließend und perfekt beherrschte oder von einem Deutschen, der Tscheche geworden war. Das läßt sich in diesem Sprachraum schwer beim bloßen Zuhören entscheiden.

Am nächsten Tag verließen wir Kuttenberg wieder, und unsere Reise in die Vergangenheit hatte damit ihr Ende gefunden. Alles das, was ich von Kuttenberg an äußeren Eindrücken mit nach Hause nehmen wollte, war von meinem Mann und mir gefilmt, fotographiert und von mir schriftlich festgehalten worden. Ich war doch froh, noch einmal zusammen mit meinem Mann hier gewesen zu sein. Gerade das gemeinsame Erleben und die gegenseitige Aussprache halfen mir sehr, das, was vorgegangen war, auch innerlich endlich hinter mir zu lassen und mich von den Emotionen, die immer wieder in mir aufkommen wollten, zu befreien. Mein letzter Blick auf die Kuttenberger Barbarakirche verklang in dem stillen Versprechen, Frieden zu schließen mit diesem Lebensabschnitt, in dem ich auf besondere Weise in das verwirrende Netzwerk einer Zeitepoche verstrickt war, die so unsagbares Unrecht und Elend über die Menschen gebracht hat, daß mein eigenes Schicksal, so hart ich es auch empfunden habe, darin förmlich verschwindet.